RPA
机器人
流程自动化基础及应用

施金妹 陈辉云 吴迪
编著

内容简介

全书从 RPA 的基本概念、产生背景讲起，详细介绍了 RPA 的基础知识和应用场景，深入探讨了 RPA 的应用价值、与 AI 的关系，以及与传统 IT 系统开发的区别。并通过丰富的案例，如企业财务自动化的应用、金融自动化的应用、智慧校园的应用，展示了 RPA 的实际应用。

本书以任务形式的结构进行讲解，不但能让读者明确任务的宗旨，还能了解任务清晰的逻辑线，从而更好地完成任务，让学习更有驱动性。

本书适合对 RPA 感兴趣的读者，不仅适合 IT 从业者及企业管理人员等阅读学习，也适合希望提升工作效率、实现流程自动化的企业和个人进行学习。

图书在版编目 (CIP) 数据

RPA 机器人流程自动化基础及应用 / 施金妹，陈辉云，吴迪编著. -- 北京：北京大学出版社，2025.2.
ISBN 978-7-301-35680-7

Ⅰ. F275；TP242.3

中国国家版本馆 CIP 数据核字第 2024WQ1851 号

书　　　名	RPA 机器人流程自动化基础及应用 RPA JIQIREN LIUCHENG ZIDONGHUA JICHU JI YINGYONG
著作责任者	施金妹　陈辉云　吴　迪　编著
责 任 编 辑	刘　云
标 准 书 号	ISBN 978-7-301-35680-7
出 版 发 行	北京大学出版社
地　　　址	北京市海淀区成府路 205 号　100871
网　　　址	http://www.pup.cn　新浪微博：@北京大学出版社
电 子 邮 箱	编辑部 pup7@pup.cn　总编室 zpup@pup.cn
电　　　话	邮购部 010-62752015　发行部 010-62750672　编辑部 010-62570390
印 刷 者	北京鑫海金澳胶印有限公司
经 销 者	新华书店
	787 毫米 ×1092 毫米　16 开本　18.25 印张　480 千字 2025 年 2 月第 1 版　2025 年 2 月第 1 次印刷
印　　　数	1-4000 册
定　　　价	79.00 元

未经许可，不得以任何方式复制或抄袭本书之部分或全部内容。
版权所有，侵权必究
举报电话：010-62752024　电子邮箱：fd@pup.cn
图书如有印装质量问题，请与出版部联系，电话：010-62756370

前言

PREFACE

近年来，随着企业对自动化需求的不断增加，RPA（机器人流程自动化）技术迅速发展。RPA 通过模拟人工操作，实现对重复性任务的自动化处理，从而提高工作效率，减少人为错误。为了帮助更多人了解和掌握这一技术，我们编写了这本教程，旨在提供系统的学习材料和实际的应用案例，促进 RPA 技术的普及和应用。

主要内容

本书共分为 9 章，内容涵盖了 RPA 的基础知识、工具使用、实际应用案例及高级技术等方面。

首先，前 4 章介绍了 RPA 的基础知识，包括 RPA 的基本概述、产生背景、应用场景，以及 RPA 工具的安装与基本使用方法。这些章节旨在为初学者奠定坚实的理论基础，帮助大家理解 RPA 的基本概念和操作方法。

其次，第 5 章和第 6 章逐步深入，展示了如何使用 RPA 技术实现应用自动化与数据处理、网络与网页自动化及业务流程自动化，并通过具体的实例，详细讲解了 RPA 在不同业务场景中的应用，帮助读者掌握实际操作技巧。

最后，本书通过 3 个实际案例介绍了高级 RPA 技术，以及 RPA 在行业中的应用，展示了 RPA 技术的前沿发展和广泛应用前景。通过综合案例与项目实战部分，读者可以将所学知识应用于实际项目中，全面提升 RPA 开发和应用能力。

本书特色

- 内容系统全面：从基础知识到高级应用，内容逐步深入，系统地讲解了 RPA 技术的各个方面。
- 案例丰富实用：提供了大量的实际应用案例，能够帮助读者将理论知识应用于实际工作中。
- 注重实际操作：详细讲解了工具的使用和流程设计，能够帮助读者快速上手 RPA 开发。
- 符合最新趋势：结合最新的技术发展和应用趋势，介绍了前沿的 RPA 技术和应用场景。

适用读者

本书适合对 RPA 技术感兴趣的各类读者，尤其是企业管理人员、IT 从业者、学生和研究人员，以及自动化领域爱好者。通过对本书内容的学习，企业管理人员可以了解如何通过自动化技术提高企业运营效率，IT 从业者可以掌握 RPA 技术并提升自身技能水平，学生和研究人员可以深入学习和应用 RPA 技术，自动化领域爱好者可以了解和学习最新的自动化技术。

致谢

在本书的编写过程中，笔者得到了各位同事和专家的大力支持和帮助，在此，特别感谢所有为本书提供意见和建议的专家、同行和朋友们。感谢家人的支持与鼓励，使我们能够全心地投入本书的编写中。希望本书能为读者提供有价值的学习资源，助力大家在 RPA 技术领域不断前行。

目录

第 1 章
RPA 基础知识 / 1

1.1 【任务 1-1】认识 RPA 2
1.1.1 RPA 的基本概述 2
1.1.2 RPA 的产生背景 7
1.1.3 RPA 的应用场景 8
1.1.4 RPA 适用的业务场景的评估 10
1.1.5 RPA 的应用价值 11
1.1.6 RPA 与 AI 12
1.1.7 RPA 部署与传统 IT 系统开发的区别 14
1.1.8 弘玑 RPA 产品的优势 15

1.2 【任务 1-2】常见的 RPA 三件套 16
1.2.1 RPA 三件套 17
1.2.2 RPA 三件套的作用 18

1.3 【任务 1-3】流程自动化入门 18
1.3.1 流程分级 19
1.3.2 流程图绘制 19
1.3.3 基本逻辑 21

1.4 【任务 1-4】学生成绩汇总机器人 22
课后练习 44

第 2 章
初识指令库 / 45

2.1 【任务 2-1】弘玑 Cyclone 工具的使用 46
2.1.1 弘玑 Cyclone 界面介绍 46
2.1.2 弘玑 Cyclone 初始化设置 50
2.1.3 创建一个流程 53

2.2 【任务 2-2】微信批量添加好友 55

2.3 【任务 2-3】变量与参数 66
2.3.1 变量的概念与理解 67

2.3.2 数据类型.................................68
2.3.3 常用数据运算.........................69
2.3.4 变量与参数的引用.................70

2.4 【任务2-4】违禁词查询机器人...........70
课后练习...88

第3章
界面自动化指令 / 89

3.1 【任务3-1】初识界面自动化指令......90
3.1.1 RPA界面自动化.......................91
3.1.2 界面自动化指令......................91
3.2 【任务3-2】去哪儿行程信息查询....105
3.2.1 安装浏览器插件....................106

3.2.2 获取用户输入并打开去哪儿网站......108
3.2.3 查询并抓取机票信息.................112
3.2.4 将机票信息储存至Excel表格......122
课后练习...126

第4章
系统功能与文件处理 / 127

4.1 【任务4-1】初识系统功能与文件
　　处理指令................................128
4.1.1 系统功能指令........................128
4.1.2 文件处理指令........................133
4.2 【任务4-2】图书馆借阅数据汇总

机器人....................................139
4.2.1 分析数据..............................140
4.2.2 项目开发步骤.......................141
课后练习...155

第5章
应用自动化与数据处理 / 156

5.1 【任务5-1】初识应用自动化与数据
　　处理..157

5.1.1 应用自动化指令介绍..............157
5.1.2 数据处理指令介绍..................168

5.2	【任务5-2】上证指数监控及提醒机器人 181	5.2.5	读取参数定时运行程序 186
5.2.1	设计Excel配置文件 182	5.2.6	抓取上证指数信息 193
5.2.2	基础流程框架 183	5.2.7	记录上证指数信息到数据库 200
5.2.3	变量传参介绍 183	5.2.8	邮箱配置与邮件发送 208
5.2.4	数据库配置 186	5.2.9	在主流程中执行其他子流程 214
		课后练习	 221

第6章

AI 指令 / 223

6.1	【任务6-1】发票图片信息识别 224	6.2	初识企业级流程架构 246
6.1.1	读取发票图片 224	6.2.1	工程项目与脚本文件 246
6.1.2	OCR服务Web调用 230	6.2.2	企业级流程框架介绍 247
6.1.3	识别结果JSON解析 236	6.2.3	流程组装 248
6.1.4	发票数据整理与汇总 241	课后练习	 249

第7章

企业财务自动化的应用案例 / 250

7.1	财务费用报销审核机器人 251	7.3	自动开票机器人 259
7.2	财务三单比对机器人 255	7.4	自动报税机器人 263

第8章

金融自动化的应用案例 / 268

8.1	银行业 269	8.3	保险业 271
8.2	证券业 270		

3

第 9 章

智慧校园的应用案例 / 273

9.1 智慧校园建设概述..........274	9.4.1 背景介绍..........277
9.2 竞赛信息管理..........274	9.4.2 现有业务流程及问题分析..........278
9.3 排监考处理..........275	9.4.3 重构业务流程方案与推广..........279
9.4 论文标签化处理..........277	

后记 / 281

第 1 章
RPA 基础知识

机器人流程自动化（Robotic Process Automation，简称 RPA）是一项先进的技术，它是业务流程自动化的一种形式，用户通过 RPA 配置的机器人可以模拟操作，即旨在通过软件机器人自动执行重复性的业务流程，以提高工作效率并减少人力工作量。与传统的自动化技术相比，RPA 提供了一种更灵活、成本效益更高的解决方案，使企业能够快速响应市场变化，并提高其业务操作的效率和准确性。

1.1 【任务1-1】认识RPA

📋 任务描述

在踏入 RPA 领域之前，我们首先应该掌握基本的 RPA 知识，包括 RPA 的定义、应用领域，以及 RPA 产品的优势。同时，也需要了解 RPA 部署与传统 IT 系统开发方式的差异等。

📋 任务分析

在本项目中，我们将着重介绍和探索 RPA 领域的基本概念和关键要素。RPA 作为一种先进的技术，旨在通过自动执行重复性任务和业务流程，提高工作效率并减少人力工作量。通过深入分析 RPA 的定义、应用领域及与传统 IT 系统开发方式的差异，将为我们后续学习和应用 RPA 技术打下坚实的基础。

📋 本节任务

任务一：掌握 RPA 的基本概念和定义

在这个任务中，我们将全面了解 RPA 的基本概念和定义，并探讨 RPA 如何利用软件机器人模拟和执行人类在数字系统中的任务和操作，从而实现业务流程的自动化。

任务二：探索 RPA 的应用场景和优势

在这个任务中，我们需要研究 RPA 在各个行业和业务领域的应用场景，将深入了解 RPA 在处理重复性任务、数据整合和流程自动化方面的优势。通过分析实际案例，我们将明确在哪些场景下使用 RPA 可以显著提高业务操作的效率和准确性。

任务三：比较 RPA 与传统 IT 系统开发方式

在这个任务中，我们需要详细比较 RPA 与传统的 IT 系统开发方式之间的差异，考察两者在开发周期、成本、适用场景及可维护性方面的异同。通过深入了解它们的优势和限制，能够更好地决定在不同情境下选择何种方式。

1.1.1 RPA 的基本概述

RPA 是业务流程自动化的一种形式，现在已成为一种改变企业运营方式的关键技术。了解 RPA 的基本概念和发展历程，不仅能帮助我们更全面地理解 RPA 技术的成熟度和应用广度，还能让我们更准确地把握其未来的发展方向。

1. RPA 是什么

RPA（Robotic Process Automation）中文称作"机器人流程自动化"。RPA 机器人与我们普遍认为的机器人不同，现实或者影视中的机器人是一个实际物体，如现实生活中的机械手臂与《星际穿越》中的机器人"Tars"。与传统机器人相比，RPA 机器人实际上就是一个代码程序，所以 RPA 机器人也是软件机器人（Software Robot，简称 Bot）。它是一种软件或平台，根据预先设定的程序，通过模拟并增强人类与计算机的交互过程，执行基于一定规则的大批量、可重复性任务，实现工作流程中的自动化。

RPA技术的出现，使机器人能够替代人工去执行烦琐而重复的工作任务，把人们从低价值的工作中解放出来，从而让人们有更多的精力去获取更多可持续发展的资源。

2. RPA发展的四个阶段

1）第一阶段（1990—2000年）：桌面自动化阶段

计算机开始逐渐出现在人们的日常办公和生活中，一些电脑软件和工具从原理和应用上已经初步具有RPA的雏形。这些软件和工具大致可以分为屏幕抓取类、流程自动化工具类等类别。

①屏幕抓取类：屏幕抓取是从一个应用程序收集相关数据并将其传输到另一个应用程序的过程。这类技术能在两种完全不兼容的系统之间搭建数据交互平台，实现提取关键术语、扫描大量静态信息等功能，这种抓取数据、分类数据、分析数据的能力目前仍然是RPA技术的核心功能。

②流程自动化工具类：流程自动化工具会监控使用者在应用软件中的图形用户界面所进行的操作，并且能直接在用户界面上自动重复这些操作。

在21世纪初期，国内出现的应用软件"按键精灵"常被人们看作是RPA技术的先驱。该软件能通过制作脚本替代使用者的双手，自动执行一系列鼠标和键盘动作。在游戏中它可以代替玩家的双手，实现自动打怪；在工作中它可以代替员工去执行电脑操作，比如自动调整文档格式、自动收发邮件等。但是RPA与这些早期的应用软件不同，它借鉴了这些技术最有用的功能，同时又逐渐发展出自己特有的功能与优势。

2）第二阶段（2000—2015年）机器人流程自动化阶段

此阶段RPA的应用已经形成了一定的规模。同时其功能也有了极大的提升，不仅能实现基于流程的自动化处理，使用业务流程代替人机交互过程，而且能不受时间的限制，可以7×24小时不间断地工作，但是此阶段的RPA还需要人工进行管理。

3）第三阶段（2015—2018年）高级的流程自动化

这一阶段的RPA具备基于流程的自动化处理能力和机器人的调度能力，甚至具备一定的高级分析能力，它可以与ERP（企业资源计划）、BPM（业务流程管理）等业务应用系统进行集成，甚至可以部署在云端上。但是它无法就非结构化的业务数据进行处理。

这一阶段的RPA通常部署在云服务器和在线软件服务（Software as a Service，SaaS）上，优点是实现了自动分级、动态负载平衡、情景感知、高级分析和工作流；缺点是处理非结构化数据仍较为困难，还需要更强大的技术融合。

RPA弱耦合的特性能够实现跨软件低成本地快速部署，随着企业服务云端化的趋势，RPA上云也成为必然的结果。

CompTIA（美国计算机行业协会）的报告表明，将近一半的公司表示其31%至60%的IT系统是基于云计算的，81%的公司表示云计算已经显著增强或适度增强了他们在自动化方面的工作。

云计算为RPA带来了算力的支撑，在云端上运行的RPA被称为云型RPA。例如阿里云RPA，已实现在云端运行，可以远程控制且不占用现有的电脑。

与开发型RPA和本地部署型RPA相比，云型RPA的部署成本较低。云型RPA的存储在云端，没有软件客户端和场地的限制，IT人员也不必参与其中。

从IT角度看，云型RPA软件始终是最新的，无须在本地计算机上进行升级，企业可以无缝部署最新的软件。

4）第四阶段（2019年至今）智能流程自动化（RPA+AI）

RPA与人工智能（Artificial Intelligence，AI）等技术相结合，也就是RPA+AI，通过机器人深度学习、图像识别和语音交互等技术，能够实现非结构化数据及纸质单据的处理功能，进行高级别的预测分析。

RPA是企业切入AI的有效途径。运用人工智能、机器学习及自然语言处理等技术，可以实现非结构化数据的处理、预测分析、任务自动化处理等功能。

结合AI视觉技术（如图像识别、人脸识别、机器视觉、生物智能识别等技术），RPA机器人可以识别和筛选图片和视频，帮助用户实现身份证识别、银行卡识别、信用卡自动开户等功能。

例如，针对信贷领域中贷前审核材料种类多、格式多、篇幅长的痛点，实在智能等企业的RPA可以基于OCR（Optical Character Recognition，光学字符识别）技术对关键信息进行抽取和审核，支持身份证、借款借据、借款合同等各种影印件的识别，将AI技术赋能RPA。

实在智能等企业本身就属于AI企业，希望将AI在更多的商业场景落地，从而进军RPA。同时也有RPA公司希望结合AI将业务升级，具备更强的竞争力。

目前，大多数RPA软件产品都处于2.0~3.0版本，部分行业巨头开始向RPA 4.0版本发起探索，并已初步应用AI增强RPA产品的认知能力。

RPA的未来将是超级自动化。RPA与AI这两个互补概念结合，能让办公人员免除重复、枯燥的电脑办公业务，使他们有时间、有精力投入更需要创造力的工作中去。

3. RPA的七大特征

1）非侵入性

RPA通过模拟人类操作计算机的方式执行任务，因此无须对现有系统进行大规模的改动或集成。RPA机器人可以像人类操作员一样，通过用户界面与现有系统进行交互。这种方式避免了对底层代码的修改，降低了对现有系统的影响。这种特性让企业能够更加轻松地实施RPA解决方案，同时在实施过程中减少了可能出现的问题和风险。企业不需要更换现有的软件和硬件，只需要为现有系统安装RPA工具即可实现自动化。由于RPA不需要对现有系统进行大规模改动，因此对现有IT基础设施的投资可以得到保护。这不仅降低了自动化项目的成本，还可以减少企业在硬件和软件方面的维护成本。

RPA的非侵入性还体现在它可以与各种不同的应用程序和系统兼容。无论企业使用的是传统的客户端/服务器架构，还是基于云计算的现代架构，RPA都能够与之无缝集成。RPA可以支持多种操作系统和应用程序，包括桌面应用程序、Web应用程序及各种ERP系统。这使得企业可以轻松地将RPA应用于不同的业务场景，实现各种的自动化需求。

RPA非侵入性的另一个好处是它可以减少企业在人力资源方面的投入。由于RPA可以模拟人类操作，因此它可以替代许多重复性、烦琐的工作，从而降低企业对人力资源的依赖。这不仅可以帮助企业节省人力成本，还可以提高员工的工作满意度，使他们能够专注于更有价值的工作。

2）易于部署

这一特征主要归功于RPA具有低代码/无代码的开发能力，使得非专业人士也能轻松创建和修改自动化流程。RPA工具通常提供图形化的流程设计器，用户可以通过拖放方式设计和创建自动化流程。同时，RPA 具有很强的集成能力，可以与各种现有系统和应用程序无缝连接。这降低了实施过程中的技术难度，使得企业可以更容易地将 RPA 应用于不同的业务场景。

此外，RPA 支持多种部署选项，包括本地部署、云部署及混合部署，使企业可以根据自身的需求和资源选择最适合的部署方式。RPA 工具还提供了大量的预构建组件和模板，帮助用户快速实现常见的自动化任务，从而节省开发和测试的时间。

RPA 解决方案的易于维护和升级也是其易于部署的一个重要原因。RPA 工具通常具有良好的模块化设计，使得用户可以轻松地对自动化流程进行修改和升级。当业务需求发生变化时，用户只需要对相应的模块进行调整，而无须重新构建整个自动化流程。

同时，RPA 工具具有直观且友好的用户界面，使用户可以轻松地进行流程设计、调试和监控。通过可视化的操作界面，用户可以直观地了解自动化流程的运行情况，从而更容易地发现问题并进行调整。RPA 行业还拥有一个开放且活跃的生态系统，许多 RPA 工具厂商与第三方开发商合作，共同构建了丰富的组件库和模板库，用户可以从中选择合适的资源以加速自动化流程的开发。

3）灵活度高

首先，RPA 可以适应多种不同的业务场景和应用程序。RPA 工具可以与各种系统和平台进行集成，包括桌面应用程序、Web 应用程序、ERP 系统及其他企业软件，这意味着企业可以将 RPA 应用于各种业务流程。通过模拟人类用户的操作方式，RPA 机器人可以在不改变现有系统结构的情况下实现业务流程的自动化。

其次，RPA 具有强大的可扩展性。企业可以根据业务需求灵活地增加或减少 RPA 机器人的数量。在业务高峰期，企业可以部署更多的 RPA 机器人来应对大量的工作负载；而在业务低谷期，企业可以减少 RPA 机器人的数量，以节省资源和成本。这种动态调整能力使得企业能够更好地应对不确定性，提高运营效率。

再次，RPA 支持跨部门和跨业务的自动化。企业可以将 RPA 应用于不同部门的业务流程，例如人力资源、财务管理、市场营销等。这使得企业可以在整个组织范围内实现自动化，提高工作效率。同时，RPA 可以支持多个业务领域的自动化需求，无论是制造业、金融服务、医疗保健还是零售等行业，都可以从 RPA 技术中受益。

最后，RPA 还具有较快的迭代速度和强大的错误恢复能力。当业务需求发生变化时，企业可以快速地修改自动化流程，以适应新的需求。RPA 机器人具有强大的错误恢复能力，可以在出现问题时自动恢复并继续执行任务。这有助于确保自动化流程的稳定运行，减少业务中断的风险。

4）安全性

RPA 工具通常采用基于角色的访问控制策略，根据用户角色和权限对访问和操作进行限制。这有助于防止未经授权的用户访问或修改自动化流程和相关数据，确保数据的安全和完整性。此外，RPA 工具还可以记录用户操作日志，方便审计和监控，提高安全性。

在数据传输和存储过程中，RPA 工具采用加密技术来保护敏感数据。例如，采用 SSL/TLS 协议进行数据传输加密，防止数据在传输过程中被窃取或篡改；采用 AES 等加密算法对敏感数据进行存储加密，确保数据在存储过程中的安全性。同时，RPA 工具可以与现有的企业安全策略和系统无缝集成。这意味着企业可以在不改变现有安全措施的前提下实现业务流程的自动化，降低了技术整合的难度和风险。例如，RPA 可以集成企业的身份认证和授权系统，确保自动化流程遵循企业的安全规范和策略。

此外，RPA工具通常提供实时监控和报警功能，帮助企业及时发现和处理安全问题，提高系统的安全性。

RPA在云部署方面也关注安全性。对于采用云部署的RPA解决方案，RPA厂商需要确保云平台的安全性，遵循严格的安全标准和合规要求。此外，云服务提供商通常会提供高级别的安全防护措施，如防火墙、入侵检测和防御系统等，以保护RPA解决方案的安全。企业在实施RPA解决方案的过程中，需要建立健全的安全管理制度和流程，确保RPA项目的安全实施。这包括对内部团队进行安全意识培训、制定安全策略和规范，以及定期进行安全审计和评估。通过这些措施，企业可以确保自动化流程遵循安全规范，防止安全漏洞和风险。

在实施过程中，企业还应与RPA工具厂商保持密切合作，共同应对潜在的安全威胁。RPA厂商通常会定期发布安全更新和补丁，以修复已知的漏洞和弱点。企业应及时更新和升级RPA工具，以确保系统的安全性和稳定性。

除此之外，企业还应建立健全的应急响应机制，以便在出现安全问题时迅速采取措施，减少损失。这包括制定应急预案、组建应急响应团队，以及与相关部门和机构保持良好沟通，共同应对安全危机。

5）可监控性

RPA工具可以收集大量关于自动化流程运行的数据，包括任务执行状态、运行时间、错误信息、资源使用情况等。这些数据为企业提供了关于自动化流程运行情况的详细信息，帮助企业了解流程的效率和稳定性。RPA工具通常提供实时监控和可视化功能，使企业能够直观地查看自动化流程的运行状况。通过实时监控面板，企业可以快速了解任务的执行情况、机器人的状态及整个自动化系统的性能。此外，实时监控面板还可以支持自定义报警和通知设置，使企业能够在发生问题时立即获得通知，及时采取措施解决问题。

RPA工具还具备强大的数据分析和报告功能，帮助企业深入挖掘和分析自动化流程的运行数据。通过对数据的分析，企业可以发现潜在的问题和瓶颈，从而制定有针对性的优化措施。此外，RPA工具还可以生成详细的报告，为企业提供关于自动化流程的性能、成本和投资回报等方面的有价值的洞察分析，以支持决策制定和持续改进。为了确保监控数据的安全性和准确性，RPA工具通常支持与企业的现有安全策略和系统无缝集成。这意味着，企业可以在不改变现有安全措施的前提下实现对自动化流程的监控和管理，降低技术整合的难度和风险。

RPA工具还可以与其他IT系统和数据源集成，以提供更全面的监控视角。例如，企业可以将RPA监控数据与商业智能工具或IT服务管理平台集成，以实现对整个IT环境和业务流程的端到端监控和管理。

综合来看，RPA的可监控性特点主要体现在实时数据收集、实时监控和可视化、数据分析和报告、与现有安全策略和系统的集成，以及与其他IT系统和数据源的集成等方面。通过这些功能，企业能够实时了解自动化流程的运行状况，及时发现和解决问题、优化流程性能，并确保自动化任务按计划进行。

实施RPA解决方案时，企业应关注这些可监控性特点，以确保自动化流程的顺利运行。这意味着在选择RPA工具时，企业应考虑其监控功能是否强大、易用和灵活，以便根据实际需求进行定制和优化。

6）准确性高

RPA 在执行自动化流程时能够减少人为错误，提高工作质量和效率。这种高准确性的特点归功于 RPA 的设计原则和实现机制：模拟人类操作并严格按照预定义的规则和逻辑执行任务。

RPA 系统在设计时通常会采用详细而严谨的流程图和脚本，以确保自动化任务的执行顺序和逻辑准确无误。这些流程图和脚本由业务分析师或流程设计师根据企业实际需求和业务规则进行编写，经过多次审查和测试，以确保符合预期效果。在执行过程中，RPA 机器人能够严格遵循流程图和脚本中的指令，无论任务执行多少次，它们都会按照相同的步骤和逻辑进行操作。这与人类操作相比，显著降低了因疲劳、粗心或遗漏等原因导致的错误发生率。

RPA 工具通常具有强大的异常处理和容错能力，能够在遇到错误或异常情况时自动恢复并继续执行任务，这有助于确保自动化流程的稳定运行，进一步提高准确性。此外，RPA 在数据处理方面的准确性也得到了充分体现，例如，在数据输入、抓取、转换、验证等环节，RPA 机器人都能够以高度准确的方式进行操作，避免了人工操作中可能出现的失误。RPA 还可以与其他 IT 系统和数据源无缝集成，确保数据的一致性和准确性。

7）不间断执行

RPA 机器人能够每天 24 小时不间断地执行自动化任务，这使得企业能够更高效地利用资源，提高生产力。相较于人类员工，RPA 机器人在执行任务时不会因为疲劳、注意力不集中或情绪波动而导致工作效率下降。

不间断执行的特性对于那些需要在特定时间段内完成的任务尤为重要，例如数据同步、报表生成、系统维护等。通过 RPA 技术，企业可以确保这些任务按时完成，避免人为因素而导致的延误。此外，不间断执行的特性还能帮助企业应对突发性的业务需求和高峰期。在这些情况下，RPA 机器人可以迅速扩展，满足业务的需求，而不需要增加额外的人力成本。

1.1.2 RPA 的产生背景

在了解了 RPA 的基本概念和发展过程后，接下来我们将探讨促使 RPA 技术的应用日益广泛的各种背景因素。这些因素不仅解释了 RPA 为什么成了一种重要的业务自动化工具，还揭示了它在未来可能带来的各种潜在好处。

1. 劳动力成本上升

随着全球经济的发展，劳动力成本不断上升。在发达国家，人力资源成本往往占据企业总成本的较大比例。为降低人力成本，企业开始关注自动化技术，将重复性的工作交给机器人，使员工能够专注于更具创造性和挑战性的任务。

2. 提高生产效率

许多企业的日常业务流程中存在大量重复性、规律性的工作，如数据录入、报表生成等，这些任务通常耗时且容易出错。RPA 技术能够自动化地完成这些任务，大幅提高生产效率，缩短工作周期。

3. 数字化转型

随着大数据、云计算、人工智能等技术的发展，企业正面临数字化转型的压力。为应对这一挑战，企业需要优化业务流程，整合各种技术手段。RPA作为数字化转型的重要组成部分，能够帮助企业实现业务流程的自动化，提高数据处理能力，从而实现数字化转型。

4. 提高准确性和质量

人工操作容易出错，而业务流程中的错误可能导致企业产生损失。RPA技术可以显著降低错误率，提高业务流程的准确性和质量。通过RPA系统进行自动化处理，可以确保数据的一致性和准确性，降低企业运营风险。

5. 弹性和可扩展性

RPA解决方案具有很好的弹性和可扩展性，企业可以根据业务需求灵活部署和扩展RPA系统。例如，在业务高峰期，企业可以快速增加RPA机器人的数量以应对大量任务；在业务低谷期，企业可以相应减少RPA机器人的数量，节省成本。这种灵活性使得RPA成为各种规模的企业的理想解决方案。

6. 提高客户满意度

通过自动化处理客户请求，RPA能够缩短处理时间，提高客户满意度。例如，客户服务中心可以使用RPA技术自动回复客户咨询，处理客户投诉，从而实现更快的响应速度，提升客户体验效果。

1.1.3 RPA的应用场景

在接下来的内容中，我们将深入探讨RPA在不同行业和部门中的具体应用场景。从金融到医疗保健，再到政府和教育等领域，RPA的应用范围广泛。

1. 金融行业

金融行业是RPA技术的重要应用领域。金融机构的业务流程通常复杂且烦琐，涉及大量的数据处理、审核和监管等环节。RPA可以有效地提高金融行业的业务处理能力，降低人工成本和风险。

（1）信贷审批：信贷审批过程中，需要收集和审查大量客户信息，如财务报表、征信报告等。RPA可以自动化地完成这些任务，提高审批速度和准确性。此外，RPA还可以根据预先设定的规则，自动评估客户信用风险，辅助做出决策。

（2）反欺诈和反洗钱：金融机构需要对客户进行严格的身份验证和交易监控，以防止发生欺诈和洗钱活动。RPA可以自动检测可疑交易、异常账户行为等风险因素，并及时通知相关部门进行进一步调查。

（3）财务报表生成：金融机构需要定期生成各种财务报表，如资产负债表、利润表等。RPA可以自动化地从不同系统中获取数据并生成报表，大幅提高报表生成的效率和准确性。

（4）客户服务：RPA可以与聊天机器人结合，自动回复客户咨询，处理客户投诉，实现更快的响应速度，提升客户体验效果。同时，RPA还可以自动更新客户信息，确保客户数据的准确性和完整性。

2. 医疗保健行业

医疗保健行业需要处理大量的患者信息、诊断报告、药品库存等数据。RPA可以帮助医疗机构提高数据处理能力，优化业务流程，改善患者体验。

（1）患者预约管理：RPA可以自动处理患者的预约请求，根据医生的排班安排预约时间，提醒患者就诊。通过RPA，医疗机构可以实现预约流程的自动化，提高工作效率。

（2）电子病历管理：RPA可以自动化地处理患者的电子病历，包括数据录入、诊断报告生成、处方生成等。通过RPA，医疗机构可以提高电子病历管理的效率和准确性，减少医生的负担。

（3）药品库存管理：RPA可以实时监控药品库存，自动更新库存信息，生成库存报表。当库存达到预定阈值时，RPA可以自动通知相关人员进行补货。通过RPA，医疗机构可以实现药品库存管理的自动化，降低缺货风险。

（4）保险理赔处理：医疗保险理赔涉及大量的数据审核和批准环节。RPA可以自动化地完成这些任务，提高理赔处理的效率和准确性。此外，RPA还可以自动评估理赔申请的合规性，辅助做出决策。

3. 人力资源管理

人力资源管理涉及员工招聘、培训、考核、薪酬福利等多个方面。RPA可以帮助企业实现人力资源管理流程的自动化，提高工作效率，降低人力成本。

（1）招聘管理和培训：RPA可以自动筛选简历，根据预先设定的条件筛选出合适的候选人。通过RPA，企业可以提高招聘效率，缩短招聘周期。此外，通过RPA还可以实现对员工进行培训。

（2）薪酬福利管理：RPA可以自动化地处理薪酬数据，包括数据录入、核算、发放等。通过RPA，企业可以减少薪酬管理的人力投入，降低错误率。

（3）员工考核与晋升：RPA可以根据预先设定的规则，自动分析员工的绩效数据，生成考核报告，辅助做出决策。通过RPA，企业可以提高考核与晋升管理的效率和公平性。

4. 客户服务

客户服务是RPA技术的重要应用场景。通过RPA，企业可以实现客户服务流程的自动化，提高响应速度，提升客户体验。

（1）客户咨询处理：RPA可以与聊天机器人结合，自动回复客户咨询。通过RPA，企业可以实现 7×24 小时的在线客服，提高客户满意度。

（2）客户投诉处理：RPA可以自动处理客户投诉，包括投诉登记、分派处理人员、跟踪处理进度等。通过RPA，企业可以提高投诉处理的效率和准确性，降低客户流失风险。

（3）客户关系管理：RPA可以自动更新客户信息，确保客户数据的准确性和完整性。此外，RPA还可以根据客户行为数据自动发送个性化的营销信息，提高营销效果。

5. 供应链管理

供应链管理涉及采购、生产、仓储、物流等多个环节，对数据的准确性和实时性要求较高。RPA可以帮助企业实现供应链管理流程的自动化，提高运营效率，降低成本。

（1）采购和订单处理：RPA可以自动核对采购信息，也可以自动处理订单数据，包括订单接收、审核、确认等。通过RPA，企业可以提高订单处理的效率和准确性，减少错误和延误。

（2）生产和库存管理：RPA可以实时显示生产状况，及时修复出现的异常；也可以监控库存数据，自动更新库存信息，生成库存报表，实现库存管理的自动化，降低库存风险。

（3）物流跟踪：RPA可以自动跟踪物流信息，实时更新物流状态，通知客户。通过RPA，企业可以提高物流管理的效率和透明度，提升客户满意度。

6. 政府部门

政府部门需要处理大量的公共事务，如公共服务、税务、社保等。RPA 可以帮助政府部门提高公共事务处理能力，提升公众满意度。

（1）公共服务申请处理：RPA 可以自动化地处理公共服务申请，如身份证办理、户口迁移等。通过 RPA，政府部门可以实现公共服务申请流程的自动化，提高工作效率。

（2）税务管理：RPA 可以自动处理税务数据，包括数据录入、核算、审查等。通过 RPA，政府部门可以提高税务管理的效率和准确性，降低纳税人的负担。

（3）社保管理：RPA 可以自动化地处理社保数据，如缴费记录、待遇发放等。通过 RPA，政府部门可以提高社保管理的效率和准确性，保障公众利益。

7. 教育行业

在教育行业，通过自动化处理各种教育管理流程，RPA 可以提高教育机构的工作效率，降低成本，并为学生和教职员工提供更好的服务。

（1）学生信息管理：学生信息管理涉及大量数据的录入、更新和维护。RPA 可以自动化地处理学生信息，包括基本信息、成绩、奖惩等，确保数据的准确性和完整性。此外，RPA 还可以自动提醒教务人员更新学生信息，避免信息过时。

（2）课程安排与排课：RPA 可以根据预设的规则和条件，自动为学生分配课程、安排教室和教师。通过 RPA，教务人员可以实现课程安排的自动化，提高工作效率，减少错误和冲突。

（3）考试与评分：RPA 可以自动化地处理考试数据，包括试卷分发、答案录入、成绩计算等。此外，RPA 还可以自动分析学生的成绩数据，生成成绩报告，帮助教师和学生了解学习情况，制定改进策略。

（4）招生与录取：RPA 可以自动筛选申请者资料，根据预设的条件筛选合适的候选人。通过 RPA，招生部门可以提高招生工作的效率和公平性，缩短招生周期。

（5）财务管理：RPA 可以自动化地处理教育机构的财务数据，包括学费收入、经费支出等。通过 RPA，财务部门可以提高财务管理的效率和准确性，降低财务风险。

（6）学生服务：RPA 可以与聊天机器人结合，为学生提供在线咨询服务，回答常见问题，如课程安排、考试安排等。通过 RPA，教育机构可以提高服务水平，提升学生满意度。

1.1.4 RPA 适用的业务场景的评估

RPA 机器人虽然非常好用，但并不适用于所有领域及场景，如果盲目制作 RPA 流程，会导致出现投入大于产出的情况。所以我们在制作 RPA 流程前需要先对流程进行评估，判断流程是否适合使用 RPA。以下几个方面适合使用 RPA。

1. 大量简单、低价值、重复的操作

（1）发票识别工作：财务工作人员每天都会收到很多发票，需要对发票上面的信息进行核对并检验真伪，工作简单、重复性高且价值低。我们可以通过 RPA 机器人结合 OCR 技术实现流程自动化，自动提取发票信息，自动登录国税局发票查验平台进行发票查验，并将查验结果录入企业管理系统。

（2）学历验证工作：人事专员需要打开学信网，核对简历上面的信息，工作简单、重复性高且价值低。我们可以通过 RPA 机器人模拟人工打开学信网，自动获取并输入在线验证码，智能校验信息并判断是否通过验证。

（3）纳税申报工作：工作人员需要登录税务系统，录入对应的发票信息并且提交纳税申请，以及核对纳税款项。对于这些工作，纳税申报机器人能够自动处理，而且准确性也远远高于传统的人工填写。

2. 耗时长、对操作速度有要求的业务场景

征信查询工作：工作人员需要手动将查询到的企业/个人信息录入多个不同的系统并且截图保存，在使用 RPA 机器人之前，人工完成一次征信查询可能需要花费 30 分钟以上的时间。而在使用了 RPA 机器人之后，工作人员只需轻轻单击鼠标，机器人就可以将上述流程进行自动化操作，5~6 分钟就可以完成一次征信查询，能够大幅度提升工作速度，节约工作时间。

3. 内部系统过多的业务环境

报销审核工作：财务工作人员往往会进行大量的报销审核工作，工作流程大多都比较烦琐耗时。我们可以通过 RPA 机器人进行报销审核，根据财务部门日常处理报销业务的具体情境设计流程。报销审核机器人不仅能利用 OCR 技术实现智能提单，还可以自动登录税务网查验发票的真实性，核对报销单与纸质发票是否一致，审批通过或驳回后发送邮件通知，实现智能审核及整个流程的自动化。

4. 后台任务繁重的场景

数据录入工作：数据录入是一项常见而烦琐的工作，需要将大量的纸质或电子文件中的数据逐一输入计算机系统中。这项工作非常耗时且容易出错，如果使用 RPA 进行自动化处理，可以大幅度提高数据录入的效率和准确性。

1.1.5 RPA 的应用价值

当谈到 RPA 时，我们不能忽视其在企业环境中所展现出的巨大应用价值。从提高工作效率到降低运营风险，RPA 为企业带来了多方面的好处。

1. 大幅度提升企业运行效率

企业的软件设施要进行日常的维护与监控，否则任何一次意外停机或崩溃，都会导致数据丢失、作业停止，从而给企业带来损失。RPA 可按照既定的时间分别对服务器、应用程序和其他系统等相关软件进行例行检查，以确保它们能够正常运行。当出现问题时，RPA 机器人将快速自动找出问题点，在用户尚未发现问题时，就通过邮件等方式通知相关运维人员，使问题能快速得到解决。

2. 降低风险

在银行方面，RPA 能够识别潜在的欺诈行为并将其标记给相关部门。如果某个账户在短时间内进行了多次交易，RPA 会识别该账户并将其标记为潜在威胁，这有助于银行仔细审查账户并调查欺诈行为。

3. 优化客户体验

RPA可以自动处理一系列客户服务任务，如自动回复、订单处理、基本的问题解答，从而提升客户体验。这不仅加快了响应时间，也减少了客户等待的不便，同时能让客服人员集中精力处理更复杂、需要人工介入的问题。

4. 提高数据准确性

在手工操作的情况下，数据录入和处理往往容易出错，而RPA机器人能够准确地执行这些任务，极大地减少了因为人为失误而造成的错误。这对于需要高准确性数据的行业（如医疗、金融等）具有巨大的价值。

5. 成本节约

RPA可以在短时间内处理大量任务，而且可以全天候运行，从而降低了劳动成本。此外，由于其高效性和准确性，也极大地减少了因错误或低效率而产生的额外成本。长期来看，这样的自动化技术能带来可观的回报。

1.1.6 RPA与AI

在了解了RPA的应用价值后，我们将探讨RPA和AI的关联与差异。这两者虽然各有特点和应用场景，但当它们结合起来时，可实现的自动化和智能化水平将达到一个全新的高度。

1. 如何理解AI

如果说RPA是机器人的神经网络，那么AI就是机器人的大脑。AI是一门研究和开发模拟与拓展人类智能的理论、方法、技术和应用系统的新技术科学。它试图理解智能的本质，并制造出一种新的智能机器，这种智能机器以类似人类智能的方式做出反应。该领域的研究包括机器人、语音识别、图像识别、自然语言处理和专家系统。一般来说，AI研究的主要目标之一是使机器能够执行通常需要人类智能才可以完成的复杂任务，如自动驾驶等。AI还广泛应用于许多电子竞技，如DOTA2、围棋等。

在过去几十年里，AI技术取得了显著的进展。特别是近年来，随着计算能力的提升、大数据的普及及算法的创新，AI技术在众多领域实现了突破性的发展。例如，深度学习是AI领域的一个重要分支，它使用神经网络模拟人脑的工作方式，能够从大量数据中自主学习和提取特征，以实现对各种任务的智能处理。

AI技术可以应用于多个方面，如自动驾驶、智能医疗、金融分析、智能客服、教育、物联网等，可以帮助人们更高效地解决问题，提高生产力和生活质量。例如，在医疗领域，AI技术可以协助医生进行诊断和治疗，提高诊断准确率和治疗效果；在金融领域，AI技术可以帮助投资者分析市场趋势、评估风险，提供智能化的投资建议。

2. RPA与AI的比较

RPA和AI是两种截然不同的技术，各自具有独特的优势和应用领域，下面将从技术原理、应用场景、技术局限及发展趋势等方面对RPA和AI进行比较。

（1）从技术原理上看，RPA和AI有着明显的区别。RPA是一种将人类在计算机和软件系统中执行的重复性、规则化的任务进行自动化的技术。RPA通过创建流程脚本，使机器人能够模拟人类操作，自动执行规定的流程。而 AI 是一种模拟、扩展和增强人类智能的技术，通过对海量数据的学习和分析，为各种复杂任务提供智能化解决方案。AI 的研究范围涵盖了多个子领域，如机器学习、自然语言处理、计算机视觉、语音识别等。

（2）在应用场景方面，RPA 和 AI 各有侧重。RPA 技术广泛应用于企业的日常运营中，如数据录入、表格处理、系统间数据迁移等。RPA 的优势在于提高生产效率、降低人力成本、减少错误率，以及实现一定程度的自动化。然而，RPA 在处理非结构化数据、需要智能判断和推理的任务方面，表现出了一定的局限性。与 RPA 不同，AI 能够处理更加复杂的问题，如语义理解、图像识别、预测建模等，为用户提供更加智能、个性化的服务。例如，AI 技术在自动驾驶、智能医疗、金融分析等领域都取得了显著的成果。

（3）在技术局限方面，RPA 和 AI 也有所不同。RPA 虽然可以实现简单任务的自动化，但在面对复杂、多变的场景时，往往需要人工干预。此外，RPA 对系统的兼容性和稳定性要求较高，可能需要不断调整和优化才能适应不同的系统环境。而 AI 技术虽然具有强大的智能处理能力，但也面临一些挑战，如数据隐私、算法偏见、就业置换等问题。此外，AI 技术在实际应用中往往需要大量的数据和计算资源，这也限制了其在某些场景下的应用。

（4）在发展趋势上，RPA 和 AI 都具有广阔的前景。随着软件和硬件的不断发展，RPA 技术将在自动化程度、兼容性和稳定性等方面取得更多突破。未来，RPA 将不再局限于简单任务的自动化，在某种程度上还会涉及一些需要智能判断和推理的任务。此外，随着企业数字化转型的推进，RPA 将在更多领域和场景中发挥作用，帮助企业提高运营效率和竞争力。

AI 技术的发展将继续深入各个领域，为人类带来更多便利和福祉。例如，在环保领域，AI 技术可以帮助分析气候数据，预测灾害风险，为气候变化政策提供科学依据；在能源领域，AI 技术可以实现智能电网的优化调度，提高能源利用效率，降低碳排放量；在农业领域，AI 技术可以帮助实现精准操作，提高农作物产量和质量，保障粮食安全。此外，AI 技术还将在教育、医疗、交通等多个领域带来深刻的变革。

3. RPA+AI 的优势

1）提高自动化水平

传统的 RPA 技术擅长处理重复性、规则性较强的任务，在面对需要智能判断和推理的复杂任务时表现出了局限性。而 AI 技术具有自主学习、推理、判断的能力，恰好弥补了这一不足，RPA 结合 AI 技术，可以处理更加复杂的问题。例如，在金融领域，RPA 可以用于自动化处理贷款申请，但面对信用评分等需要综合分析多种因素的任务时，单独的 RPA 就显得力不从心。而结合 AI 技术后，可以根据大量历史数据训练信用评分模型，从而为贷款审批提供智能化的自动化支持。

2）提高决策效率

AI 技术可以为 RPA 提供智能决策支持，使其具备更强的处理能力。例如，AI 可以实现自然语言理解、图像识别等功能，帮助 RPA 理解并处理非结构化数据。在客户服务领域，AI 可以协助 RPA 解析客户的问题，判断问题类别，然后根据预设的策略提供解决方案或将问题转交给合适的客服人员。通过这种方式，企业可以实现客户服务的快速响应，提高客户满意度。此外，AI 还可以实时分析大量数据，为企业提供实时决策支持，如市场趋势分析、库存管理等。

3）灵活适应

结合 AI 技术的 RPA 系统可以适应各种业务场景和需求，实现快速部署和扩展。例如，AI 技术可以帮助 RPA 系统快速适应不同的业务流程，自动识别关键步骤和数据结构，降低部署难度。这种灵活适应性使得 RPA+AI 可以广泛应用于各个行业和领域，如金融、医疗、教育、零售等。

4）持续优化

AI 可以通过持续学习和优化，提高 RPA 的性能和稳定性。例如，在供应链管理领域，AI 可以通过不断分析历史数据，为 RPA 提供更准确的预测和优化建议，帮助企业实现库存优化、物流调度等方面的持续改进。这种持续优化能力不仅可以提高企业运营效率，降低成本，还可以帮助企业应对市场变化和竞争压力。

RPA+AI 在实际应用过程中会遇到各种问题和挑战，如数据质量问题、系统兼容性问题等，AI 技术可以帮助 RPA 系统自动检测并解决这些问题，确保系统的稳定运行。例如，AI 可以通过分析异常数据，自动纠正数据错误，提高数据处理的准确性；AI 还可以通过自适应学习，不断调整 RPA 系统的参数和策略，提高系统的兼容性和扩展性。随着技术的不断发展和成熟，RPA+AI 将在未来的企业运营管理中发挥越来越重要的作用，推动企业实现数字化、智能化转型。

1.1.7 RPA 部署与传统 IT 系统开发的区别

随着数字化时代的到来，越来越多的企业和组织开始探索自动化技术，以提高效率和降低成本。在自动化技术中，RPA 和传统 IT 系统开发是两种常见的方法。以下将从目标、方法、实施速度、技能需求、灵活性和投资成本等方面，对 RPA 和传统 IT 系统开发进行比较，并阐述它们的优缺点及适用场景。

1. 目标

RPA 的目标是对重复性、低价值的任务和流程进行自动化处理，而传统 IT 系统开发的目标是构建全新的应用程序或系统，以满足企业或组织的特定需求。

对于重复性、规范化的任务和流程，RPA 是一种更快、更便宜、更可靠的自动化解决方案。通过配置 RPA 机器人，可以快速自动化实现诸如数据输入、报表生成、订单处理等重复性、低价值的任务。传统 IT 系统开发则更适用于需要创造全新应用程序或系统的情况，例如，开发一个自定义的 ERP 系统或其他具有特定功能的企业级应用程序，或者开发一个基于机器学习或人工智能的新产品或服务等。

2. 方法

RPA 的机器人可以通过模拟人工操作，自动执行一系列的任务和操作，例如打开软件、输入数据、单击按钮、生成报表等。因此，RPA 机器人的部署和配置比传统 IT 系统开发更快、更简单，而且不需要编写和维护复杂的代码。而传统 IT 系统开发则需要专业的开发团队编写、测试和部署代码，涉及开发框架、编程语言、测试工具、版本控制等一系列的技术。

3. 实施速度

RPA 的实施速度比传统 IT 系统开发更快，因为 RPA 机器人可以快速配置和部署，而传统 IT 系统开发需要更多的时间和资源。

由于 RPA 机器人不需要编写复杂的代码，因此它们可以在较短的时间内快速部署和实施，通常只需要几天或几周的时间。这使得 RPA 机器人适用于需要快速自动化的任务和流程，例如数据录入、报表生成等。相比之下，传统 IT 系统开发需要进行大量的代码编写、测试和部署工作，通常需要几个月或更长时间。因此，传统 IT 系统开发更适用于需要开发和实施全新应用程序或系统的情况，例如 ERP 系统或其他具有特定功能的企业级应用程序。

4. 技能需求

对于 RPA 机器人的配置和部署，通常只需要具备基本的计算机技能和流程理解能力即可。RPA 供应商通常提供易于使用的界面和教程，使得非技术人员也能快速掌握和使用 RPA 技术。相比之下，传统 IT 系统开发需要专业的技能和知识，例如编程语言、软件架构、数据库设计、测试和部署等。因此，传统 IT 系统开发需要专业的人员参与，而且通常需要较长的时间和较高的成本。

5. 灵活性

RPA 机器人通常用于规范化、重复性的任务和流程，因此它们的灵活性相对较低。对于需要更复杂的业务逻辑和流程控制的任务，RPA 机器人可能无法满足需求。相比之下，传统 IT 系统开发具有更高的灵活性，因为开发人员可以组织自定义代码和逻辑，以满足不同的业务需求。传统 IT 系统开发能够构建更复杂的应用程序或系统，例如 ERP 系统、CRM 系统、数据分析平台等。

6. 投资成本

RPA 的投资成本相对较低，因为 RPA 机器人的部署和配置相对简单，不需要太专业的技能和知识。此外，RPA 的许可证和服务费用通常也比传统 IT 系统开发更低。相比之下，传统 IT 系统开发需要更多的投资，因为它需要专业的技术人员和其他相关的软硬件设备。此外，传统 IT 系统开发还需要进行定期的维护和升级，以保持系统的可靠性和安全性。

1.1.8 弘玑 RPA 产品的优势

本小节我们将以 Cyclone 这一 RPA 产品为例，详细了解并探索它独特的功能和应用价值，以更全面地了解 RPA 技术在现实世界中的影响和潜力。Cyclone 的具体优势如下。

（1）免费提供 100 多种 RPA 机器人，以满足不同场景中用户的需求，同时用户也可自行设计 RPA 机器人以满足自身需求。

（2）帮助企业进行数字化转型。在全球数字化变革的背景下，为适应数字经济环境，企业为了生存发展和市场变化的需要，需要对企业进行主动性、系统性、整体性的转型升级。在企业数字化转型的过程中，Cyclone 以 RPA 为核心的超级自动化解决方案，不仅提供了企业架构和技术创新相结合的战略方向，还提供了端到端的产品及落地路径。

"超级自动化"是对人工智能和机器学习等先进技术的应用，以比传统自动化更有影响力的方式实现自动化过程（不仅是任务本身）。它包含人工智能、机器学习、软件工具包及自动化工具的总和，不仅涉及工具平台的广度，还涉及自动化本身的所有步骤，包括需求发现、设计开发、管理控制、部署运行和人机交互。

①需求发现：弘玑 Cyclone 提供任务智能与流程智能两大核心产品，任务智能旨在优化员工日常操作任务，而流程智能则专注于从宏观到微观全面分析并优化企业业务流程。该产品巧妙融合了

人工智能与数据挖掘等先进技术，不仅能自上而下地识别并分析企业跨部门长业务流程中的瓶颈问题，还能自下而上地基于员工的具体操作任务挖掘自动化潜力。弘玑 Cyclone 能够直接快速地生成需求说明文档和标准化作业流程，极大地缩短了相关工作的周期，显著提升了企业运营效率。同时，通过自动化卓越中心这一核心平台，实现对自动化机会的集中管理和高效流转，为 RPA 在集团内部的快速推广和深入应用提供了强有力的支持。

②设计开发：弘玑 Cyclone 的 RPA 设计器既提供低门槛的流程设计模式，也支持灵活的代码模式。不管是 IT 开发人员还是业务人员，都可以快速上手，设计自己的机器人自动化流程。同时，Cyclone 整合了大量的 AI 算法模型，将 AI 无缝融入 RPA，赋予机器人理解文档、解析屏幕、分析对话的能力，极大地扩展了机器人流程的业务边界，为企业级自动化流程赋能。

③管理控制：弘玑 Cyclone 的中控平台是自动化管理的核心，能够配置、调度、监控、追溯企业内的所有机器人，并通过权限隔离、传输加密、审计日志、机器人监控追溯等手段保障系统安全性与合规性。中控平台能为企业用户实现资源的集中管理（包括机器人、流程、用户组织的管理），赋能应用的协调联动（包括设计器、执行器、应用市场的联动等），并能够为业务场景复杂的企业用户提供全方位的流程自动化支持（通过多维度任务触发模式、多维度机器人调度机制、长流程智能编排能力等）。

④部署运行：弘玑 Cyclone 机器人能够每天 24 小时地满足有人值守场景、无人值守场景及移动自动化场景的自动化需求。通过搭配聊天机器人与智能助手，弘玑 Cyclone 机器人能够端到端连接并赋能各类需要人工输入、跨组织协作的长流程，为复杂业务提供全方位的自动化支持。同时，弘玑 Cyclone 机器人支持跨平台运行，在 Windows、Linux、Android、信创系统上均可顺畅工作。

⑤人机交互：对于需要人工决策与输入信息的流程场景，弘玑 Cyclone 提供了基于桌面端和移动端的智能助手，以及基于低代码技术的应用设计器。作为联通人与机器人的重要桥梁，智能助手和低代码应用可有效提升人机交互效率及一站式流程管理体验。智能助手和低代码应用设计器的出现，打破了传统流程自动化过程中业务人员与机器人交互的局限性，拓宽了自动化中人机交互和界面开发的场景，是 RPA 流程自动化价值链中重要的一环。

（3）简单易上手，无须编码，降低了学习和操作成本，同时支持工作流程的拖拉拽式构建，开发和运维成本低。

（4）运行可靠稳定，支持 7*24*365 稳定运行，节省人力成本，能够实时诊断业务问题、监控告警，降低业务风险。机器人操作日志可追溯、查询、分析，为企业资产安全保驾护航。

（5）能多平台（Windows、Linux 等）部署和运行，支持移动端部署，以及在服务器、物联网和私有云等各种环境下跨平台部署。

1.2 【任务 1-2】常见的 RPA 三件套

任务描述

在掌握了 RPA 的基础知识后，我们还需要熟悉 RPA 的核心组成部分，即设计器、执行器和控制台。这将有助于我们在开发过程中避免混淆概念，以及准确地利用这三个关键要素，从而有效地开发 RPA 应用。

📄 任务分析

RPA 三件套通常是指设计器（开发工具）、执行器（运行工具）和控制台（控制中心），这三个组件是 RPA 产品中的基本要素，共同实现了 RPA 机器人的正常运行和自动化流程的执行。我们将进一步探索 RPA 领域，专注于 RPA 的核心组成部分，深入了解这三个关键要素的作用和功能，为有效开发 RPA 应用奠定基础。

📄 本节任务

任务一：深入理解 RPA 的三大核心组件

我们需要详细探究 RPA 的三大核心组件：设计器、执行器和控制台，以更全面地了解它们在 RPA 开发流程中的关键作用。

任务二：RPA 的自动化模式

我们将探讨 RPA 的自动化模式，以及如何在不同场景下实现无人值守自动化和人与机器人协同工作。

1.2.1　RPA 三件套

RPA 软件机器人有替代人工操作的特质，因此它也叫作数字员工。RPA 三件套的内容如下。

（1）设计器：用于设计开发自动化流程文件，也就是脚本文件。

（2）执行器：根据定制的脚本自动完成业务处理流程。

（3）控制台：用于管理流程的运行、监控任务的完成和记录相关数据等。

不同公司的 RPA 产品的三个核心组件可能形态各异，但一定包含了开发、运行和控制这三大类功能。随着产品的迭代和需求的延伸，还会衍生出其他创新的产品，不断扩展 RPA 的能力边界。

其中，弘玑的低代码拖拉拽的设计器可以帮助实现脚本自动化，而执行器可以理解为机器人的马达。设计器在创建了一个工作流或任务之后，可以下发给执行器，执行器就会井然有序地执行。但是光有设计器和执行器是远远不够的，因为它们只完成了一个单点执行单元，如果企业当中有很多执行器或者机器人，就需要中控平台对机器人进行管理和监控。将用户在设计器上产生的流程文件传给中控平台，中控平台在管理员给定权限和优先级的情况下，将任务下发给执行器，执行器再去完成任务，在执行的过程中进行监控，这是 RPA 一个非常经典的三件套组合。

Cyclone RPA 支持无人值守自动化和有人值守自动化。

（1）无人值守自动化：无须人工参与的自动化。随着数字化的转型，出现了无人值守自动审批的场景。比如在政府业务场景中，绝大多数重复性的文本核对工作都是可以由 RPA 完成的。

（2）有人值守自动化：人与机器人协同工作。在政府业务场景中，通常使用混合型状态，即通过 RPA 去做一些规则比较明晰的流程，在它之上有人和它协同工作。在传统意义上的业务场景中只有人和系统，而现在的业务场景中有人、机器人和系统。在真实场景中，必然会有很多环节还需要人工的参与，人可以调度和触发机器人，机器人也可以把任务转移给人。RPA 不单是技术上的创新，也是协作模式和人机交互模式的创新。

1.2.2 RPA 三件套的作用

RPA 三件套，即设计器、执行器和控制台，各自拥有不同的功能，它们组合起来能使整个自动化流程更为完善和高效。

（1）设计器：设计器是 RPA 三件套中的创造性组件，它允许用户通过图形界面或代码来设计和开发自动化流程，生成相应的脚本文件。设计器不仅简化了复杂流程的设计，而且为不同技术背景的用户提供了平台，使他们能够轻松地创建和修改流程。

（2）执行器：执行器是 RPA 系统的"动力核心"，负责按照设计器生成的脚本来执行任务，确保每个任务都按预定的顺序、时间和条件进行。可以将执行器视作数字员工，它可以按照预定规则进行操作，而不需要人工干预。

（3）控制台：控制台作为整个 RPA 系统的管理和监控中心，负责任务的调度、监控和数据记录。它允许管理员设置任务的优先级、权限和时间表，并能实时监控执行器的状态和效率。控制台还负责收集和存储执行日志，以便于后续分析和审计，确保整个自动化过程的合规性和安全性。

通过这三个核心组件的紧密合作，RPA 不仅能实现单一任务的自动化，还能管理和调度复杂的工作流程，提供更高级别的业务自动化解决方案。这种组合也支持人与机器人的协同工作模式，使得自动化不仅限于完成简单重复的任务，还能够适应复杂或需要人工参与和判断的场景。

1.3 【任务 1-3】流程自动化入门

📋 任务描述

我们将深入探讨弘玑 RPA 流程分级及流程图绘制的关键概念，同时介绍弘玑 RPA 流程自动化的基本逻辑。这些内容将有助于我们更好地设计和管理自动化流程，从而提高流程的效率、质量和稳定性。

📋 任务分析

流程分级：这一部分的重点是理解不同级别的流程（普通流程、重要流程和关键流程）及其管理方式。

流程图绘制：这是 RPA 项目前期的关键，因为它为 RPA 开发打好了基础。通过 ProcessOn 在线工具来绘制流程图是本任务的主要内容。

基本逻辑：这部分提供了将人工流程转化为计算机自动处理流程的整体逻辑，如流程识别、流程设计、流程实现、流程管理。

📋 本节任务

任务一：流程分级实践

根据给定的业务场景，识别业务流程并将其分类为普通流程、重要流程或关键流程，同时给出分类依据。

任务二：掌握流程自动化的基本逻辑

使用 ProcessOn 在线工具，根据一个具体的业务流程案例，绘制一个完整的流程图，确保所有步骤和决策点都被清晰地表示出来。

1.3.1 流程分级

弘玑 RPA 流程分级是指根据流程的复杂度和重要性对流程进行分级管理的过程。通过对流程的分级管理，可以有效提高流程的可维护性和可扩展性，减少流程异常和风险。

1. 弘玑 RPA 流程分级

（1）普通流程：指对业务流程没有重大影响，且实现相对简单的流程。这类流程通常涉及一些常规的操作和数据处理，流程设计和实现相对简单。

（2）重要流程：指对业务流程有一定影响，需要实现较为复杂的操作和数据处理的流程。这类流程通常涉及数据关联、数据逻辑处理等复杂的操作，需要对流程进行较为精细的设计和实现。

（3）关键流程：指对业务流程有重大影响，或者需要进行高级别的操作和数据处理的流程。这类流程通常涉及业务流程核心功能、数据安全等重要问题，需要进行严格的设计和实现，并且需要进行详细的测试和验证。

2. 弘玑 RPA 流程分级的管理

在弘玑 RPA 中，流程分级管理通常包括以下几个方面。

（1）流程评估：在设计和实现流程之前，需要先对流程进行评估和分析，确定流程的分级和复杂度，以便进行相应的设计和实现。

（2）流程设计：针对不同级别的流程，需要进行不同程度的设计和实现。对于普通流程，可以采用较为简单的设计和实现方式；对于重要流程和关键流程，则需要进行精细的设计和实现，确保流程的可靠性和稳定性。

（3）流程管理：针对不同级别的流程，需要进行不同程度的管理。对于普通流程，可以采用较为简单的管理方式；对于重要流程和关键流程，则需要进行更严格的管理，包括流程的备份、日志记录、异常处理等。

（4）流程审批：在流程实现之前，需要进行流程审批，确保流程符合公司的规范和标准。对于不同级别的流程，审批的要求和程度也会有所不同。

弘玑 RPA 流程分级是对流程进行分级管理的重要手段，能够提高流程的可维护性和可扩展性，减少流程异常和风险。流程分级需要结合具体的业务场景和需求，根据流程的复杂度和重要性进行合理的分级，同时需要对不同级别的流程进行相应的评估、设计、管理和审批。通过合理的流程分级管理，可以保证流程的稳定性和可靠性，提高流程的效率和质量。

1.3.2 流程图绘制

在进入 RPA 的世界之前，有一个重要的技能我们必须掌握，那就是绘制流程图。接下来，我们将使用在线工具"ProcessOn"进行流程图的绘制。

1. 什么是流程图

流程图是一种在技术和业务流程中常见的视觉化工具，它以简单、直观的方式表示出流程或系统的操作步骤。每一个步骤或决策都由特定的标志或形状表示，这些标志或形状以箭头相连，显示出流程的方向和顺序。

2. 为什么需要流程图

在进行 RPA 开发之前，绘制一个清晰的流程图是至关重要的。这将帮助我们理解要自动化的流程的每一个步骤，为制定 RPA 解决方案铺平道路。

流程图不仅能使我们清晰地理解整个流程，而且还能帮助我们识别可能遇到的瓶颈，从而优化流程。此外，使用流程图也能使团队成员、管理者或客户更容易理解流程。

3. 绘制流程图的步骤

▷ **步骤 1** 使用"ProcessOn"绘制流程图

我们将使用在线工具"ProcessOn"来绘制流程图。

▷ **步骤 2** 确定开始和结束点

首先，我们需要确定整个流程的起点和终点。在流程图中，这两个点通常用椭圆形标志表示，如图 1-1 所示。

图 1-1 开始和结束标志

▷ **步骤 3** 列出主要步骤

在起点和终点之间，应包含所有主要步骤。这些步骤要用简单的语言清晰地描述，并确定它们的顺序。这些步骤通常用矩形表示，如图 1-2 所示。

图 1-2 增加主要步骤

▷ **步骤 4** 添加决策点

在流程中，可能会遇到需要做出决策的点，如"是"或"否"的选择，这些决策点用菱形表示。每个菱形至少要有两个箭头出口，代表不同的决策结果，如图 1-3 所示。

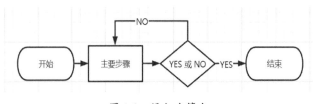

图 1-3 添加决策点

▶**步骤5** 连接形状

使用箭头将形状连接起来,表示流程的方向和顺序。确保所有的箭头都清晰,且指向正确的方向。

1.3.3 基本逻辑

弘玑 RPA 流程自动化的基本逻辑是将人工处理流程转化为计算机自动处理流程,通过自动化的方式实现流程的高效、准确和可靠。其基本逻辑包括流程识别、流程设计、流程实现和流程管理等步骤。

1. 流程识别

流程识别是指对需要自动化的业务流程进行分析和识别,确定可自动化的流程和不可自动化的流程。在流程识别阶段,有以下几个步骤。

(1)确定业务流程的输入、输出和操作:对于一个业务流程,需要明确其输入数据、输出数据及其中的操作过程,以便于后续的分析和识别。

(2)分析业务流程的复杂度和可自动化程度:根据业务流程的复杂度和可自动化程度,确定其可自动化的部分和不可自动化的部分。一般来说,对于一些简单的、重复性较高的业务流程,可以进行自动化处理;而对于一些复杂的、需要人工干预的业务流程,则需要通过人工处理来完成。

2. 流程设计

流程设计是指对自动化的业务流程进行设计,确定相应的操作。在流程设计阶段,有以下几个步骤。

(1)定义流程目标和范围:确定业务流程的目标和范围,便于后续的设计和实现。

(2)设计流程图和流程逻辑:根据业务流程的操作和规则,设计相应的流程图和流程逻辑。

(3)设计流程规则和异常处理:根据业务流程的规则和异常情况,设计相应的流程规则和异常处理方式,以确保流程的稳定和可靠。

3. 流程实现

流程实现是指根据流程设计,将业务流程自动化实现的过程。在流程实现阶段,有以下几个步骤。

(1)编写自动化脚本:根据流程设计,编写相应的自动化脚本,以实现业务流程的自动化处理。

(2)调试和测试自动化脚本:对编写的自动化脚本进行调试和测试,确保流程的正确性和稳定性。

(3)部署和运行自动化脚本:将编写的自动化脚本部署到相应的环境中,并启动自动化流程的运行。

4. 流程管理

流程管理是指对自动化流程进行管理和维护。在流程管理阶段,有以下几个步骤。

(1)监控和调整流程:对自动化流程进行监控和调整,确保流程的正确性和稳定性。对于出现的异常情况，需要及时进行处理。

（2）维护和优化自动化流程：对自动化流程进行维护和优化，以提高流程的效率和质量。

（3）更新和升级自动化流程：根据业务需求和技术变化，对自动化流程进行更新和升级。

【任务1-4】学生成绩汇总机器人

📖 任务描述

本任务旨在利用 RPA 技术改善教师在成绩管理方面的工作流程，提高教师的工作效率。

在使用 RPA 技术之前，教师需要手动从各个班级和科目的成绩表中提取、处理和汇总学生的各项成绩，而手动处理成绩数据可能会导致错误的输入、遗漏数据和计算失误，这一过程不但耗时，而且影响学生成绩的评估结果和排名。

采用 RPA 技术后，教师可以自动化地完成学生成绩的提取、处理和汇总。RPA 机器人可以根据预设的规则，快速地从各个成绩表中提取出学生的个人信息和成绩数据，然后对数据进行清洗、验证和计算，最终生成一个汇总的成绩报告。这样一来，教师可以节省大量的时间和精力，而专注于提高教育质量，关注学生的学习进步和个人发展。

RPA 技术的引入还有助于提高成绩数据的准确性和一致性。自动化流程可以减少人为操作失误，确保数据的准确性，从而提高教育评估的可靠性。同时，系统生成的成绩报告具有一致的格式和标准，便于分析和比较。

📖 任务分析

（1）获取指定文件夹中多个需要进行汇总的表格。

（2）对需要汇总的表格内的所有信息进行抓取。

（3）将抓取到的信息写入新建的表格中，实现表格的汇总。

📖 本节任务

任务一：探究手动处理与 RPA 技术在学生成绩汇总中的差异

分析手动处理学生成绩的弊端，如错误输入、遗漏、计算失误等，并了解 RPA 技术在学生成绩汇总中的优势，如自动化提取、处理和汇总，减少人为失误，提高效率。

任务二：设计并实施学生成绩的自动化汇总流程

学习如何使用 RPA 机器人获取指定文件夹中多个需要进行汇总的表格。掌握如何从这些表格中自动提取学生的个人信息和成绩数据，将抓取到的数据信息进行整合并写入新建的汇总表格。

📖 项目开发

在开发"多个工作簿汇总"机器人前，我们需要查看并了解表格的格式，如图1-4所示。

2020级计算机网络技术2班 成绩													
序号	学号	姓名	实训报告一	实训报告二	实训报告三	实训报告四	实训成绩	期末考试	考勤（占比30%）		期中考试（占比30%）		回答问题（占比40%）		成绩=考勤+期中+回答
1	2020000000057	王*	90	75	80	100	86.25	93	16	30.00	58	17.4	15	30	77.40
2	2020000000058	吴**	90	80	85		63.75	90	16	30.00	58	17.4		0	47.40
3	2020000000059	庄**	90	90	95	100	93.75	95	16	30.00	90	27	15	30	87.00
4	2020000000060	谢**	90	90	95	100	93.75	93	16	30.00	90	27	6	12	69.00
5	2020000000061	赫**	90	85	80	100	88.75	81	15.5	29.06	90	27	5	10	66.06
6	2020000000062	温**	90	85	85		65	90	16	30.00	58	17.4		0	47.40
7	2020000000063	杨**					0	88	15	28.13	90	27		0	55.13
8	2020000000064	孟**					0	90	15	28.13	58	17.4		0	45.53
9	2020000000065	陈**	90	85	90		66.25	90	16	30.00	94	28.2	1	2	60.20
10	2020000000066	陈**	85		90		43.75	80	16	30.00	90	27		0	57.00
11	2020000000067	符*	80	90			42.5	70	16	30.00	86	25.8		0	55.80
12	2020000000068	羊**	90	70	80	90	82.5	85	15.5	29.06	90	27		0	56.06
13	2020000000069	班**	80		80	80	60	85	15.5	29.06	76	22.8	1	2	53.86
14	2020000000070	吴**	85	80	90	90	86.25	91	15.5	29.06	58	17.4		0	46.46
15	2020000000071	王*	85	80	85		62.5	93	16	30.00	90	27		0	57.00
16	2020000000072	林**	85	85	90		65	80	15	28.13	90	27		0	55.13
17	2020000000073	吴**		85		85	42.5	70	14.5	27.19	42	12.6		0	39.79
18	2020000000074	陈**	80		80	90	62.5	40	14.5	27.19	90	27	1	2	56.19
19	2020000000075	邢**	90	90	95		68.75	80	16	30.00	74	22.2		0	52.20
20	2020000000076	刘**	85				21.25	40	16	30.00	90	27		0	57.00
21	2020000000077	莫**	85		80		41.25	70	15.5	29.06	90	27		0	56.06
22	2020000000078	卓**					0		0.00		0			0	0.00
23	2020000000079	符**		85		90	61.25	70	15	28.13	90	27		0	55.13
24	2020000000080	韩**		65		85	37.5	90	16	30.00	66	19.8		0	49.80
25	2020000000081	谢**	90	90	85		66.25	90	16	30.00	76	22.8		0	52.80
26	2020000000082	黄**	80	80	90	90	85	65	16	30.00	90	27		0	57.00
27	2020000000083	符**	90	80	90		65	90	16	30.00	66	19.8		0	49.80
28	2020000000084	陈**	80	90	90		67.5	75	16	30.00	76	22.8		0	52.80
29	2020000000085	梁**	80	90	95		86.25	90	16	30.00	76	22.8		0	52.80
30	2020000000086	郑**	80	80	90		65	90	15.5	29.06	76	22.8		0	51.86
31	2020000000087	占**	90	70			40	90	16	30.00	90	27		0	57.00
32	2020000000088	刘**		80	85	90	63.75	75	16	30.00	90	27		0	57.00
33	2020000000089	吴**		80	85		41.25	75	16	30.00	76	22.8	4	8	60.80
34	2020000000090	陈**		80			20	80	15	28.13	76	22.8		0	50.93
35	2020000000091	蒲**	85	80	75	90	80	80	16	30.00	58	17.4		0	47.40
36	2020000000092	陈**	90	75	90	80	83.75	80	15.5	29.06	82	24.6	4	8	61.66
37	2020000000093	林**	90	80	85	90	86.25	80	16	30.00	76	22.8	1	2	54.80

图 1-4 示例表格

在了解了需要汇总的表格的格式后，就可以打开设计器，为程序创建一个专门的项目。首先，双击打开 Cyclone 设计器，其图标如图 1-5 所示。

打开程序后，会进入设计器首页，如图 1-6 所示。

图 1-5 Cyclone 设计器图标　　　　图 1-6 Cyclone 设计器首页

单击"新建流程项目"按钮，在弹出的对话框中填入新建的项目名称"多个学生信息汇总"，来新建一个学生成绩汇总机器人，如图 1-7 所示。

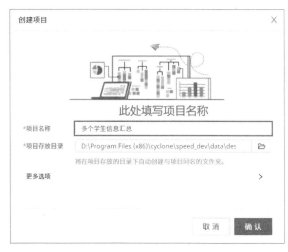

图 1-7 新建项目

新建成功后，会进入项目设计界面，如图 1-8 所示。

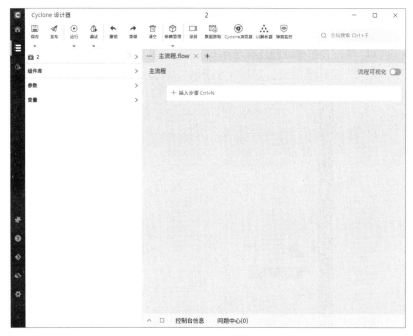

图 1-8 项目设计界面

在项目设计界面就可以开始编写代码，将多个需要进行汇总的表格储存至一个 Excel 表格中，接下来我们将逐步讲解编写代码的步骤。

⊙步骤1 选择"获取目录下文件或文件夹"指令

为了利用 RPA 实现表格的自动汇总，我们将使用"获取目录下文件或文件夹"功能，以便读取所需表格文件的路径并将其储存在变量中，为后续操作提供便捷的 Excel 路径信息。

① 在 Cyclone 设计器（如图 1-8 所示）中，单击"插入步骤"按钮，如图 1-9 所示。（后续内容中，如无特殊说明，所有"插入步骤"按钮均与本步骤中的按钮相同。）

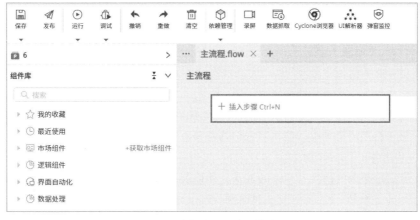

图 1-9 单击"插入步骤"按钮

② 单击"插入步骤"按钮后,会弹出指令库。需要在弹出的指令库中选择"文件处理"→"文件夹"→"获取目录下文件或文件夹"指令,如图 1-10 所示。

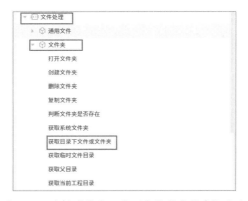

图 1-10 选择"获取目录下文件或文件夹"指令

> **步骤 2** 设置"获取目录下文件或文件夹"参数

在 Cyclone 设计器界面右侧的参数栏中,填写"获取目录下文件或文件夹"的参数,如图 1-11 所示。

图 1-11 填写对应文件夹目录

"获取目录下文件或文件夹"指令配置项说明如下。

- 文件夹路径：输入变量或字符串，该值为希望获取文件的目标文件夹路径，例如"F:\桌面\书\第1章\汇总表"。
- 选择类型：选项包括"文件"和"文件夹"。选择"文件"将只读取文件，而选择"文件夹"将只列出文件夹，这里应选择文件。
- 结果列表：需要在这里输入一个变量名。系统成功读取文件夹下的文件后，这些文件的信息将存储在指定的变量中，这里可将信息存储在"所有信息表"变量中。

▷ 步骤3　手动编辑 Excel 初始表

由于所有需汇总的表格都具有相同的表头，所以我们选择手动创建表头，可以简化编码需求。

① 打开 Excel 并新建一个 .xlsx 格式的表格文件，在其中手动输入表头信息。具体的表格内容如图 1-12 所示。

图 1-12　编辑 Excel 初始表

② 表格设计完毕后，将其保存好并命名为"初始表"，存放在电脑硬盘中。

▷ 步骤4　选择"复制文件"指令

为了避免在多次运行 RPA 程序时可能会引发数据重复或覆盖问题，通常将初始表用作模板，它包含了固定的表头和基础格式。如果直接在步骤3的初始表中添加学生成绩，特别是在程序多次运行的情况下，第一次运行后的数据就会被保存到初始表中。这意味着之后再运行程序时，新数据会直接追加或覆盖到已经存在的数据上，导致汇总表出现重复数据或未预期的错误。所以，为了避免出现这种问题，在每次运行程序时，我们应创建初始表的副本，而不是直接操作原始的初始表。

① 完成前三个步骤后，我们需要返回到 Cyclone 设计器，并单击"插入步骤"按钮以继续操作。

② 单击"插入步骤"按钮后，会弹出指令库。我们需要在弹出的指令库中选择"文件处理"→"通用文件"→"复制文件"指令，如图 1-13 所示。

图 1-13　选择"复制文件"指令

◉ **步骤5** 设置"复制文件"参数

在 Cyclone 设计器界面右侧的参数栏中,填写"复制文件"指令的参数,如图 1-14 所示。

图 1-14 填写对应文件路径

"复制文件"指令配置项说明如下。
- 原文件路径:填入变量或者字符串,填入的值为需要复制的文件路径,如"F:\桌面\书\第 1 章\汇总表\初始表 .xlsx",也可以单击图中的文件夹图标进行选择。
- 新文件路径:填入变量或者字符串,填入的值为需要复制的文件路径,如"F:\桌面\书\第 1 章\汇总表\汇总表 .xlsx",也可以单击图中的文件夹图标进行选择。
- 是否覆盖:若选择"覆盖",则新文件路径下已存在的同名文件将被原文件替换,这里默认为覆盖。

执行完复制指令,就会获得一个由初始表复制而成的汇总表,这样我们的初始表就会永远存在且其中的内容不会被修改,从而避免了程序出错。

◉ **步骤6** 选择"打开 Excel 工作簿"指令

在复制汇总表的操作完成后,接下来我们需要利用"打开 Excel 工作簿"指令来打开这份新的汇总表。

① 在 Cyclone 设计器界面中单击"插入步骤"按钮。

② 单击"插入步骤"按钮后,会弹出指令库。我们需要在弹出的指令库中选择"应用自动化"→"Excel"→"Excel 应用"→"表格操作"→"打开 Excel 工作簿"指令,如图 1-15 所示。

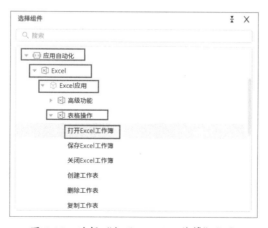

图 1-15 选择"打开 Excel 工作簿"指令

◎ **步骤7** 设置"打开 Excel 工作簿"参数

在 Cyclone 设计器界面右侧的参数栏中,填写"打开 Excel 工作簿"的参数,如图 1-16 所示。

图 1-16 填写对应参数

"打开 Excel 工作簿"指令配置项说明如下。

- 文件路径:输入变量或字符串,确保填写的值是 Excel 文件的完整路径,例如"F:\桌面\书\第1章\汇总表\汇总表.xlsx"。
- 文件不存在时:这里默认为"自动创建"。
- 文件密码:如果 Excel 文件设置了密码,此处需要填写相应的密码,这里默认不填。
- 打开方式:默认为"自动检测",但也可以根据需要选择特定的打开方式。
- 是否可见:规定 Excel 操作是否可见,这里选择"否"。
- Excel 文件:输入一个变量名,用来保存已打开的 Excel 文件对象,之后使用 Excel 操作组件时可以使用该变量名引用这个 Excel 对象,这里可以将信息存入"汇总表"变量。

◎ **步骤8** 选择"逻辑组件"→"循环"→"数组遍历"指令

由于"获取目录下文件或文件夹"指令获取到的数据会被存储成数组,所以我们选择使用"逻辑组件"→"循环"→"数组遍历"指令来实现循环的遍历。

① 在 Cyclone 设计器界面中单击"插入步骤"按钮。

② 单击"插入步骤"按钮后,会弹出指令库。我们需要在弹出的指令库中选择"逻辑组件"→"循环"→"数组遍历"指令,如图 1-17 所示。

◎ **步骤9** 设置"数组遍历"参数

在 Cyclone 设计器界面右侧的参数栏中,填写"数组遍历"的参数,如图 1-18 所示。

图 1-17　选择"数组遍历"指令

图 1-18　填写对应参数

"数组遍历"指令配置项说明如下。
- 数组：填入变量或者数组，如 ["计网一班学生信息表 .xlsx"，"计网二班学生信息表 .xlsx"，"计网三班学生信息表 .xlsx"]，这个指令会遍历数组中的每一个元素，此处填写的变量"所有信息表"是由"获取目录下文件或文件夹"指令得来的，用于遍历这个文件夹中所有需要汇总的文件。
- 元素下标：填入一个变量名，用于接收当前循环的次数，从 0 开始，这里可以将信息存入"第几个信息表路径"变量。
- 数组元素：填入一个变量名，用于接收当前循环的元素，从第 0 个元素开始，比如"计网一班学生信息表 .xlsx"，这里可以将信息存入"单个信息表路径"变量中。

⊙ 步骤10　在"数组遍历"指令中，插入"打开 Excel 工作簿"指令

进入"数组遍历"循环之后，还需要通过指令来打开每个班级的学生成绩信息表。
① 双击"数组遍历"指令的空白处进入指令内部，如图 1-19 所示。
② 进入"数组遍历"指令的内部后，直接单击"插入步骤"按钮。
③ 单击"插入步骤"按钮后，会弹出指令库。我们需要在弹出的指令库中选择"打开 Excel 工作簿"指令，如图 1-20 所示。

图 1-19 双击空白处

图 1-20 选择"打开 Excel 工作簿"指令

⊙步骤 11 设置"打开 Excel 工作簿"参数

在 Cyclone 设计器界面右侧的参数栏中，填写"打开 Excel 工作簿"的参数，如图 1-21 所示。

图 1-21 填写对应参数

"打开 Excel 工作簿"指令配置项说明如下。
- 文件路径：由于本处需要填写的是待汇总表格的文件路径，而"获取目录下文件或文件夹"指令读取到的路径只包含文件名称，所以此处填写如图 1-22 所示。

```
"C:\\Users\\Administrator\\Desktop\\多个学生信息表格合并\\" + 单个信息表路径
```

图 1-22 填入的变量字符串

这样，字符串拼接后，就可以得到一个全路径，如"C:\Users\Administrator\Desktop\ 多个学生信息表格合并 \ 计网一班学生信息表 .xlsx"。
- 文件不存在时：默认为"自动创建"。
- 文件密码：如果 Excel 有密码的话，就需要填写，这里默认不填写。
- 打开方式：默认为"自动检测"，可以选择需要的打开方式，这里保持默认即可。
- 是否可见：规定 Excel 操作是否可见，这里填"否"。
- Excel 文件：输入一个变量名，用来保存已打开的 Excel 文件对象，之后使用 Excel 操作组件时可以使用该变量名引用这个 Excel 对象，这里可以将信息存储至"当前打开的 Excel 文档"变量中。

◎ 步骤 12　选择"获取行列数"指令

根据上述步骤的操作，我们现在已经能够读取学生成绩的汇总表了。但还存在一个问题，我们无法确定学生成绩表具体有多少行。为了解决这一问题，我们需要在数组遍历过程中加入"获取行列数"指令。

① 在 Cyclone 设计器界面中单击"插入步骤"按钮。

② 单击"插入步骤"按钮后，会弹出指令库。我们需要在弹出的指令库中选择"应用自动化"→"Excel"→"Excel 应用"→"表格读写"→"获取行列数"指令，如图 1-23 所示。

图 1-23 选择"获取行列数"指令

> 步骤 13　设置"获取行列数"参数

在 Cyclone 设计器界面右侧的参数栏中，填写"获取行列数"的参数，如图 1-24 所示。

图 1-24　填写对应参数

"获取行列数"指令配置项说明如下。
- Excel 文件对象：填入一个 Excel 对象，用于读取这个 Excel 的行列数，这里填入"当前打开的 Excel 文档"变量。
- 选择名称/序号：可选项，默认为"工作表名称"。
- 工作表名称/序号：填入一个字符串或变量，用于确定是 Excel 的哪个工作表，这里默认为"Sheet1"。
- 获取选项：可选择获取最后一行的行号或最后一列的列号，这里选择"获取行数"。
- 指定列号：获取指定列上的行号，不填写则默认为最长的那一列，这里不填写。
- 获取结果：填入一个变量名，接收获取到的行列数，这里将信息存储至"最后一行行号"变量中。

这样我们就获取到最后一行的行号了。

> 步骤 14　选择"For 计次循环"指令

获取到行列数后，我们可以通过"For 计次循环"指令来读取第四行至最后一行中的信息。
① 由于我们目前所处的位置还是在"数组遍历"中，所以直接再次单击"插入步骤"按钮。
② 单击"插入步骤"按钮后，会弹出指令库。我们需要在弹出的指令库中选择"逻辑组件"→"循环"→"For 计次循环"指令，如图 1-25 所示。

> 步骤 15　设置"For 计次循环"参数

在 Cyclone 设计器界面右侧的参数栏中，填写"For 计次循环"的参数，如图 1-26 所示。

图 1-25　选择"For 计次循环"指令

图 1-26　填写对应参数

"For 计次循环"指令配置项说明如下。
- 当前值：填入一个变量名，用于记录当前值，这里填写变量"i"。
- 初始值：为这个变量名初始化一个值，比如 4，即 i=4。
- 结束值：填入一个变量或数值，代表当前值循环到什么数值时结束，这里填写变量"最后一行行号"。
- 递增值：填入一个变量或数值，代表每次循环当前值增加多少，这里填写"1"。

使用这个循环，就可以从第 4 行开始遍历待汇总表格中的每一行，接下来我们开始读取每一行的数据。

▷步骤 16　在"For 计次循环"指令内部，插入"读取行列数据"指令

由于"For 计次循环"指令在每次循环时都会得到一个递增的变量 i，所以我们需要根据变量 i 的值来确定需要读取的数据在哪一行。

① 双击"For 计次循环"的空白处，如图 1-27 所示。

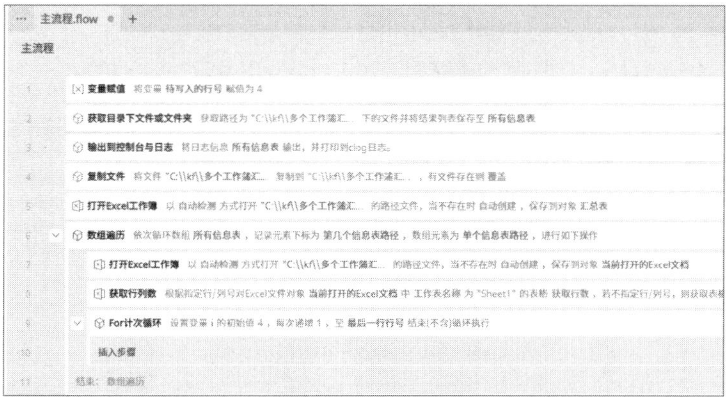

图 1-27　单击空白处进入 For 计次循环内部

② 单击"插入步骤"按钮，弹出指令库。我们需要在弹出的指令库中选择"应用自动化"→"Excel"→"Excel 应用"→"表格读写"→"读取行列数据"指令，如图 1-28 所示。

图 1-28　选择"读取行列数据"指令

> **步骤 17**　设置"读取行列数据"参数

在 Cyclone 设计器界面右侧的参数栏中，填写"读取行列数据"的参数，如图 1-29 所示。

图 1-29　填写对应参数

"读取行列数据"指令配置项说明如下。
- Excel文件对象:填入一个Excel对象,用于读取这个Excel指定的行数据,这里填写"当前打开的Excel文档"变量。
- 选择名称/序号:默认选择"工作表名称"。
- 工作表名称/序号:填入需要读取数据的工作表名称,这里默认为"Sheet1"。
- 选择行/列:可以选择要读取的数据是一列还是一行,这里选择"行"。
- 行号:输入要读取的行号,这里填入变量"i"。
- 起始位置:填入要读取的列号,此处填写"2"是因为第1列存储的信息是序号,我们不需要读取序号。
- 读取选项:根据需要读取的数据的形式,可选真实值、显示值或公式,这里选择读取"真实值"。
- 读取结果:填入一个变量名,读取到的数据是一个列表,这里将信息储存至"读取的一行数据"变量。

通过本步骤,就可以成功按照顺序从上往下读取每一行的信息。

◎ 步骤18 创建变量存储写入的行号

在获取到学生成绩表的行信息之后,就要将这些信息写入汇总表。然而,这里存在一个问题。在使用"写入行列数据"指令时,我们需要指定特定的行号来写入数据,如图1-30所示。例如,指定写入第4行,但由于我们固定在第4行写入,每次循环写入的新数据都会覆盖掉原有第4行的数据,导致我们无法完整地汇总所有学生的成绩。

为了解决这个问题,需要动态地调整写入行号。我们需要在每次循环时根据已有数据的行数递增行号,从而确保每次写入的数据不会覆盖之前的内容。通过这种方式,每次的新数据都会被写入汇总表的下一行,而不是固定在同一行,从而实现数据的正确追加和汇总。

图1-30 行号的问题

这时，需要定义一个变量来记录我们要写入第几行才可以解决这个问题。

① 在 Cyclone 设计器的界面的上方单击主流程，如图 1-31 所示。

图 1-31　新建流程

② 回到主流程后，将鼠标移动至第一行代码上方，单击"获取目录下文件或文件夹"之前的加号图标，如图 1-32 所示。

图 1-32　单击加号图标新建指令

③ 单击加号图标后，会弹出指令库。我们需要在弹出的指令库中选择"数据处理"→"变量处理"→"变量赋值"指令，如图 1-33 所示。

图 1-33　选择"变量赋值"指令

▷ **步骤 19**　设置"变量赋值"参数

在 Cyclone 设计器界面右侧的参数栏中，填写"变量赋值"的参数，如图 1-34 所示。

图 1-34 填写对应参数

"变量赋值"指令配置项说明如下。
- 值:填写变量的初始值,此处填写"4"是因为汇总表中第一个需要写入的行号为 4。
- 变量名称:填入一个变量名,将初始值储存至变量中,这里将信息储存至"待写入的行号"变量中。

▶ **步骤 20** 在"For 计次循环"中插入"写入行列数据"指令

在准备好"待写入的行号"变量后。就可以将读取到的内容写入汇总表。

① 在 Cyclone 主流程中双击"For 计次循环"指令空白处进入指令循环内部,如图 1-35 所示。

图 1-35 进入指令循环内部

② 进入 For 计次循环后,单击"插入步骤"按钮。

③ 单击"插入步骤"按钮后,会弹出指令库。我们需要在弹出的指令库中选择"应用自动化"→"Excel"→"Excel 应用"→"表格读写"→"写入行列数据"指令,如图 1-36 所示。

图 1-36 选择"写入行列数据"指令

> **步骤 21** 设置"写入行列数据"参数

在 Cyclone 设计器界面右侧的参数栏中，填写"写入行列数据"的参数，如图 1-37 所示。

图 1-37 填写对应参数

"写入行列数据"指令配置项说明如下。

- Excel 文件对象：填入一个 Excel 对象，用于读取这个 Excel 指定的行数据，这里填写变量"汇总表"。

- 选择名称/序号：默认选择"工作表名称"。
- 工作表名称/序号：填入需要读取数据的工作表名称，这里默认为"Sheet1"。
- 选择行/列：可以选择要写入的数据是一列还是一行，这里选择"行"。
- 行号：输入要写入的行号，这里填写变量"待写入的行号"。
- 起始写入位置：默认选择"指定位置"。
- 列号：填写要写入的列号，此处填写 2 是因为之前读取数据时，也是从第 2 列开始读取，即不读取第 1 列的序号，从第 2 列的学号开始读取。
- 数据格式：默认选择"常规"。
- 行数据：填入一个列表，列表中的元素为写入的数据，这里填写变量"读取的一行数据"。
- 忽略首个单元格：默认选择"不去除"。
- 是否自动保存：默认选择"否"，此处选择"是"，即写入后会自动保存表格。

步骤 22 使用"变量转字符串"指令，用于写入汇总表的序号

由于汇总表中第 1 列的序号还需要写入，所以我们可以使用"变量转字符串"指令创建一个变量来定义当前序号是多少。

① 我们目前处于"For 计次循环"指令内部，所以直接在 Cyclone 设计器界面中单击"插入步骤"按钮。

② 单击"插入步骤"按钮后，会弹出指令库。我们需要在弹出的指令库中选择"数据处理"→"变量处理"→"变量转字符串"指令，如图 1-38 所示。

图 1-38 选择"变量转字符串"指令

步骤 23 设置"变量转字符串"参数

在 Cyclone 设计器界面右侧的参数栏中，填写"变量转字符串"的参数，如图 1-39 所示。

图 1-39 填写对应参数

"变量转字符串"指令配置项说明如下。

- 原变量：填写一个变量，会将这个变量变为字符串，此处填写"待写入的行号 -3"是因为前 3 行用于表头，并不计入序号，所以要减 3。
- 转换结果：接收转换为字符串后的结果，这里将信息存储至"序号"变量中。

◎ 步骤 24　写入序号至汇总表

得到了序号变量后，我们还需要将序号写入汇总表中。

① 在 Cyclone 设计器界面中单击"插入步骤"按钮。

② 单击"插入步骤"按钮后，会弹出指令库。我们需要在弹出的指令库中选择选择"应用自动化"→"Excel"→"Excel 应用"→"表格读写"→"写入单元格数据"指令，如图 1-40 所示。

图 1-40　选择"写入单元格数据"指令

◎ 步骤 25　设置"写入单元格数据"参数

在 Cyclone 设计器界面右侧的参数栏中，填写"写入单元格数据"的参数，如图 1-41 所示。

图 1-41　填写对应参数

"写入单元格数据"指令配置项说明如下。

- Excel 文件对象：填入一个 Excel 对象，用于读取这个 Excel 指定的行数据，这里填入变量"汇总表"。
- 选择名称/序号：默认选择"工作表名称"。
- 工作表名称/序号：填入需要读取数据的工作表名称，这里默认为"Sheet1"。
- 单元格位置：可以选择要写入的单元格名称是"按行和列"或者"单元格名称"，此处选择"按行和列"。
- 行：填入要写入的行号，这里填写"待写入的行号"。
- 列：填入要写入的列号，这里填写"1"。
- 数据格式：默认为"常规"。
- 待写入数据：填入变量或字符串，为写入的数据，这里填写"序号"即可。
- 是否自动保存：默认为"否"。

▶ **步骤 26**　将待写入的行号变量 +1

由于之前我们已经将读取到的数据写入汇总表中，所以接下来需要将待写入的行号加 1，让下一次写入的数据出现在下一行中。

① 在 Cyclone 设计器界面中单击"插入步骤"按钮。

② 单击"插入步骤"按钮后，会弹出指令库。我们需要在弹出的指令库中选择"数据处理"→"变量处理"→"变量赋值"指令，如图 1-42 所示。

图 1-42　选择"变量赋值"指令

> **步骤 27**　设置"变量赋值"参数

在 Cyclone 设计器界面右侧的参数栏中，填写"变量赋值"的参数，如图 1-43 所示。

图 1-43　填写对应参数

"变量赋值"指令配置项说明如下。

- 值：填入一个值，这个值将会存储至变量中。此处填写"待写入的行号 +1"，意味着"将待写入的行号"这个变量的值提取出来，加 1 后再存储回去。
- 变量名称：存储这个值的变量名称，这里填"待写入的行号"。

> **步骤 28**　保存汇总表

由于表格写入有时可能会意外停止，导致出现数据虽然写入成功但是未保存的情况，所以我们还需要保存一下汇总表。

① 在 Cyclone 设计器界面中单击"插入步骤"按钮。

② 单击"插入步骤"按钮后，会弹出指令库。我们需要在弹出的指令库中选择"应用自动化"→"Excel"→"Excel 应用"→"表格操作"→"保存 Excel 工作簿"，如图 1-44 所示。

图 1-44　选择"保存 Excel 工作簿"指令

⊙ **步骤 29**　设置"保存 Excel 工作簿"参数

在 Cyclone 设计器界面右侧的参数栏中，填写"保存 Excel 工作簿"的参数，如图 1-45 所示。

图 1-45　填写对应参数

"保存 Excel 工作簿"指令配置项说明如下。

- Excel 文件对象：填入一个 Excel 工作簿对象，这里填入的是"汇总表"变量。
- 选择保存方式：默认为"原路径保存"。
- 是否加密：默认"不修改"即可。

这样我们的整个汇总程序就开发完毕了，程序运行后会读取每一行的数据并写入汇总表中。

课后练习

1. 理解练习

（1）描述一下 RPA 在学生成绩汇总系统中的具体应用，以及使用 RPA 带来的优势。

（2）根据任务 1-4 中的任务描述，概述如何使用 RPA 实现学生成绩的提取、处理和汇总。

（3）对于任务 1-4 中的任务分析部分提出的三个要求，解释如何利用项目中列出的指令来实现。

2. 操作练习

（1）根据任务 1-4 中的任务分析，设计并实现一个简单的 RPA 流程，该流程能够自动化地从指定文件夹中获取多个成绩表，然后提取和汇总学生的个人信息和成绩数据。

（2）利用指令，实现成绩数据的清洗和验证。

（3）利用"数据处理"中的"数字运算"指令，实现对学生各科成绩的计算。

3. 扩展练习

（1）如何修改你的 RPA 流程，以实现对不同班级的成绩进行汇总？

（2）如何使用 RPA 来实现对学生成绩的排名？

（3）在每次完成成绩汇总后，如果希望能自动向相关教师发送一封包含汇总报告的邮件，该如何利用"App 指令"中的"邮件处理"来实现？

（4）成绩表的格式或内容可能会发生变化，如何设计 RPA 流程以应对这种变化？

第 2 章
初识指令库

本章将引导读者深入了解和掌握弘玑 RPA 软件中的指令库。指令库是构建 RPA 流程的基石，提供了一系列预定义的操作，让用户能够通过组合这些操作来自动执行各种任务。通过本章内容，读者将逐步认识这些指令的分类、功能和应用场景，从而能够有效地利用这些指令来优化工作流程和提升工作效率。

2.1 【任务 2-1】弘玑 Cyclone 工具的使用

任务描述

读者需要熟悉弘玑 Cyclone 的 RPA 操作界面，并能够有效地创建和执行 RPA 流程。此任务中，读者将学习如何初始化弘玑 RPA 的设置，以及如何创建一个简单的 RPA 流程。

任务分析

（1）界面熟悉：了解弘玑 Cyclone 的主要界面，并能找到对应的功能位置。

（2）初始化设置：在创建流程之前，需要进行一些必要的设置，例如插件的安装。读者需要了解如何安装和配置这些插件，特别是浏览器相关的插件。

（3）流程创建：了解如何创建一个新的 RPA 流程，包括选择正确的指令、配置参数等。

本节任务

任务一：界面探索

打开弘玑 Cyclone 并浏览其首页，了解各项功能和操作界面。进入应用市场界面，浏览并了解热门应用的功能。

任务二：插件安装与配置

按照步骤安装必要的插件，如浏览器插件。请确保安装后的插件能够正常运行，且与 RPA 软件完全兼容。

任务三：创建 RPA 流程

返回到 Cyclone 的首页，单击"我的应用"，然后选择"新建流程项目"，按照提示创建一个简单的 RPA 流程，如打开一个 Excel 文件或浏览器。请确保创建的流程能够正确执行，没有错误。

2.1.1 弘玑 Cyclone 界面介绍

弘玑 Cyclone 是由全球领先的 RPA 公司推出的 RPA 客户端产品，是一款轻量级的智能软件机器人，可以根据用户设定的程序自动完成流程固定的工作，产品轻便，无侵入，不干扰，下载安装方便。

弘玑 Cyclone 的界面简洁大方，使用方便，功能齐全，如图 2-1 所示。在首页界面的右上角，单击"浏览更多模板"链接，在打开的界面中可以看到有很多可以直接使用的 RPA 流程，如图 2-2 所示。

图 2-1　弘玑 Cyclone 主页

在图 2-2 所示的应用市场界面中，可以直接选择需要的 RPA 流程，非常方便快捷，同时我们也可以制作一些流程进行上架。

图 2-2　弘玑 Cyclone 应用市场界面

在 Cyclone 设计器首页中单击"新建流程项目"按钮后，将会弹出 Cyclone 设计器的操作界面，如图 2-3 所示。

（1）组件库：位于操作界面的左侧，展示了非常丰富的自动化组件，支持不同的办公软件（如 Excel、Word、微信、企业微信等）、系统窗口、界面指令等应用。这些组件使得开发自动化流程时能够轻松应对不同场景和需求，具有高度灵活性和可扩展性。

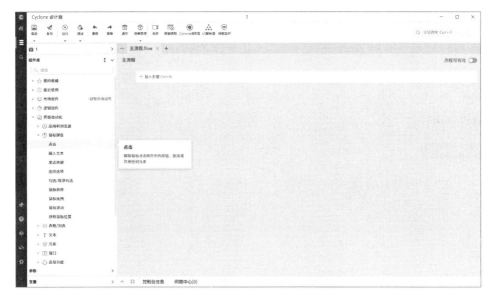

图 2-3　弘玑 Cyclone 设计器组件库

组件库中包含很多指令集，这些指令集中还有细化的小指令集，小指令集里面是具体的指令。

当某个指令不知道要怎么使用的时候，在右侧的属性面板中单击对应指令下的"如何使用"链接，即可查看官方对某条指令的详细说明及使用方法，对新手十分友好，如图 2-4 和图 2-5 所示。

图 2-4　单击"如何使用"

图 2-5　使用说明

（2）工具栏：位于界面的上方，用于展示常用的开发功能，例如保存、运行、调试等。

（3）编辑区：在组件库的右侧，在工作区中可以使用"Ctrl+N"快捷键实现插入步骤，插入步骤后可以选择对应的指令，进行下一步操作，如图 2-6 所示。这里以选择"打开 Excel 工作簿"指令为例，选择该指令后会出现其对应的操作框，根据需求配置好参数，如图 2-7 所示。

图 2-6　选择指令

图 2-7 打开 Excel 文件

弘玑 Cyclone 除了可以对重复性工作实现自动化处理，还可以帮助个人解决部分生活难题，如机器人定时进入网站抢票、定时购买商品等。将烦琐的工作难题、令人头疼的生活难题交给机器人助手，可以充分发挥科技的驱动力，从而节约时间和精力。

2.1.2 弘玑 Cyclone 初始化设置

在正式构建流程前，需要进行一些必要的初始化设置，以优化弘玑 RPA 的运行，避免在后续的开发过程中遇到无法预期的错误。

在 Cyclone 设计器操作界面的左侧单击"工具管理"按钮，如图 2-8 所示。

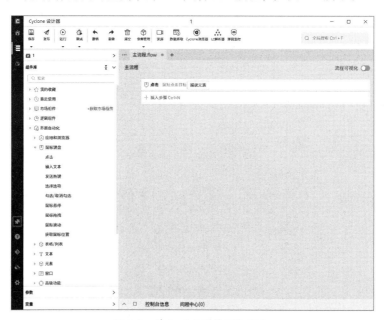

图 2-8 单击"工具管理"按钮

在弹出的界面中，再单击"插件"按钮，如图 2-9 所示。

图 2-9　单击"插件"按钮

在弹出的"插件"组中，选择需要安装的插件（需要使用 RPA 控制的浏览器），并单击"安装"按钮，如图 2-10 所示。

图 2-10　选择对应的插件并单击"安装"按钮

以谷歌浏览器为例,在"Chrome 插件"右侧单击"安装"按钮后,会弹出一个"是否选择安装 Chrome 插件"的对话框,这里单击"确定"按钮,如图 2-11 所示。

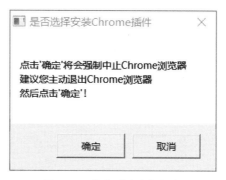

图 2-11　单击"确定"按钮

安装成功后,还会弹出 Chrome 插件安装成功的对话框,继续单击"确定"按钮,如图 2-12 所示。

图 2-12　插件安装成功

> **注意**
>
> 在进行插件安装前,需要先关闭谷歌浏览器。Cyclone 设计器会弹出一个提示窗口,提示需要退出浏览器。关闭浏览器后,单击"确定"按钮。此时,Cyclone 将自动完成插件的安装过程,无须用户手动干预。

打开谷歌浏览器,单击右上角的"设置"按钮(三个竖点),选择"更多工具"→"扩展程序"命令,如图 2-13 和图 2-14 所示。

图 2-13　单击"设置"按钮

图 2-14 选择"扩展程序"命令

在弹出的对话框中单击"Cyclone Automation 扩展"按钮，即可开启插件，如图 2-15 所示。

图 2-15 开启插件

这样，我们就完成了谷歌浏览器插件的配置。

2.1.3 创建一个流程

在 RPA 中，创建流程是核心的一环。流程的建立使机器人可以模拟并执行人类的工作，实现重复性任务的自动化。这样不仅能极大地提升工作效率，减轻人员的工作负担，也可以减少人为错误，提高任务执行的准确性。通过创建自动化流程，我们可以更好地分析和优化现有的业务流程。机器人流程自动化（RPA）不仅仅是简单地模仿人类执行任务，它还能让我们在建立流程时重新审视业务的各个步骤，找到可能存在的瓶颈、低效之处或冗余步骤。这种优化的机会使业务流程更加高效、流畅，不仅缩短了任务完成的时间，还减少了资源浪费，进而提升了整体的业务运行效率。通过自动化执行任务，企业可以更灵活地适应变化，并在保持稳定运作的同时提高工作效率。

在初始化配置完毕后，就可以开始使用 RPA 进行流程的创建了。首先回到 Cyclone 设计器的首页，单击"新建流程项目"按钮，如图 2-16 所示。

图 2-16　单击"新建流程项目"按钮

在弹出的"创建项目"对话框中填写对应的项目名称,选择项目存放目录,并单击"确认"按钮,如图 2-17 所示。

图 2-17　填写对应信息

项目创建成功后,界面如图 2-18 所示。

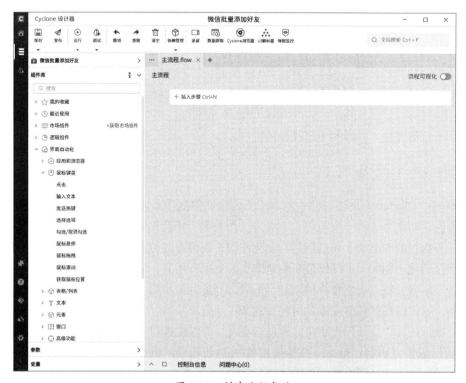

图 2-18　创建流程成功

这时就创建好了一个单独的流程，接下来就可以开始正式开发 RPA 程序啦！

2.2 【任务 2-2】微信批量添加好友

任务描述

在电商行业中，微信作为一种重要的沟通工具，经常需要添加新的好友来拓展业务关系。然而，在实际操作过程中，员工不得不花费大量时间和精力来手动添加好友，这种重复性高的工作无疑降低了工作效率。为了解决这一问题，我们可以考虑引入 RPA 机器人，让它代替人工来执行这些重复性工作。

RPA 机器人能够模拟人类用户的操作行为，可以根据设定的规则自动识别需要添加的好友，然后模拟人工的操作方式来完成添加好友的任务。这样，员工就可以将注意力集中在更有价值的业务活动上，如客户关系维护、产品推广等。采用 RPA 机器人不仅能提高工作效率，还可以减轻员工的工作压力，降低人力资源成本，提高企业的核心竞争力。

任务分析

（1）自动读取 Excel 表中待添加的手机号：RPA 机器人需要具备自动读取 Excel 文件的功能。在实际操作中，企业可将待添加的手机号存储在一个预先设定的 Excel 表格中。RPA 机器人将按照指定的路径和文件名读取该表格，获取手机号列表。为了确保顺利读取数据，Excel 表格的格式应当简洁明了，将手机号放置在一个固定的列中。

（2）模拟人工添加好友：RPA 机器人应具备模拟人工操作的能力，自动完成微信添加好友的过程。在实际操作中，机器人需要根据手机号搜索目标好友，然后模拟点击"添加好友"按钮。

（3）填写备注：在成功添加好友后，RPA 机器人需要自动填写备注信息。备注信息通常包括客户姓名、来源渠道等重要信息，有助于企业管理客户关系。在实际操作中，企业可以预先将备注信息存储在 Excel 表格中，与手机号一一对应。

本节任务

任务一：整理并预设待添加好友的数据

将待添加的手机号和相应的备注信息进行整理，并存储在一个预定的 Excel 文件中。文件的格式应该简明，最好是将手机号放在一列，备注信息放在相邻的另一列。这种格式既方便 RPA 机器人进行读取，也便于后期维护和查找。此外，还要确定 Excel 文件的存放路径和名称，以便 RPA 机器人根据设定的路径快速定位和读取。

任务二：使用 RPA 机器人自动添加微信好友并进行备注

RPA 机器人首先需要模拟人工打开微信应用，并导航到添加好友的界面。接着，根据从 Excel 文件中读取到的手机号搜索微信用户并点击"添加好友"按钮。成功添加后，机器人需要进入新好友的聊天界面，点击设置个人信息，将从 Excel 文件中读取到的备注信息添加到好友备注里。

项目开发

在开始自动添加好友的流程之前，RPA 机器人需要先读取存储在 Excel 表格中的手机号信息，这些手机号数据将被用作后续添加好友的关键依据。我们已经准备了一个简洁明了的 Excel 表格，其中只包含一列数据，表格的表头为"待添加的手机号"，如图 2-19 所示。

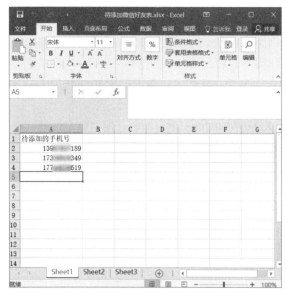

图 2-19　准备 Excel 表格

▷步骤 1　选择"打开 Excel 工作簿"指令

在编写批量添加微信好友程序前，我们需要先让 RPA 打开存储手机号的 Excel 表格，以便后续能顺利读取其中的数据。

① 在 Cyclone 设计器的操作界面中单击"插入步骤"按钮，如图 2-20 所示。

图 2-20　插入步骤

② 单击"插入步骤"按钮后，会弹出指令库。我们需要在弹出的指令库中选择"应用自动

化"→"Excel"→"Excel 应用"→"表格操作"→"打开 Excel 工作簿"指令，如图 2-21 所示。

图 2-21　选择"打开 Excel 工作簿"指令

⊙步骤 2　设置"打开 Excel 工作簿"参数

在 Cyclone 设计器操作界面右侧属性面板中的参数栏中，填写"打开 Excel 工作簿"的参数，如图 2-22 所示。

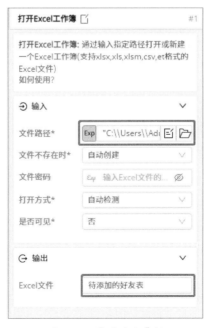

图 2-22　填写对应参数

"打开 Excel 工作簿"指令配置项说明如下。
- 文件路径：填入变量或者字符串，要求是填入的值必须为 Excel 文件的全路径，比如 "C:\\Users\\Administrator\\Desktop\\ 待添加微信好友表 .xls"。
- 文件不存在时：默认为"自动创建"。
- 文件密码：如果有密码的话，在此处填写，这里无须填写。
- 打开方式：默认为"自动检测"，也可以根据需要选择特定的打开方式，这里保持默认。
- 是否可见：规定 Excel 操作是否可见，这里选择"否"。
- Excel 文件：输入一个变量名，用来保存已打开的 Excel 文件对象，之后使用 Excel 操作组件时可以使用该变量名引用这个 Excel 对象，这里可以将信息存入"待添加的好友表"变量。

◎步骤 3 通过 RPA 启动微信

由于微信经常会隐藏在状态栏中，所以我们需要通过启动应用程序将其打开。

① 在 Cyclone 设计器的主流程中，单击"插入步骤"按钮。

② 单击"插入步骤"按钮后，会弹出指令库。我们需要在弹出的指令库中，选择"界面自动化"→"应用和浏览器"→"启动应用程序"指令，如图 2-23 所示。

图 2-23 选择"启动应用程序"指令

◎步骤 4 设置"启动应用程序"参数

在此步骤中，我们只需要将"应用程序路径"修改为自己电脑上微信启动的路径，其他参数无须修改，保持默认即可，如图 2-24 所示。

图 2-24　填写对应参数

◉ **步骤 5**　通过 RPA 打开微信的添加好友界面

在完成步骤 4 后，我们已经能够利用 RPA 打开微信。为了在微信里添加好友，接下来还需通过 RPA 操控鼠标以打开微信的"添加好友"界面。

① 在 Cyclone 设计器的主流程中，单击"插入步骤"按钮，如图 2-25 所示。

图 2-25　插入步骤

② 单击"插入步骤"按钮后，会弹出指令库。我们需要在弹出的指令库中，选择"界面自动化"→"鼠标键盘"→"点击"指令，如图 2-26 所示。

图 2-26 选择"点击"指令

步骤6 单击"捕获元素"按钮

现在需要设置"点击"指令的目标，使 RPA 可以自动点击通讯录图标。

① 单击"点击"指令右边的"捕获元素"按钮，如图 2-27 所示。

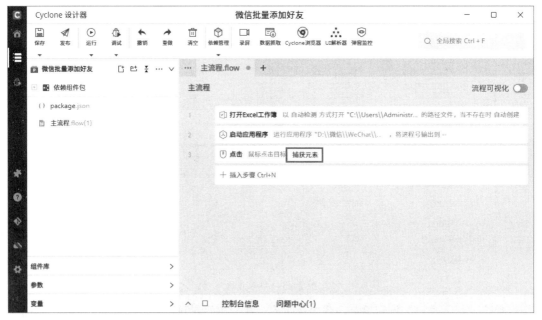

图 2-27 单击"捕获元素"按钮

② 将鼠标放在通讯录图标上，待出现方框中的图标后，按住"Ctrl"键并单击选择元素，如图 2-28 所示。这样做，当程序执行到这一步时，会自动单击这个图标。

图 2-28 选择微信通讯录

③ 再次在 Cyclone 设计器的主流程中单击"插入步骤"按钮，在弹出的指令库中选择"点击"指令，在"点击"指令中单击"捕获元素"按钮后，选中"添加朋友"图标，令程序执行时自动单击该图标，如图 2-29 所示。

图 2-29 选择"添加朋友"图标

◎步骤 7 使用 RPA 读取 Excel 中的待添加手机号信息

进入添加好友界面后，我们需要从 Excel 表格中读取需要添加的手机号码，用于后续程序的正常运行。

① 在 Cyclone 设计器的主流程中，单击"插入步骤"按钮。

② 在弹出的指令库中选择"应用自动化"→"Excel"→"Excel 应用"→"表格读写"→"读取行列数据"指令，如图 2-30 所示。

图 2-30 选择"读取行列数据"指令

⊙步骤8 设置"读取行列数据"参数

在 Cyclone 设计器操作界面右侧的参数栏中,填写"读取行列数据"的参数,如图 2-31 所示。

图 2-31 填写对应参数

"读取行列数据"指令配置项说明如下。

- Excel 文件对象:填写一个由"打开 Excel 工作簿"指令生成的对象。
- 选择名称/序号:如果知道工作表的名称就选择名称,如果不知道就选择序号。
- 工作表名称/序号:由于我们选择的是序号,所以这里填"1",意思为默认选择第一个工作表。

- 选择行/列：可以选择读取的数据是行还是列，由于我们的数据存储在一列中，所以这里选择"列"。
- 列号：填入一个字母，比如"A"，代表提取A列的数据。
- 起始位置：从第几行开始读取数据，由于表头是无用信息，所以这里选择从第二行开始读取数据。
- 读取选项：可选"显示值"或"真实值"，区别在于一个是真实的值，一个是显示的值。
- 读取结果：读取到的结果会以列表的形式存储在此处填入的变量中。

⊙ 步骤9 选择"逻辑组件"→"循环"→"数组遍历"指令

读取到Excel表格中的手机号码数据后，还需要使用"数组遍历"指令来遍历每个手机号码，让RPA一个一个地将其添加为好友。

① 在Cyclone设计器的主流程中，单击"插入步骤"按钮。

② 单击"插入步骤"按钮后，在弹出的指令库中，选择"逻辑组件"→"循环"→"数组遍历"指令，如图2-32所示。

图2-32 选择"数组遍历"指令

⊙ 步骤10 设置"数组遍历"参数

在Cyclone设计器操作界面右侧的参数栏中，填写"数组遍历"的参数，如图2-33所示。

图2-33 填写对应参数

"数组遍历"指令配置项说明如下。
- 数组：填写需要遍历的数组变量。
- 元素下标：填入一个变量名来接收元素下标，由 0 开始，到第几次循环这个值就会被修改成几。
- 数组元素：获取当前循环的数组值并存入变量中。

▷ **步骤 11**　在数组遍历中填入添加好友的指令

读取到需要添加的好友手机号码后，我们还需要一些指令来完成输入、点击等步骤，让 RPA 控制微信自动发送好友申请。

① 在 Cyclone 设计器操作界面的主流程中，双击"数组遍历"指令中的空白处，如图 2-34 所示。

图 2-34　双击空白处

② 此时，会进入"数组遍历"指令的内部，如图 2-35 所示。

图 2-35　数组遍历指令内部

③ 在"数组遍历"指令的内部，单击"插入步骤"按钮。在弹出的指令库中选择"界面自动化"→"鼠标键盘"→"输入文本"指令，并单击"捕获元素"按钮，如图 2-36 所示。

图 2-36　单击"捕获元素"按钮

④ 将鼠标移动至"搜索微信号"的位置，待出现红色方框后，按住"Ctrl"键并单击选中搜索框，如图 2-37 所示。

图 2-37　选中微信搜索框

▷ **步骤 12**　设置"输入文本"参数

在 Cyclone 设计器操作界面右侧的参数栏中，填写"输入文本"的参数，如图 2-38 所示。输入文本处需要填写的是数组遍历的变量"单个手机号"。

图 2-38　填写对应参数

再在"遍历数组"指令的内部单击"插入步骤"按钮,在弹出的指令库中,选择"界面自动化"→"鼠标键盘"→"点击"指令。

与步骤6一样,在单击"点击"指令右侧的"捕获元素"按钮后,再单击微信中的"搜索"图标,这样就实现了模拟点击"搜索"按钮,如图2-39所示。

图 2-39　点击"搜索"图标

同上,再选择一次"点击"指令,这次控制RPA点击"添加到通讯录"按钮,如图2-40所示。

图 2-40　点击"添加到通讯录"按钮

再选择一次"点击"指令，这次控制 RPA 点击"确定"按钮，如图 2-41 所示。

图 2-41　控制 RPA 单击"确定"按钮

最后按"Ctrl+S"快捷键保存编写好的指令即可。

全部指令如图 2-42 所示。

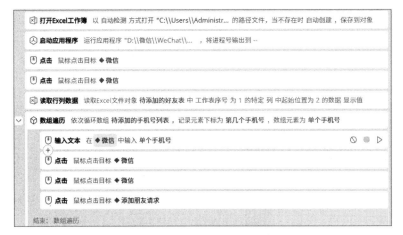

图 2-42　微信批量添加好友全部指令

2.3 【任务 2-3】变量与参数

📄 任务描述

在本次任务中，我们将进一步探讨弘玑 RPA 的核心组件：变量和参数。这些组件在机器人流程自动化中起着关键作用，它们不仅用于存储和传递数据，还为数据运算提供了基础。正确地理解和使用这些组件是确保流程有效性的关键。

任务分析

变量的作用：变量在 RPA 中主要用于临时存储数据，这些数据可以在流程中被读取、修改和更新。

参数的作用：参数用于在不同流程之间传递数据，确保数据的连续性。

数据运算：数据运算涉及变量和参数的各种算术、逻辑和比较操作，它们对于实现特定的流程目标至关重要。

本节任务

任务一：理解变量的种类与作用域

探索弘玑 RPA 中不同类型的变量（如字符串、数字、日期时间等）并了解它们的特点；深入理解变量的作用域（全局变量和局部变量）及其生命周期；练习声明和初始化变量，并注意其作用域和生命周期的影响。

任务二：掌握数据运算及参数引用

学习弘玑 RPA 中的常用数据运算，如算术运算、逻辑运算及字符串运算等；了解如何在流程中正确地引用和使用参数；练习创建一个简单的流程，其中涉及参数的传递和数据的运算。

2.3.1 变量的概念与理解

在弘玑 Cyclone 中，变量是一种用于存储数据的容器，这些数据可以是数字、文本、日期、布尔值等。变量可以在机器人执行流程的过程中被读取、修改、更新和删除，这为流程的执行提供了非常大的灵活性和可扩展性。

1. 变量的类型

（1）字符串型变量：用于存储文本字符串，如姓名、地址、电子邮件等。字符串型变量的长度不固定，可以存储任意长度的字符串。

（2）数值型变量：用于存储数字值，如年龄、价格、数量等。数值型变量可以存储整数、小数等不同类型的数字值。

（3）布尔型变量：用于存储 true 或 false 值，如是否需要执行某个操作。布尔型变量通常用于控制流程的执行。

（4）数组型变量：用于存储一组相同类型的数据值。数组型变量可以存储多个文本、数值、日期等数据值，并可以通过索引值访问每个数据项。

（5）对象型变量：用于存储多个不同名称的数据项，在程序中通常表示为键 – 值对的集合。对象型变量可以存储和组织相关数据，如员工的姓名、职位和薪水。

（6）密码型变量：用于存储敏感数据，如用户密码或 API 密钥。密码型变量默认使用 AES 加密，确保数据的安全性。

（7）日期时间型变量：用于存储日期和时间的信息。这使得程序能够跟踪事件的发生时间、存储预定日期等。

（8）数据表格型变量：用于存储表格形式的数据，通常包含多个行和列。这种变量类型非常适合存储和查询大量的数据。

（9）自定义类型变量：允许用户根据自己的需要而定义的数据结构，例如组合数组、对象和字符串等基本数据类型来创建复杂的数据结构。

（10）内置结构体变量（Cyclone 内部变量类型）：由系统预先定义的一些固定的数据结构，帮助用户更方便地处理特定的数据需求。

在弘玑 RPA 中，变量可以在流程的任何位置进行声明和初始化。变量的声明通常是通过指定变量的类型、名称和初始值来完成的。变量的初始化通常是指为变量赋初值，可以在声明时指定初始值，也可以在流程的执行过程中动态地赋值。在使用变量时，需要注意变量的作用域和生命周期。

2. 变量的作用域和生命周期

（1）变量的作用域。

变量的作用域是指变量可以被访问的范围，通常由变量的声明位置和变量类型等因素决定。在弘玑 RPA 中，根据作用域范围，变量通常分为全局变量和局部变量两种类型。

全局变量是指在流程的任何位置都可以被访问的变量，通常在流程的开头声明，作为整个流程的共享数据。全局变量可以在不同的流程活动中共享数据，但需要注意数据的线程安全性和一致性。

局部变量是指只能在某个流程活动中被访问的变量，通常在流程活动的开始处声明，作为流程活动的临时变量。局部变量的作用域通常只限于当前流程活动，变量在流程活动执行结束后就会被销毁。

（2）变量的生命周期。

变量的生命周期是指变量存在的时间，通常由变量的作用域和变量类型等因素决定。在弘玑 RPA 中，根据生命周期，变量可以分为静态变量和动态变量两种类型。

静态变量是指变量在程序编译时就已经分配空间并初始化，在程序执行期间一直存在，直到程序结束才被销毁。静态变量通常用于存储全局数据或者共享数据。

动态变量是指变量在程序运行时动态分配空间并初始化，在程序执行期间存在，直到其作用域结束，被手动销毁。动态变量通常用于存储临时数据，如中间结果、临时变量等。

3. 使用变量的注意事项

（1）变量的命名要有意义：能够描述变量所存储数据的类型和含义，避免出现重复的变量名。

（2）变量的作用域要合理：避免全局变量的滥用，保证数据的线程安全性和一致性。

（3）变量的生命周期要清晰：避免变量的重复创建和销毁，提高程序的运行效率。

（4）变量的类型要正确：避免数据类型转换错误和溢出等问题，保证程序的正确性和稳定性。

总之，变量是弘玑 RPA 中非常重要的概念之一，它提供了一种灵活、可扩展和可重用的数据存储和访问方式，为机器人流程的自动化执行提供了非常大的支持和便利。

2.3.2　数据类型

弘玑 RPA 中的数据类型是指变量所能够存储的数据类型，包括整型、浮点型、布尔型、字符型等。在弘玑 RPA 中，数据类型的选择与数据存储和处理的需求紧密相关，如果选择不当，会导致数据类型转换错误、数据溢出等问题，从而影响机器人流程的正确性和稳定性。因此，了解弘玑 RPA 中的数据类型是非常重要的。

常用的数据类型包括以下几种。

（1）整数型：整型数据是用来存储整数的数据类型，可以分为有符号整数和无符号整数两种。在弘玑 RPA 中，整数型数据的取值范围和存储空间大小与机器硬件相关，类型通常包括 int、long、short 等。

（2）浮点型：浮点型数据是用来存储实数的数据类型，分为单精度浮点数和双精度浮点数两种。在弘玑 RPA 中，浮点型数据的存储空间大小和精度也与机器硬件相关，类型通常包括 float、double 等。

（3）布尔型：布尔型数据是用来存储布尔值的数据类型，包括 true 和 false 两种取值。在弘玑 RPA 中，布尔型数据通常用于逻辑判断和条件控制等场景。

（4）字符型：字符型数据是用来存储字符的数据类型，可以存储单个字符或者字符串。在弘玑 RPA 中，字符型数据通常用于文本处理和数据格式化等场景，常见的字符型数据类型包括 char、string 等。

（5）数组型：数组型数据是用来存储一组具有相同类型的数据的数据类型。在弘玑 RPA 中，数组型数据通常用于存储大量数据和批量处理数据等场景，常见的数组型数据类型包括 int[]、float[]、string[] 等。

（6）对象型：对象型数据是用来存储对象的数据类型，对象通常是由多个数据类型组成的复合数据类型。在弘玑 RPA 中，对象型数据通常用于面向对象编程和数据结构设计等场景，常见的对象型数据类型包括 class、struct 等。

在弘玑 RPA 中，数据类型的选择要考虑数据存储和处理的需求，以及机器硬件的限制等因素，避免数据类型转换错误、数据溢出等问题，保证机器人流程的正确性和稳定性。同时，还需要注意数据类型的转换和类型检查等问题，避免程序出现异常和错误，提高程序的可读性和可维护性。

2.3.3　常用数据运算

弘玑 RPA 中的数据运算是指对变量和常量进行各种数值运算和逻辑运算。在机器人自动化流程中，常用的数据运算包括算术运算、比较运算、逻辑运算等。这些运算可以对数据进行加减乘除、大小比较、布尔运算等操作，从而实现对数据的处理和转换，达到流程自动化的目的。

（1）算术运算：算术运算包括加、减、乘、除、取余等运算。在弘玑 RPA 中，算术运算通常用于数值计算和数据处理等场景。例如，使用加法运算符可以将两个数相加并将结果赋值给一个变量，如 a + b = c。

（2）比较运算：比较运算用于比较两个变量或常量之间的大小关系，包括等于、不等于、大于、小于、大于等于和小于等于等运算。在弘玑 RPA 中，比较运算通常用于逻辑判断和条件控制等场景。例如，使用等于运算符可以判断两个变量是否相等，如 a == b。

（3）逻辑运算：逻辑运算包括与、或、非等运算，用于判断条件的成立或不成立，返回一个布尔值。在弘玑 RPA 中，逻辑运算通常用于流程控制和条件判断等场景。例如，使用逻辑与运算符可以判断两个条件是否都成立，如 a && b。

（4）位运算：位运算用于对二进制数进行操作，包括与、或、异或、取反等运算。在弘玑 RPA 中，位运算通常用于对二进制数据的操作和处理等场景。例如，使用位与运算符可以将两个二进制数进行"与"操作，如 a & b。

（5）字符串运算：字符串运算包括字符串连接和字符串比较等运算，用于处理和操作字符串类型的数据。在弘玑 RPA 中，字符串运算通常用于文本处理和数据格式化等场景。使用字符串连接运算符可以将两个字符串拼接起来，如 str1 + str2。

在进行数据运算时，需要注意数据类型的匹配和数据溢出等问题，避免出现数据错误和运算异常。同时，在数据运算过程中，还需要注意数据的精度和舍入规则等问题，避免出现数据精度误差和计算不准确等问题。在实际使用中，可以根据数据运算的具体场景和需求选择合适的数据类型和运算方式，提高机器人流程自动化的效率和可靠性。此外，在进行数据运算时，还需要对数据进行合理的存储和管理，避免数据丢失和泄露等问题，提高机器人流程自动化的安全性和稳定性。

2.3.4 变量与参数的引用

在弘玑 RPA 中，变量和参数都是用于存储和传递数据的重要工具。变量通常用于存储中间结果和临时数据，而参数则用于将数据从一个流程传递到另一个流程。在机器人流程自动化的过程中，变量和参数的引用是实现数据传递和共享的关键步骤。

1. 变量引用

在弘玑 RPA 中，变量的引用通常使用变量名来进行，可以通过变量名来读取或修改变量的值。在机器人流程自动化中，可以使用变量引用来实现数据的传递和共享，将一个流程中的变量值传递到另一个流程中。

变量的引用分为读取和写入两种方式。对于变量的读取，可以使用变量名直接引用变量的值，如 VarA。对于变量的写入，可以使用变量名加上赋值符号（=）来进行，如 VarA = 123。在变量引用过程中，需要注意变量的作用域和数据类型等问题，避免出现数据错误和运算异常。

2. 参数引用

参数是一种用于传递数据的容器，在机器人流程自动化中可以使用参数将数据从一个流程传递到另一个流程。在弘玑 RPA 中，参数引用通常使用参数名称和参数类型来进行，可以在调用子流程时传递参数值。

参数的引用分为传递和接收两种方式。对于参数的传递，可以在调用子流程时指定参数名称和参数值，如 SubProcess（ParamA:123, ParamB:"hello"）。对于参数的接收，可以在子流程中定义参数类型和参数名称来接收传入的参数值，如 SubProcess（ParamA:Integer, ParamB:String）。在参数引用过程中，需要注意参数的类型匹配和数据传递顺序等问题，避免出现数据传递错误和流程异常。

变量和参数的引用是弘玑 RPA 中实现数据传递和共享的关键步骤。在机器人流程中，可以通过变量和参数的引用来实现数据的传递和共享，提高流程的效率和可靠性。在实际使用中，需要根据具体的场景和需求选择合适的变量和参数类型，并注意数据类型匹配、数据作用域和传递顺序等问题，以确保机器人流程自动化的准确性和可靠性。

2.4 【任务 2-4】违禁词查询机器人

任务描述

撰写论文是每位大学毕业生必经的重要环节，论文不仅是评估他们研究能力、分析深度和写作技巧的全面考量，更是踏入学术界，初步建立声誉和影响力的基石。对于论文指导老师而言，审查论文中是否含有违禁词是一项非常耗时且困难的工作。

（1）巨大工作量：如果一个指导老师需要审查的论文数量很大，那么他们需要投入大量的时间和精力去逐字逐句地阅读和检查每一篇论文，因此工作量巨大。

（2）容易出错：由于人力审查可能会受到疲劳、注意力分散等因素的影响，可能会遗漏一些违禁词汇，尤其是在长时间审查多篇论文的情况下。

（3）缺乏统一标准：不同的人对于违禁词的理解可能会有所不同，导致审查结果的不一致。而且随着时间的推移，有些词汇的含义和接受度可能会发生变化，这就需要指导老师不断更新他们的知识和理解。

由上可知，手动检查论文中的违禁词需要花费大量的人力和时间，而 RPA 机器人能够在短时间内完成大量的检查工作。另外，RPA 机器人的精准度和准确性比人类更高，因为它们不会受到疲劳或者注意力分散的影响，并且 RPA 机器人能够实时更新违禁词库，确保检查的及时性和全面性。

任务分析

（1）当有多个论文文件时，能够批量检测。
（2）当出现多个违禁词时，能够记录。
（3）程序运行完毕后，能够生成表格，方便用户查阅。

本节任务

任务一：初始化关键变量

根据项目需求定义文件存储路径、违禁词列表及待写入的行号等关键变量，确保所有文件路径和变量都已正确定义，为后续的处理流程做好准备。

任务二：文件读取与违禁词汇检索

获取指定路径下的所有 Word 文件，并遍历这些文件。对于每一个文件，读取其内容并与违禁词汇列表进行对比，查找其中是否包含违禁词汇。如果文件中含有违禁词汇，则将该词汇及其对应的文件名记录在 Excel 表格中的指定位置。

任务三：Excel 数据记录

根据之前的查找结果，将违禁词汇及其对应的文件名按顺序写入 Excel 表中。确保每次写入数据时不会覆盖前面的数据，并且所有的记录都被正确保存。

任务四：保存数据并完成任务

在所有文件都被检测并且所有违禁词汇都被记录后，保存 Excel 文件。确保所有数据都已被准确无误地保存，最后结束程序。

项目开发

在开始编写程序前，我们先观察一下已有的数据，图 2-43 是待检测的所有论文。

图 2-43 所有论文文件

将需要汇总的数据放到 Excel 表格中,共分为两列,第一行为表头,第一列的列名为"论文题目",第二列的列名为"违禁词汇",如图 2-44 所示。

图 2-44 需要汇总的数据

▶ 步骤1 初始化变量

在开始编写程序前,先定义几个初始化变量来记录我们的数据,方便后续程序调用。

① 在 Cyclone 设计器操作界面中的主流程中,单击"插入步骤"按钮。

② 在弹出的指令库中,选择"数据处理"→"变量处理"→"变量赋值"指令,如图 2-45 所示。

图 2-45 选择"变量赋值"指令

▶ 步骤2 设置"变量赋值"参数

在 Cyclone 设计器操作界面右侧的参数栏中,填写"变量赋值"的参数,如图 2-46 所示。

图 2-46 填写对应内容

此处填入的值为 "C:\\Users\\Administrator\\Desktop\\ 论文违禁词汇查询 \\"，这个值是存储论文的文件夹路径，最后一定要加上 "\\"，否则后续进行字符拼接时会出现 "C:\\Users\\Administrator\\Desktop\\ 论文违禁词汇查询大数据在新闻报道中的应用及伦理考量 .docx"，由于字符串之间没有 \\ 分隔，最终导致找不到路径而报错。

▶步骤 3　创建并设置违禁词列表变量

和前面步骤一样，再创建一个变量，名为"违禁词列表"，如图 2-47 所示，违禁词列表具体内容如图 2-48 所示。

图 2-47　创建违禁词列表

图 2-48　违禁词列表

▶步骤 4　创建并设置待写入行号变量

在"变量赋值"指令参数栏中，创建一个名为"待写入的行号"的变量，用于存储汇总表中当前可以写入的行号。由于汇总表表头的行号为 1，所以我们的变量初始值为 2，如图 2-49 所示。

图 2-49 创建"待写入的行号"变量

创建的变量如图 2-50 所示。

图 2-50 创建变量

◉ **步骤 5** 选择"获取目录下文件或文件夹"指令获取所有论文的文件名称

在程序开始前，我们需要先读取文件夹下所有论文的文件名称，用于后续查询每篇论文中是否包含违禁词。

① 在 Cyclone 设计器操作界面中的主流程中，单击"插入步骤"按钮。

② 在弹出的指令库中，选择"文件处理"→"文件夹"→"获取目录下文件或文件夹"指令，如图 2-51 所示。

图 2-51 选择"获取目录下文件或文件夹"指令

◉ **步骤6** 设置"获取目录下文件或文件夹"参数

在 Cyclone 设计器操作界面右侧的参数栏中,填写"获取目录下文件或文件夹"的参数,如图 2-52 所示。

图 2-52 填写对应参数

"获取目录下文件或文件夹"指令配置项说明如下。

- 文件夹路径:可以填入变量或者字符串,指定要获取文件的文件夹路径,如"论文储存路径"变量。若不确定路径,也可以单击旁边的文件夹图标进行选择。
- 选择类型:包含文件和文件夹,选择文件读取的就是文件,选择文件夹就只读取文件夹。
- 结果列表:填入一个变量,当文件夹下的文件读取成功后,会将所有文件的名称存入填写的变量中。

◉ **步骤7** 选择"打开 Excel 工作簿"指令打开汇总表

我们还需要通过 RPA 来打开 Excel 工作簿,以实现将违禁词数据写入汇总表。

① 在 Cyclone 设计器操作界面的主流程中,单击"插入步骤"按钮。

② 在弹出的指令库中,选择"应用自动化"→"Excel"→"Excel 应用"→"表格操作"→"打开 Excel 工作簿"指令,如图 2-53 所示。

图 2-53 选择"打开 Excel 工作簿"指令

⊙ **步骤8** 设置"打开 Excel 工作簿"参数

在 Cyclone 设计器操作界面右侧的参数栏中,填写"打开 Excel 工作簿"的参数,如图 2-54 所示。

图 2-54 填写对应参数

"打开 Excel 工作簿"指令配置项说明如下。

- 文件路径:可以填入变量或者字符串,要求填入的值必须为 Excel 文件的全路径,如"C:\\Users\\Administrator\\Desktop\\违禁词汇搜索表.xls"。
- 文件不存在时:默认为"自动创建"。
- 文件密码:如果有密码的话,在此处填写。
- 打开方式:默认为"自动检测",也可以选择需要的打开方式。
- 是否可见:规定 Excel 操作是否可见。
- Excel 文件:输入一个变量名,用来保存已打开的 Excel 文件对象,之后使用 Excel 操作组件时可以使用该变量名引用这个 Excel 对象。

⊙ **步骤9** 通过"数组遍历"指令,读取需要遍历的论文路径

虽然步骤6已经获取了论文的名称,但因为"获取目录下文件或文件夹"的指令返回的是一个论文名称列表,所以还需要用"数组遍历"来逐一读取每篇论文的名称。

① 在 Cyclone 设计器操作界面的主流程中,单击"插入步骤"按钮。

② 在弹出的指令库中,选择"逻辑组件"→"循环"→"数组遍历"指令,如图 2-55 所示。

图 2-55　选择"数组遍历"指令

⊙ **步骤 10**　设置"数组遍历"参数

在 Cyclone 设计器操作界面右侧的参数栏中,填写"数组遍历"的参数,如图 2-56 所示。

图 2-56　填写对应参数

"数组遍历"指令配置项说明如下。

- 数组:可以填入变量或者数组,如"论文列表",该指令用于遍历这个文件夹中的所有需要汇总的文件。
- 元素下标:填入一个变量名,用于接收当前循环的次数,从 0 开始。
- 数组元素:填入一个变量名,如"当前作业路径"。该变量用于接收当前循环的元素,需要从第 0 个元素开始,比如此案例中第 0 个元素是"大数据在新闻报道中的应用及伦理考量.docx"。

⊙ **步骤 11**　选择"读取文档"指令,读取文档的内容

获取到文档的名字后,我们需要通过"读取文档"指令来读取文档中的数据,用于后续对违禁词的分析。

① 在 Cyclone 设计器操作界面的主流程中,双击"数组遍历"指令的空白处进入数组遍历内部,如图 2-57 所示。

② 在"数组遍历"指令内部单击"插入步骤"按钮。在弹出的指令库中,选择"应用自动化"→"WORD"→"word自动化"→"读取文档"指令,如图2-58所示。

图2-58 选择"读取文档"指令

◎步骤12 设置"读取文档"参数

在Cyclone设计器操作界面右侧的参数栏中,填写"读取文档"的参数,如图2-59所示。

图2-59 填写对应参数

"读取文档"指令配置项说明如下。

- word文件:填入需要读取的文件路径,此处填入"论文储存路径+当前作业路径","论文储存路径"变量储存的是"C:\\Users\\Administrator\\Desktop\\论文违禁词汇查询\\",而"当前作业路径"储存的是"大数据在新闻报道中的应用及伦理考量.docx",拼接后就得到了全路径 C:\\Users\\Administrator\\Desktop\\ 论文违禁词汇查询 \\ 大数据在新闻报道中的应用及伦理考量 .docx。
- 文件密码：默认为空，如有密码可以修改。
- 文档内容：填入一个变量名，文档中的文本内容会储存至该变量中。

▷**步骤13** 通过"数组遍历"指令，遍历违禁词列表

读取到文档中的数据后，就可以开始遍历数据中是否包含违禁词了。现在需要将违禁词列表遍历成单个的违禁词。

① 在 Cyclone 设计器操作界面中的"数组遍历"指令内部，单击"插入步骤"按钮。
② 在弹出的指令库中，选择"逻辑组件"→"循环"→"数组遍历"指令，如图 2-60 所示。

图 2-60 选择"数组遍历"指令

▷**步骤14** 设置"数组遍历"参数

在 Cyclone 设计器操作界面右侧的参数栏中，填写"数组遍历"的参数，如图 2-61 所示。

图 2-61 填写对应内容

"数组遍历"指令配置项说明如下。

- 数组：填入变量或者数组，如可以填入"违禁词列表"变量，也可以填入"["暴力词汇","涉恐词汇","涉黄词汇","反国家词汇","骂人词汇"]"数组，这个指令会遍历数组中的每一个元素。
- 元素下标：填入一个变量名，用于接收当前循环的次数，从 0 开始。
- 数组元素：填入一个变量名，用于接收当前循环的元素，从第 0 个元素开始，比如"暴力词汇"，将其填入"单个需要查询的内容"变量中。

⊙ **步骤 15**　使用"查找字符串"指令，查询违禁词出现的位置

通过步骤 14 我们得到了单个的违禁词，接着需要通过"查找字符串"指令来看看违禁词是否在论文中。

① 在 Cyclone 设计器操作界面中的"数组遍历"指令内部，再次双击刚刚创建的"数组遍历"指令的空白处，进入"数组遍历"指令的内部，如图 2-62 所示。

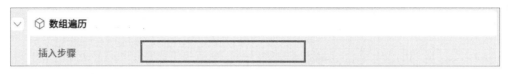

图 2-62　双击空白处

② 在第二层"数组遍历"指令的内部，单击"插入步骤"按钮。在弹出的指令库中，选择"数据处理"→"字符串处理"→"查找字符串"指令，如图 2-63 所示。

图 2-63　选择"查找字符串"指令

⊙ **步骤 16**　设置"查找字符串"参数

在 Cyclone 设计器操作界面右侧的参数栏中，填写"查找字符串"的参数，如图 2-64 所示。

图 2-64　填写对应参数

"查找字符串"指令配置项说明如下。
- 源字符串：填入一个变量或字符串，用于在填入的字符串中查找指定的文本内容。
- 查找方式：默认为"文本"。
- 查找的文本：填入一个变量或字符串，此处填写"单个需要查询的内容"，是存储违禁词的变量。
- 查找开始位置：可以指定从哪个位置开始查找，默认为 0，也就是从头开始。
- 查找首次出现：可选项，开启后就只返回第一次出现的位置的数值，不开启则会查询整个文档的内容，会返回一个列表。
- 忽略字母大小写：可以忽略字母的大小写。
- 位置信息保存至：填入一个变量名，如果源字符串不包含需要查找的字符串，则会返回 -1，如果包含需要查找的字符串，则会返回相对应的位置。

步骤 17　使用"If 条件判断"判断文档中是否存在违禁词

根据步骤 16，我们会得到 Word 文档中违禁词出现的位置。如果返回 -1 代表未找到，如果返回的值大于或等于 0 即为找到违禁词，所以我们需要判断违禁词是否存在。

① 在第二层"数组遍历"指令的内部，单击"插入步骤"按钮。

② 在弹出的指令库中，选择"逻辑组件"→"条件判断"→"If 条件判断"指令，如图 2-65 所示。

图 2-65 选择"If 条件判断"指令

◉ **步骤 18** 设置"If 条件判断"参数

在 Cyclone 设计器操作界面右侧的参数栏中，填写"If 条件判断"的参数，如图 2-66 所示。

图 2-66 填写对应参数

"If 条件判断"指令配置项说明如下。

- 条件表达式：填入一个条件表达式，当表达式的结果成立时，会执行"如果"中的代码，当条件表达式不成立时，会执行"否则"中的代码。此处填写"查询内容出现位置 >-1"，意味着当"查询内容出现位置"这个变量大于 -1，也就是在"查找字符串"查找到违禁词时，表达式成立。

◉ **步骤 19** 通过"写入单元格数据"指令，记录违禁词的路径

找到违禁词后，还需要将违禁词的路径记录到汇总表中。

① 在第二层"数组遍历"指令内部的"If 条件判断"指令中，找到"如果"指令，进入其内部，单击"插入步骤"按钮，如图 2-67 所示。

② 在弹出的指令库中，选择"应用自动化"→"Excel"→"Excel 应用"→"表格读写"→"写入单元格数据"指令，如图 2-68 所示。

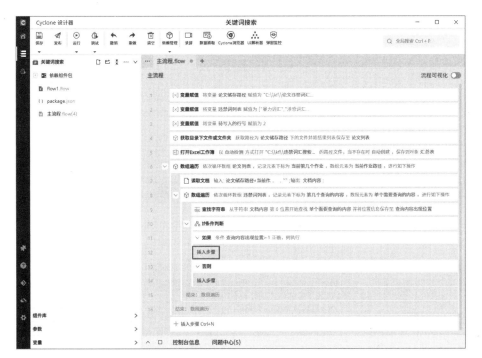

图 2-67　插入步骤

图 2-68　选择"写入单元格数据"指令

▷步骤 20　设置"写入单元格数据"参数

在 Cyclone 设计器操作界面右侧的参数栏中，填写"写入单元格数据"的参数，如图 2-69 所示。

图 2-69　填写对应参数

"写入单元格数据"指令配置项说明如下。
- Excel 文件对象：填入一个 Excel 对象，用于读取这个 Excel 指定的行数据。
- 选择名称/序号：默认选择"工作表名称"。
- 工作表名称/序号：填入需要读取数据的工作表名称。
- 单元格位置：可以选择要写入的单元格是"按行和列"或者"单元格名称"。
- 行：输入要写入的行号，此处填入"待写入的行号"，因为待写入的行号是用来记录要写入第几行的变量。
- 列：输入要写入的列号，此处填"1"代表写入第 1 列。
- 数据格式：默认为"常规"。
- 待写入数据：填入变量或字符串。
- 是否自动保存：默认为"否"。

▶步骤 21　通过"写入单元格数据"指令，记录违禁词的内容

接下来还需要将违禁词的内容记录到汇总表中。

① 在"If 条件判断"指令的"如果"中再次单击"插入步骤"按钮。

② 在弹出的指令库中，选择"应用自动化"→"Excel"→"Excel 应用"→"表格读写"→"写入单元格数据"指令。

在 Cyclone 设计器操作界面右侧弹出的参数栏中填写对应的参数，如图 2-70 所示。

图 2-70　填写对应参数

▶步骤 22　通过"变量赋值"指令，将"待写入的行号"变量 +1

通过前面两个指令，"待写入的行号"变量已经写入了数据，现在我们要令下一次写入的数据到达下一行，所以需要将"待写入的行号"变量加 1。

① 在"If 条件判断"指令的"如果"中单击"插入步骤"按钮。

② 在弹出的指令库中，选择"数据处理"→"变量处理"→"变量赋值"指令，如图 2-71 所示。

图 2-71　选择"变量赋值"指令

▶步骤 23　设置"变量赋值"参数

在 Cyclone 设计器操作界面右侧的参数栏中，填写"变量赋值"的参数，如图 2-72 所示。

图 2-72　填写对应参数

这样就实现了每次写入的数据不会覆盖之前的数据。

◎步骤 24　保存 Excel 工作簿

所有功能设置完毕后，我们需要一个指令来保存修改好的 Excel 工作簿。

① 在 Cyclone 设计器操作界面的"数组遍历"指令内部，单击跳转至主流程，如图 2-73 所示。

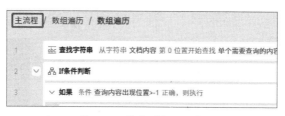

图 2-73　单击"主流程"

② 在 Cyclone 设计器操作界面的主流程中，单击"插入步骤"按钮。

③ 在弹出的指令库中，选择"应用自动化"→"Excel"→"Excel 应用"→"表格操作"→"保存 Excel 工作簿"指令，如图 2-74 所示。

图 2-74　选择"保存 Excel 工作簿"指令

步骤 25 设置"保存 Excel 工作簿"参数

在 Cyclone 设计器操作界面右侧的参数栏中,填写"保存 Excel 工作簿"的参数,如图 2-75 所示。

图 2-75 填写对应参数

这样整个汇总程序就开发完毕了,程序运行后会读取每一行的数据并写入汇总表中,图 2-76 附上完整流程。

图 2-76 完整流程

运行结果如图 2-77 所示。

	A	B
1	论文题目	违禁词汇
2	大数据在新闻报道中的应用及伦理考量.docx	暴力词汇
3	大数据在新闻报道中的应用及伦理考量.docx	涉恐词汇
4	大数据在新闻报道中的应用及伦理考量.docx	骂人词汇
5	数字媒体时代的传播伦理问题研究.docx	暴力词汇
6	数字媒体时代的传播伦理问题研究.docx	涉黄词汇
7	数字时代下传媒的转变与挑战.docx	涉恐词汇
8	数字时代下传媒的转变与挑战.docx	涉黄词汇
9	数字时代下传媒的转变与挑战.docx	反国家词汇
10	新媒体环境下的信息传播模式研究.docx	暴力词汇
11	新媒体环境下的信息传播模式研究.docx	反国家词汇
12	社交媒体与青少年心理健康影响研究.docx	暴力词汇
13	社交媒体与青少年心理健康影响研究.docx	涉黄词汇
14		

图 2-77 运行结果

课后练习

1. 理解练习

（1）请列举违禁词查询机器人项目中遇到的三个主要问题，并说明 RPA 是如何帮助解决这些问题的。

（2）请描述【任务 2-4】的任务分析部分的三个要求，以及如何使用上述指令列表中的指令完成这些要求。

（3）RPA 与传统编程的区别：讨论 RPA 机器人在实现微信自动添加好友功能时与传统编程方法的不同之处。

（4）安全性和合规性：分析在使用 RPA 机器人实现微信批量添加好友时，可能遇到的安全性和合规性问题，以及如何解决这些问题。

2. 操作练习

（1）创建一个包含手机号和备注信息的 Excel 表格，用于 RPA 机器人读取。

（2）在 Cyclone 设计器中，模拟 RPA 启动微信应用程序的过程。

（3）在 Cyclone 设计器中，配置 RPA 读取 Excel 表格中手机号信息的步骤。

（4）在 Cyclone 设计器中，根据提供的步骤配置 RPA 完成微信批量添加好友的整个过程。

3. 扩展练习

（1）异常处理设计：在微信添加好友流程中加入异常处理机制，比如当手机号格式错误或网络连接失败时，RPA 应该如何处理。

（2）效率优化思考：探索和讨论可能的方法来提高 RPA 执行微信批量添加好友流程的效率。

（3）用户体验增强创新：考虑增加哪些功能，可以提高使用 RPA 进行微信批量添加好友的用户体验，例如自动分类添加的好友、自动发送打招呼信息等。

第 3 章
界面自动化指令

　　本章专注于展现弘玑 RPA 软件中界面自动化指令的强大功能和广泛应用。界面自动化是 RPA 技术的核心组成部分，它使得软件机器人能够像人类一样与计算机界面交互，执行各种操作。本章将深入探讨如何使用界面自动化指令来模拟鼠标单击、键盘输入、处理表格和列表、管理文本和元素，以及控制窗口等任务。

3.1 【任务 3-1】初识界面自动化指令

📑 任务描述

本节任务旨在带领读者深入理解 RPA 界面的自动化指令，特别是关于应用和浏览器的操作、鼠标键盘操作、表格和列表处理、文本和元素管理，以及窗口控制等方面。通过了解这些内容，读者能够熟悉 RPA 工具中各类指令的应用场景、操作方法和实现效果，从而为更高级的自动化脚本开发打下坚实的基础。

📑 任务分析

（1）应用和浏览器操作：学习如何启动和关闭应用程序，以及如何在浏览器中打开新标签页和激活、关闭已有标签页。

（2）鼠标键盘操作：练习模拟点击和文本输入，了解如何选择选项和勾选/取消勾选界面元素。

（3）表格和列表处理：掌握从网页中抓取表格数据和结构化数据的技巧。

（4）文本和元素管理：学习如何获取文本，判断元素的存在，等待元素的出现，以及查找子元素和父元素。

（5）窗口控制：练习激活和关闭窗口，设置窗口状态，以及判断窗口是否存在。

📑 本节任务

任务一：应用和浏览器操作

学习如何使用 RPA 工具启动特定应用程序，并设置起始位置、命令行参数等。练习在浏览器中打开新标签页，并在多个标签页之间进行激活和关闭操作。

任务二：鼠标和键盘操作

使用 RPA 工具模拟鼠标点击和输入文本，包括不同类型的点击操作（如单击、双击）和文本输入。了解如何在自动化过程中选择下拉列表选项和勾选复选框。

任务三：表格和列表处理

实现从网页抓取表格数据，并将其保存为二维数组或数据表。学习如何从网页中提取结构化数据，例如从电商网站抓取产品列表。

任务四：文本和元素处理

练习如何获取网页元素的文本内容。学习如何判断特定元素是否存在于页面中，并等待元素出现后执行操作。查找特定元素的子元素和父元素。

任务五：窗口控制

学习如何激活和关闭特定窗口，以及设置窗口状态（最大化或最小化）。练习如何判断一个窗口是否存在于系统中。

3.1.1 RPA 界面自动化

RPA 的界面自动化中包含了应用和浏览器、鼠标、键盘、表格、列表、文本、元素、窗口、高级功能等模块，接下来我们将介绍模块中常用指令的使用场景。

3.1.2 界面自动化指令

1. 应用和浏览器

1)"启动应用程序"与"关闭应用程序"

"启动应用程序"指令用于开启指定的应用程序，其参数如图 3-1 所示。在实施任何与应用程序相关的自动化操作之前，都需要先打开该应用程序。用户需要提供应用程序的完整文件路径，如 C:\xxx\xxx\chrome.exe。该指令模块还允许用户设置一些参数，如起始位置、命令行参数、执行前后的延时等，以确保应用程序按预期启动。启动应用程序后，模块会输出应用程序的进程名和进程号，这对于后续的自动化任务至关重要。

"关闭应用程序"指令的参数如图 3-2 所示，这是结束自动化任务流程中的一个重要步骤。在完成应用程序的自动化操作后，需要关闭应用程序，以释放系统资源。此模块通过引用"启动应用程序"中获取的进程号来关闭应用程序，这样，只有特定的、预先启动的应用程序实例会被关闭，避免了意外关闭其他重要进程的风险。

图 3-1 "启动应用程序"的参数

图 3-2 "关闭应用程序"的参数

2)"打开浏览器"与"打开新标签页"

在学习RPA,特别是在掌握网页自动化方面,了解如何使用"打开浏览器"和"打开新标签页"功能是非常重要的。我们先来看"打开浏览器"这一指令,其参数如图3-3所示。这个指令就像是手动点击浏览器图标一样,可以自动启动一个浏览器窗口,并且直接打开一个指定的网址。比如,我们可以让它自动打开Chrome浏览器,并跳转到百度的首页。这在自动化任务中非常有用,尤其是当我们需要从特定的网页开始执行任务时。

接下来是"打开新标签页"指令,其参数如图3-4所示。这个指令允许我们在已经打开的浏览器中再开启一个新的标签页,并且跳转到另一个指定的网址。想象一下,当我们在浏览器中完成一个任务(比如查看天气预报)时,需要快速切换到另一个任务,如搜索一本书的信息,这时这个指令就显得非常有用。它让我们能够流畅地在不同的网页间切换,而不需要手动开启新的标签页。

图3-3 "打开浏览器"的参数

图3-4 "打开新标签页"的参数

在学习RPA时,理解这两个指令的工作原理和使用场景是掌握网页自动化的基础。通过理解和操作这些指令,可以更好地理解如何让计算机自动执行那些平时需要手动操作的网页任务,从而节省时间并提高效率。

3)"激活标签页"与"关闭标签页"

"激活标签页"指令的参数如图3-5所示。当浏览器中有多个标签页打开时,有时需要切换到特定的标签页来执行一些操作,比如填写信息或点击某个链接。这时,RPA中的"激活标签页"指令就显得非常有用,它可以根据用户指定的标题或地址来找到并激活特定的标签页。这个指令确保了自动化操作始终在正确的页面上进行,避免了错误操作。

"关闭标签页"指令的参数如图 3-6 所示。当我们在浏览器中完成了一个任务（比如阅读了一篇文章或完成了一张在线表单的填写）后，下一步通常是关闭这个标签页。在 RPA 中，"关闭标签页"指令可以帮我们自动完成这个操作。用户需要选择浏览器类型，并指定要关闭的标签页，然后可以通过标题栏或地址栏内容来匹配。这个指令还支持不同的匹配方式，如精准匹配、通配符匹配或正则表达式匹配，非常灵活。它对于维持浏览器的整洁和组织性也非常有用，尤其是当自动化任务涉及大量标签页时。

图 3-5　"激活标签页"的参数　　　　图 3-6　"关闭标签页"的参数

4）"刷新/前进/后退"与"获取网页 URL"

"刷新/后退/前进"指令的参数如图 3-7 所示，这个功能在自动化浏览网页时非常有用。例如，当一个网页没有被正确加载时，我们可能需要刷新它；在浏览过程中，我们可能需要返回到之前的页面，或者从之前的页面前进到当前页面。在 RPA 中，这个指令可以自动执行这些操作。用户可以选择浏览器类型，并根据网页的标题或地址匹配特定的标签页来执行这些操作。这个指令支持不同的匹配方式，如精准匹配、通配符匹配或正则表达式匹配，灵活性很高。

"获取网页 URL"指令的参数如图 3-8 所示。在某些自动化任务中，获取当前激活网页的 URL 是非常重要的。比如，我们可能需要从 URL 中提取某些参数，或者在下载按钮无法直接抓取时，通过拼接新的 URL 来下载文件。在 RPA 中，这个指令可以自动获取当前激活网页的 URL，并将其保存为变量供后续使用。这个指令同样允许用户选择浏览器类型，并提供了执行前后延时、超时时间和异常处理等设置选项。

图 3-7 "刷新/前进/后退"的参数　　　　图 3-8 "获取网页 URL"的参数

2. 鼠标和键盘

1)"点击"与"输入文本"

在 RPA 的界面自动化中,有两个极其重要的指令是"点击"和"输入文本"。其中,"点击"指令的参数如图 3-9 所示。通过"点击"指令,RPA 能够模拟鼠标在屏幕上的点击动作。这个指令适用于各种场景,比如点击网页或应用程序中的按钮、输入框、菜单栏或链接。用户可以根据需要选择点击的目标类型,包括指定的页面元素、无目标点击或指定屏幕坐标的点击。此外,还可以选择点击的类型,如单击或双击,以及使用的鼠标按键,例如左键、中键或右键。

"输入文本"指令则用于在特定的输入框或界面元素中自动填写文本,如图 3-10 所示,这在向业务系统中自动录入信息或向网页表单中输入内容时尤为重要。该功能支持不同类型的文本输入,包括普通文本和密码,从而在确保自动化过程中信息安全的同时,提高了操作的灵活性和适用性。

2)"选择选项"与"勾选/取消勾选"

"选择选项"指令的参数如图 3-11 所示,这个指令用于在下拉列表或下拉框中选择一个选项,这在需要从 ComboBox、ListBox 或 Dropdown 中选择特定选项的情况下特别有用。用户可以根据选项的内容或序号来选择,这使得自动化过程能够灵活地应对不同的界面布局和设计。此外,这个功能支持精准匹配、通配符匹配和正则表达式匹配,从而提供了额外的适应性和精确性。

图 3-9 "点击"的参数　　　　图 3-10 "输入文本"的参数

"勾选/取消勾选"指令的参数如图 3-12 所示，它允许自动化系统在界面中设置单选框或复选框的勾选状态。无论是勾选还是取消勾选，这个指令都能够准确地应对用户的需求，适用于各种需要用户确认或选择的场景。这个指令还包括模拟点击和后台操作两种操作方式，能够适应不同的自动化需求。

图 3-11 "选择选项"的参数　　　　图 3-12 "勾选/取消勾选"的参数

3)"鼠标滚动"与"鼠标拖曳"

"鼠标滚动"指令允许自动化脚本模拟鼠标的滚轮操作,其参数如图 3-13 所示。该指令在许多情况下非常有用。例如,当需要在网页或应用程序中滚动以阅读文本、获取屏幕截图,或者当目标元素位于页面的下方且无法通过常规选择器定位时,用户可以指定滚动的方向(向上或向下)及滚动的次数,这提供了对滚动行为的精确控制。此外,这个指令还包含了执行前后延时的设置及异常处理机制,以确保操作的稳定性和可靠性。

"鼠标拖曳"指令用于模拟鼠标从一个位置拖动到另一个位置的动作,其参数如图 3-14 所示,这在需要处理滑块验证码或类似需要精确控制鼠标的场景中尤其有用。用户可以选择操作的目标类型,如指定元素或指定坐标,并设置水平和垂直位移量,或者指定拖曳的起始坐标和结束坐标。这个指令还提供了不同的拖曳方式,如常规拖曳、缓慢拖曳和拟人拖曳,以适应不同的自动化场景。

图 3-13 "鼠标滚动"的参数

图 3-14 "鼠标拖曳"的参数

3. 表格/列表

"抓取表格数据"指令允许从网页中的标准表格中读取数据,并将其输出为二维数组或数据表,其参数如图 3-15 所示。这个指令特别适用于获取网页中的表格数据,如财务报表、统计数据等。用户可以选择抓取整张表格、单独的列或行,并且可以设置抓取的最大行数或页数。如果涉及翻页,还可以捕获用于翻页的控件,如下一页按钮或页码组。此指令还支持数据预览,允许用户在完成抓取后查看和修改抓取的数据列。

"抓取结构化数据"指令用于从网页中提取结构化数据,如电商网站中的产品列表。这个指令使得提取具有相似结构元素的操作变得简单,比如提取书名、价格等。该指令的参数如图 3-16 所示,用户可以通过捕获元素和设置翻页控件来定义数据抓取的范围和方法。此外,此指令还提供了去除特殊字符的选项,以适应不同的网页布局和设计。

图 3-15 "抓取表格数据"的参数　　图 3-16 "抓取结构化数据参数

4. 文本

"获取文本"指令使得 RPA 能够读取并提取指定目标元素中的文本内容,其参数如图 3-17 所示。这个指令广泛应用于各种场景,如读取查询结果、获取标题内容等。用户可以通过捕获或引用变量来指定要操作的目标元素,然后系统会从这些元素中获取文本。

该指令特别适用于处理网页或应用程序界面中的文本信息。例如，如果需要从一个网页上读取新闻标题或从一个在线表单中提取需要的信息，就可以使用这个功能。它支持多种文本筛选规则，如去除空格、标点或提取纯文本内容，从而使提取的文本更加符合处理需求。

图 3-17　"获取文本"的参数

5. 元素

1)"判断元素是否存在"与"等待元素出现"

"判断元素是否存在"指令的参数如图 3-18 所示，这个指令使 RPA 能够判断指定的界面元素是否存在于当前页面中。它返回一个布尔值（true/false），表示目标元素是否被发现。这个指令在自动化脚本中尤其有用，因为它允许脚本根据元素的存在与否来决定后续的操作。例如，在登录页面中，如果检测到错误消息的存在，脚本可能会选择重新输入凭证或记录错误；如果错误消息不存在，则继续执行后续步骤。

"等待元素出现"指令的参数如图 3-19 所示，用于在界面上等待特定元素的出现。当自动化过程需要等待某个特定元素加载时，这个功能就显得非常有用。例如，在提交表单后等待确认消息出现，或者等待页面加载完成后再进行下一步操作。该指令通过提供执行前后的延时设置和超时时间,确保了自动化脚本在正确的时机执行操作,增加了自动化任务的稳定性和可靠性。

这两个指令在处理条件判断和同步操作时至关重要,它们使 RPA 脚本能够更加智能地与复杂的用户界面交互。

图 3-18 "判断元素是否存在"的参数　　图 3-19 "等待元素出现"的参数

2)"元素截图"与"滚动截图"

"元素截图"指令的参数如图 3-20 所示,它使得 RPA 能够捕获指定界面元素的截图并保存至指定路径。这个指令在许多场景中都非常有用,如验证码识别、保存业务操作的截图凭证等。用户可以选择截图的类型(指定元素或整屏截图),并指定截图的保存路径。此外,它还允许用户选择完整截图或部分区域截图,增加了截图的灵活性和适用性。

"滚动截图"指令的参数如图 3-21 所示,在需要截取长页面或超出单屏显示范围的元素时,该指令会自动滚动页面并拼接成一张长截图。这在需要截取整个页面或长列表数据的情况下特别有用,如长表格、长文章等。用户可以设置滚动的次数和时间间隔,以及是否去除滚动条,以确保内容成功拼接。截图完成后,图片将保存在指定的路径。

图 3-20 "元素截图"的参数　　　图 3-21 "滚动截图"的参数

3)"查找子元素"与"查找父元素"

"查找子元素"指令的参数如图 3-22 所示,它使得 RPA 能够从指定的目标元素中获取所有子元素。这在处理具有层次结构的网页元素时非常有用,如从一个列表中获取所有列表项或从一个导航栏中获取所有链接。用户可以指定目标元素,并根据子元素的标签进行筛选。这个指令会返回一个元素列表,其中包含了所有满足条件的子元素,这对于处理复杂的网页结构和提取特定数据非常有用。

"查找父元素"指令的参数如图 3-23 所示,它允许 RPA 根据指定的子元素向上查找其父元素。这在需要根据页面上的特定元素来确定更广泛的上下文或容器时特别有用。例如,如果需要根据一个按钮来找到它所属的对话框或表单,就可以使用这个功能。该指令能够返回捕获元素的直接父元素,帮助用户理解和操作更复杂的页面结构。

通过学习这两个指令,读者可以更好地理解网页元素的层次结构,以及如何在自动化脚本中有效地导航和操作这些元素。这些技能对于设计有效的自动化策略和处理各种类型的网页非常重要,提高了自动化任务的灵活性和适用性。

图 3-22 "查找子元素"的参数　　　　图 3-23 "查找父元素"的参数

4)"获取相似元素列表"

"获取相似元素列表"指令的参数如图 3-24 所示，这个指令允许 RPA 从网页中批量提取相似元素，并对这些元素执行自动化操作。它特别适用于处理包含重复结构或相似内容的网页，如新闻列表、产品目录等。用户可以指定目标元素，并选择获取的内容类型，包括元素对象、元素文本内容或元素的特定属性值。这提供了从不同角度提取和处理相似元素的灵活性。

在实际应用中，此指令可以用于快速获取列表中的所有项目，然后进行批量操作，如点击所有链接、提取所有项目的文本或属性等。用户还可以设置元素的筛选规则，包括筛选文本和筛选序号，以及设置匹配方式,如精准匹配、通配符匹配和正则表达式匹配。这使得用户能够根据具体需要定制和优化元素的提取过程。

通过学习这个指令,读者可以更好地理解如何在自动化脚本中高效地处理网页中的重复或相似元素。这不仅提高了自动化任务的效率,也扩展了用户处理不同网页结构的能力。

图 3-24　获取相似元素列表参数

6. 窗口

1)"激活窗口"与"关闭窗口"

"激活窗口"指令的参数如图 3-25 所示,这个指令使得 RPA 能够定位并激活一个指定的窗口,确保后续操作在正确的窗口中执行。这在处理多窗口环境时尤其有用,例如,当有多个应用程序或网页窗口打开时,可以确保自动化脚本在正确的窗口中操作。用户可以通过匹配方式(如精准匹配、通配符匹配或正则表达式匹配)和窗口标题来指定要激活的窗口。此指令还包括对执行前后延时、超时时间及异常处理的设置机制,确保窗口激活操作的可靠性和准确性。

"关闭窗口"指令的参数如图 3-26 所示,这个指令允许 RPA 关闭指定的窗口。这在需要清理多余窗口或释放系统资源的场景中非常有用，例如，完成一系列操作后关闭不再需要的应用程序或浏览器窗口。用户同样可以通过不同的匹配方式来指定要关闭的窗口，并通过设置执行前后延时和超时的时间来控制关闭操作的执行。

图 3-25 "激活窗口"的参数

图 3-26 "关闭窗口"的参数

2)"设置窗口状态"与"判断窗口是否存在"

"设置窗口状态"指令的参数如图 3-27 所示，这个指令允许 RPA 自动化脚本最小化或最大化指定的窗口。这个指令在需要调整窗口大小以适应不同的操作场景时特别有用，例如，可能需要最大化窗口以获取更多的信息，或者最小化窗口以减少对用户的干扰。用户可以通过选择匹配方式（如精准匹配、通配符匹配或正则表达式匹配）来指定要操作的窗口，并可以选择希望执行的窗口状态操作（最大化或最小化）。此外，该指令还包括对执行前后延时、超时时间及异常处理的设置。

"判断窗口是否存在"指令的参数如图 3-28 所示，这个指令使 RPA 能够检测指定窗口是否存在于系统中，并返回一个布尔值（true/false）作为结果。这在自动化流程中尤其重要，比如在开始执行操作前确认目标应用程序是否已经打开。如果窗口不存在，脚本可能需要采取不同的行动，如启动应用程序或通知用户。用户同样可以通过匹配方式来指定窗口，并基于返回的布尔值来决定接下来的自动化步骤。

图 3-27 "设置窗口状态"的参数

图 3-28 "判断窗口是否存在"的参数

3.2 【任务 3-2】去哪儿行程信息查询

任务描述

随着信息技术的快速发展，数据自动化处理成为提高工作效率和准确性的关键。在旅游和航空行业中，客户经常需要查询和比较各种航班的信息，以便做出最佳选择。然而，手动搜索和分析这些数据既耗时又容易出错。因此，为了简化这一过程，需要开发一个基于 RPA 的解决方案，该解决方案能够自动从网站上抓取机票信息并将其整理存储到 Excel 表格中，为用户提供便利的查询和分析功能。

任务分析

技术要求：了解 Cyclone 设计器的操作，浏览器插件的安装与操作，以及基础的网页数据抓取和处理方法。

流程步骤：本任务包括浏览器插件的安装，用户输入的获取，打开指定网站，输入文本和发送热键的使用，以及结构化数据的抓取和处理。

输出结果：抓取的机票信息将被整理并存储到 Excel 表格中，方便用户查询和分析。

本节任务

任务一：安装浏览器插件与初始化设置
安装必要的浏览器插件，确保 Cyclone 设计器能够控制浏览器。
打开 Cyclone 设计器，进行相关配置以支持后续操作。

任务二：获取用户输入并打开目标网站
使用"自定义表单"指令在 Cyclone 设计器中获取用户输入（如出发点、到达点、出发时间）。
使用"打开浏览器"指令打开去哪儿网站，准备进行机票查询。

任务三：自动填写查询条件并抓取机票信息
使用"输入文本"和"发送热键"指令在网页上自动填写用户输入的查询条件。
使用"抓取结构化数据"指令捕获去哪儿网页中的机票信息，并存储于二维数组。

3.2.1 安装浏览器插件

由于本次项目需要使用浏览器来进行操作，所以我们需要为浏览器安装插件（以谷歌浏览器为例），让 RPA 程序获得浏览器的控制权。如果已完成浏览器插件的安装，可以跳过此部分。

▶ **步骤 1　打开 Cyclone 设计器的工具管理界面**

为了能给谷歌浏览器安装插件，我们需要在 Cyclone 设计器中的工具管理界面进行设置。

① 双击 Cyclone 设计器图标，如图 3-29 所示。

图 3-29　Cyclone 图标

② 进入 Cyclone 设计器的操作界面后，单击"工具管理"按钮，如图 3-30 所示。

图 3-30　"工具管理"按钮

▶ **步骤 2　安装谷歌浏览器插件**

① 在打开的工具管理界面中，单击 Chrome 插件右侧的"安装"按钮，如图 3-31 所示。

图 3-31 单击"安装"按钮

② 出现安装成功的提示框后,单击"确定"按钮,如图 3-32 所示。

图 3-32 安装成功

③ 打开浏览器,在地址栏输入 chrome://extensions/,按"Enter"键,进入扩展应用界面后启动 Cyclone Automation Tool 插件,如图 3-33 所示。

图 3-33 启动插件

至此，插件就安装成功了。

3.2.2 获取用户输入并打开去哪儿网站

在编写程序前，我们可以先观察去哪儿网站查询机票预订需要用到的信息，如图 3-34 所示。观察发现，机票预订需要用到出发点、到达点、出发日期等信息。

图 3-34 机票预订

> **步骤 1** 使用自定义表单接收用户输入

我们将使用"自定义表单"指令来获取用户的输入，以便后续其他指令的调用。

① 进入 Cyclone 设计器的首页，单击"新建流程项目"按钮，创建一个名为"去哪儿信息查询机器人"的新流程。创建完毕后，在 Cyclone 设计器操作界面中单击"插入步骤"按钮，如图 3-35 所示。

图 3-35 单击"插入步骤"按钮

② 单击"插入步骤"按钮后，会弹出指令库。我们需要在弹出的指令库中选择"人机交互"→"本地机器人"→"自定义表单"指令，如图 3-36 所示。

图 3-36　选择"自定义表单"指令

◉ 步骤 2　设置"自定义表单"参数

① 在 Cyclone 设计器操作界面右侧的面板中，在"自定义表单"的参数栏中单击"交互页面"右侧的"布局"按钮，如图 3-37 所示。

图 3-37　单击"布局"按钮

② 在弹出的布局界面中，选择并按住"表单控件"组下的"输入框"按钮，将其拖曳至界面

展示部分，如图 3-38 所示。一共需要拖入三个输入框。

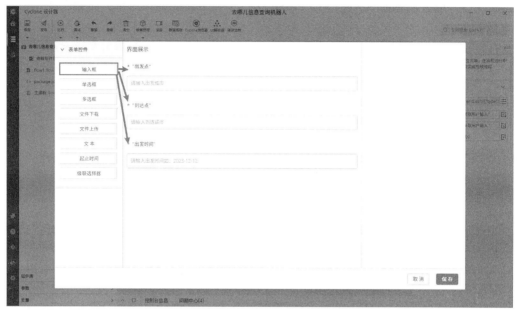

图 3-38　拖曳"输入框"

③拖曳完毕后，在右侧的控件属性设置中，分别填写三个输入框相应的参数，如图 3-39~图 3-41 所示。

图 3-39　第一个输入框参数　　图 3-40　第二个输入框参数　　图 3-41　第三个输入框参数

④完成上述步骤后，保存布局，返回到 Cyclone 设计器操作界面右侧的"自定义表单"参数栏，填写任务名称与任务描述的信息，如图 3-42 所示。

图 3-42 填写任务名称与任务描述

步骤 3　打开去哪儿网站

接下来,我们需要打开去哪儿官网来查询信息,在打开网站之前需要安装好浏览器插件。

① 在 Cyclone 设计器操作界面的主流程中,单击"插入步骤"按钮。

② 在弹出的指令库中,选择"界面自动化"→"应用和浏览器"→"打开浏览器"指令,如图 3-43 所示。

图 3-43 选择"打开浏览器"指令

步骤 4　设置"打开浏览器"参数

在 Cyclone 设计器操作界面右侧的参数栏中,填写"打开浏览器"的参数,如图 3-44 所示。

图 3-44 填写"打开浏览器"的参数

"打开浏览器"指令配置项说明如下。
- 浏览器类型：选择需要打开浏览器的应用，如谷歌、360、Cyclone 自带浏览器，此处选择 Chrome（谷歌浏览器）。
- 网页路径：填写需要打开网页的路径，此处填写的是去哪儿官网的网址。

3.2.3 查询并抓取机票信息

通过 3.2.2 小节的学习，我们打开了去哪儿网站，现在需要使用"输入文本"指令将用户在"自定义表单"中的输入信息自动填写至网页指定的文本框中，如图 3-45 所示。

图 3-45 自动填写机票预订信息

步骤 1 使用"输入文本"指令，将用户输入信息写至网页

① 在 Cyclone 设计器操作界面的主流程中，单击"插入步骤"按钮。

② 单击"插入步骤"按钮后，会弹出指令库。我们需要在弹出的指令库中选择"界面自动化"→"鼠

标键盘"→"输入文本"指令，如图 3-46 所示。

图 3-46 选择"输入文本"指令

▶ **步骤 2** 设置"输入文本"参数

① 在 Cyclone 设计器操作界面右侧的参数栏中，单击"捕获目标"按钮，如图 3-47 所示。

图 3-47 单击"捕获目标"按钮

② 将鼠标移动至网页中的出发点处，待红色的方框将出发点框住后，按住"Ctrl"键的同时单击选中目标，如图 3-48 所示。

图 3-48　选中出发点

③ 在 Cyclone 设计器操作界面右侧的参数栏中，填写"输入文本"的参数，如图 3-49 所示。

图 3-49　填写"输入文本"的参数

"输入文本"指令的配置项说明如下。

- 目标类型：此处用于指定输入操作的目标类型。可选项包括"指定元素"和"无目标"。在"指定元素"模式下，用户选择一个特定的输入框以输入内容；而"无目标"模式则适用于通过先前运行的组件来指定输入位置。此处应选择"指定元素"，因为我们需要在特定的输入框中输入信息，例如在去哪儿网站的特定搜索框中输入出发点。
- 目标元素：这里指定了具体的目标元素，即我们要操作的输入框。用户可以捕获或引用元素变量。当目标类型设置为"指定元素"时，需填写此项。此处应选择去哪儿网站的出发点元素作为目标元素。
- 文本类型：这个选项让用户选择输入的文本类型，可选项为"标准"或"密码"。如果输入内容是敏感信息或密码，建议选择"密码"类型以增强安全性。这里应选择"标准"，因为输入的是一般性的文本信息，如地点名称。
- 输入文本：此处填写要输入到指定元素中的文本，可以引用字符串变量。在"文本类型"选择为"标准"时，此处填写类型为字符串。这里应输入"出发点"变量。
- 元素变量：用于保存捕获到的目标元素。在目标类型设置为"指定元素"时，用户可以选择或新建变量，以保存目标元素信息。但这里不需要填写此项，因为我们直接操作已确定的目标元素，而不需要保存或引用它的信息。

◎步骤3 使用"发送热键"指令选择具体城市

由于步骤2的设置，我们通过RPA将出发点写入网页时，网站还会弹出一个下拉框需要我们进行具体的选择，如图3-50所示。如果不进行选择将会导致后续的指令运行失败，所以我们通过"发送热键"指令按"Enter"键选中具体城市。

图 3-50 选中具体城市

① 在 Cyclone 设计器操作界面的主流程中，单击"插入步骤"按钮。
② 在弹出的指令库中，选择"界面自动化"→"鼠标键盘"→"发送热键"指令，如图3-51所示。

图 3-51 选择"发送热键"指令

▷ **步骤4** 设置"发送热键"参数

在 Cyclone 设计器界面右侧的参数栏中,填写"发送热键"的参数,如图 3-52 所示。

图 3-52 填写"发送热键"参数

"发送热键"指令的配置项说明如下。

- 目标类型:这个选项用于定义发送热键指令的目标对象,可选项包括"指定元素"和"无目标"。在"指定元素"模式下,用户选择一个特定的目标(例如特定的窗口或控件)来发送热键;而在"无目标"模式下,热键将在当前活动窗口或通过之前运行的组件指定的位置发送。这里应选择"无目标",因为我们需要在当前活动的网页界面中发送热键,而不是针对特定的元素或控件。
- 热键:指定需要模拟按下的键或按键组合。用户可以输入特殊键或组合键,例如"Ctrl+F"组合键。在此任务中,需要模拟按"Enter"键。这是因为在 RPA 完成出发点的输入后,网页通常会展示一个下拉列表,要求用户从中选择一个具体的城市。通过模拟按"Enter"键,我们可以选择下拉列表中的第一个或默认选项,从而完成城市的选择。

▷ **步骤5** 重复两次步骤 2~5,使用"输入文本"指令将用户输入的到达点和出发时间输入网页中

在 Cyclone 设计器操作界面右侧的参数栏中,填写"输入文本"的参数,如图 3-53 和图 3-54 所示,步骤 1~5 完成后的效果如图 3-55 所示。

图 3-53 填写到达点输入框参数

图 3-54 填写出发时间输入框参数

图 3-55 步骤 1~5 完成后的效果

> **步骤 6** 抓取去哪儿网页中的机票信息

通过步骤 1~5，我们已经完成了在去哪儿网页中查询机票的操作，接下来就可以直接获取网页中的信息了。

① 在 Cyclone 设计器操作界面中的主流程中，单击"数据抓取"按钮，如图 3-56 所示。

图 3-56 单击"数据抓取"按钮

② 单击"数据抓取"按钮后，会弹出一个对话框，我们直接单击"开始捕获"按钮，如图 3-57 所示。

图 3-57　单击"开始捕获"按钮

③ 接着，将鼠标移动到去哪儿网页的第一条机票信息上，等待系统自动识别并用红框标记该条信息，如图 3-58 所示。

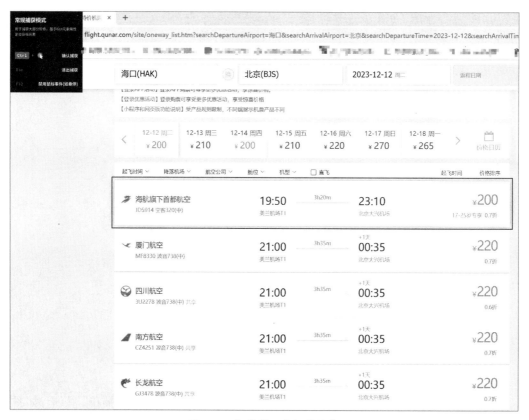

图 3-58　框住第一条机票信息

④ 再框住第二条机票信息，如图 3-59 所示。

图 3-59 框住第二条机票信息

⑤ 框完之后，RPA 会自动识别其他的机票信息，如图 3-60 所示。此时我们单击"下一步"按钮预览抓取结果。

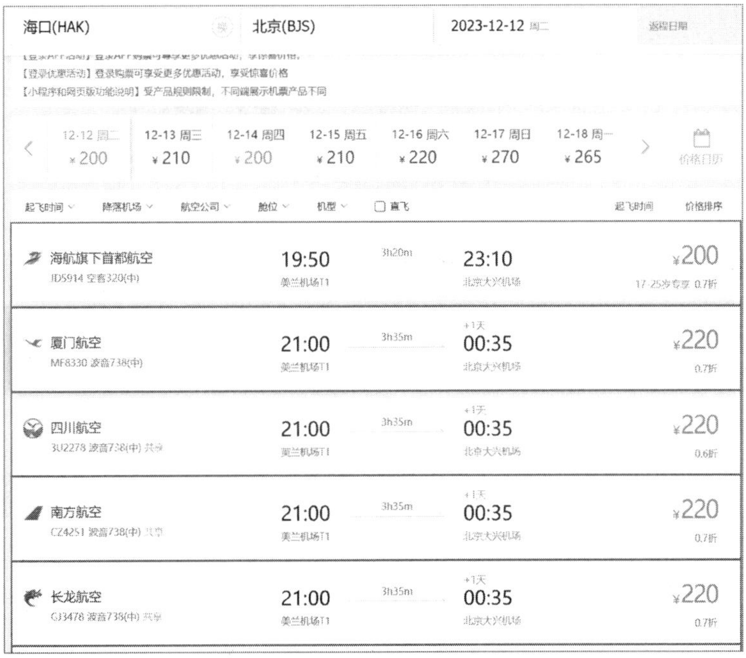

图 3-60 框住所有数据

⑥ 预览数据时，将表头修改为"机票信息"，接着核对后续的数据是否正确，如图 3-61 所示。如果正确则单击"确认"按钮继续设计"数据抓取"指令。

图 3-61　抓取结构化数据

⑦ 此时会弹出跨页抓取窗口，如图 3-62 所示。如不需要跨页抓取，直接单击"仅抓取当前页"按钮即可，由于本任务需要，所以单击"捕获【下一页】按钮"按钮，使指令可以翻页抓取。

图 3-62　跨页抓取窗口

⑧ 在预览数据页面中，将鼠移动至"下一页"按钮处，如图 3-63 所示。同时按住"Ctrl"键并单击，将其选中，这样程序就会自动实现翻页抓取。

图 3-63　选中"下一页"按钮

⊙ **步骤7** 设置"抓取结构化数据"参数

在 Cyclone 设计器操作界面右侧的参数栏中，填写"抓取结构化数据"的参数，如图 3-64 所示。

图 3-64 填写抓取结构化数据参数

"抓取结构化数据"指令配置项说明如下。

- 目标表格：此配置项用于定义要抓取的目标非标准表格。用户需要通过"捕获元素"功能来确定抓取的具体元素，比如网页中的商品列表或机票信息。步骤 6 中的操作涉及在去哪儿网页上抓取单条机票信息，然后 RPA 工具会自动识别其他的机票信息。这要求用户首先捕获一条机票信息的格式，然后捕获第二条信息，以便工具能够正确地识别和抓取整个列表。
- 翻页控件类型：这个选项用于选择翻页控件的类型。在此任务中，应选择"下一页按钮"，因为需要在抓取完当前页面的数据后，单击"下一页"按钮继续抓取后续页面的数据。
- 翻页按钮元素：指定用于翻页的按钮元素。在此任务中，用户需要捕获去哪儿网页中的"下一页"按钮，以便 RPA 工具能够在抓取完当前页的数据后自动单击该按钮，从而实现翻页抓取后续页面。
- 范围限制：该选项用于限制数据抓取的范围。在此任务中，应选择"最大行数"，因为目标是限制每页抓取的数据行数。
- 最大行数：设置抓取目标表格数据的最大行数。在此任务中，默认设置为"100"，意味着每次抓取时，RPA 工具将最多抓取 100 行数据。
- 变量类型：该选项用于选择输出的变量类型。在此任务中，应选择"二维数组"，因为目标是将抓取到的机票信息保存为数组形式，以便于后续处理和分析。
- 结构化数据：此处需要输入一个变量来存储抓取到的数据。在此任务中，可以定义一个名为"抓取到的数据"的变量，用于存储从去哪儿网页中抓取到的结构化机票信息。

3.2.4 将机票信息储存至 Excel 表格

通过 3.2.3 小节的操作，我们已经将机票信息读取至二维数组中了，接下来需要将这些信息写入 Excel 表格中以方便用户查看。

捕获到的二维数组数据如下所示：

[[" 机票信息 "],[" 海航旗下首都航空 JD5914 空客 320(中)　19:50 美兰机场 T1 3h20m 23:10 北京大兴机场 ¥59002 17-25 岁专享本产品适用于年龄在 17 至 25 周岁青年旅客购买，不适用于婴儿、儿童、军警残旅客及其他限载的特殊旅客。本产品为会员专享价，不累积任何金鹏会员积分，如非会员则自动注册为首航会员。 0.7 折 "],[" 厦门航空 MF8330 波音 738(中)　21:00 美兰机场 T1 3h35m +1 天 00:35 北京大兴机场 ¥2502 0.7 折 "],[" 四川航空 3U2278 波音 738(中) 共享实际乘坐 厦航 MF8330　21:00 美兰机场 T1 3h35m +1 天 00:35 北京大兴机场 ¥2502 0.6 折 "],[" 南方航空 CZ4251 波音 738(中) 共享实际乘坐 厦航 MF8330　21:00 美兰机场 T1 3h35m +1 天 00:35 北京大兴机场 ¥2502 0.7 折 "],[" 长龙航空 GJ3478 波音 738(中) 共享实际乘坐 厦航 MF8330　21:00 美兰机场 T1 3h35m +1 天 00:35 北京大兴机场 ¥2502 0.7 折 "],[" 河北航空 NS8302 波音 738(中) 共享实际乘坐 厦航 MF8330　21:00 美兰机场 T1 3h35m +1 天 00:35 北京大兴机场 ¥2502 0.6 折 "],[" 东方航空 MU9536 空客 330(大)　21:20 美兰机场 T1 3h35m +1 天 00:55 北京大兴机场 ¥7292 1 折 "],[" 南方航空 CZ8935 空客 321(中)　20:20 美兰机场 T2 3h45m +1 天 00:05 北京大兴机场 ¥2500 0.8 折 "],[" 厦门航空 MF4739 空客 321(中) 共享实际乘坐 南航 CZ8935　20:20 美兰机场 T2 3h45m +1 天 00:05 北京大兴机场 ¥2500 0.6 折 "],[" 中国联合航空 KN5820 波音 737(中)　18:45 美兰机场 T1 3h40m 22:25 北京大兴机场 ¥132260 0.8 折 "]]

◉ **步骤 1**　通过 RPA 打开 Excel 工作簿

在将机票信息写入 Excel 之前，需要通过 RPA 打开 Excel 表格。

① 在 Cyclone 设计器操作界面中的主流程中，单击"插入步骤"按钮。

② 在弹出的指令库中，选择"应用自动化"→"Excel"→"Excel 应用"→"表格操作"→"打开 Excel 工作簿"指令，如图 3-65 所示。

图 3-65　选择"打开 Excel 工作簿"指令

◎ **步骤2** 设置"打开 Excel 工作簿"参数

在 Cyclone 设计器操作界面右侧的参数栏中，填写"打开 Excel 工作簿"的参数，如图 3-66 所示。

图 3-66 填写打开 Excel 工作簿参数

"打开 Excel 工作簿"指令的配置项说明如下。

- 文件路径：请输入变量或字符串，确保填写的值是 Excel 文件的完整路径，例如"F:\桌面\机票信息汇总表 .xlsx"。
- 文件不存在时：默认为"自动创建"。
- 文件密码：如果 Excel 文件设置了密码，此处需填写相应密码，这里默认不填。
- 打开方式：默认为"自动检测"，但也可以根据需要选择特定的打开方式，这里保持默认。
- 是否可见：规定 Excel 操作是否可见，这里选择"否"。
- Excel 文件：输入一个变量名，用来保存已打开的 Excel 文件对象，之后使用 Excel 操作组件时，可以使用该变量名引用这个 Excel 对象。这里可以将信息保存到"汇总表"变量。

◎ **步骤3** 使用"写入范围数据"指令，将机票数据写入表格

打开 Excel 工作簿后，我们就可以通过"写入范围数据"指令，将机票数据写入表格。

① 在 Cyclone 设计器操作界面中的主流程中，单击"插入步骤"按钮。

② 单击"插入步骤"按钮后，会弹出指令库。我们需要在弹出的指令库中选择"应用自动化"→"Excel"→"Excel 应用"→"表格读写"→"写入范围数据"指令，如图 3-67 所示。

图 3-67 选择"写入范围数据"指令

⊙步骤 4 设置"写入范围数据"参数

在 Cyclone 设计器操作界面右侧的参数栏中，填写"写入范围数据"的参数，如图 3-68 所示。

图 3-68 填写写入范围数据参数

"写入范围数据"指令的配置项说明如下。

- Excel 文件对象：这里需要引用通过"打开 Excel 工作簿"指令生成的 Excel 文件对象。在此任务中，应填写"汇总表"变量，该变量代表之前打开的特定 Excel 工作簿，以便后续步骤能够正确地定位和操作这个文件。

- 选择工作表名称/序号：此选项用于指定目标工作表是通过名称还是序号选择。在此任务中，应选择"工作表名称"，因为我们要操作的是具有特定名称的工作表。
- 工作表名称/序号：具体指定目标工作表的名称或序号。在此任务中，假定目标工作表名称为"Sheet1"，则应在此处填写"Sheet1"，确保指令正确地定位到所需的工作表。
- 起始单元格：决定数据写入的起始位置。在此任务中，应选择"按单元格名"，并具体指定为"A1"。这意味着数据将从工作表的 A1 单元格开始填充。
- 数据格式：选择待写入数据的格式。在此任务中，默认选择为"常规"，这适用于大多数情况，特别是当数据格式多样时。
- 待写入数据类型：确定待写入的数据类型。在此任务中，应选择"二维数组"，因为机票信息已被存储为一个二维数组。
- 范围数据：指定要写入的数据源。在此任务中，应输入"抓取到的数据"变量，这个变量包含了之前抓取到的机票信息。
- 忽略表头/首行：设定是否在写入时忽略数据的表头或首行。在此任务中，默认选择为"不去除"，以确保所有数据包括表头（如果存在）都被写入。
- 是否自动保存：决定更改后工作簿是否自动保存。在此任务中，应选择"是"，以确保数据写入后的更改内容被及时保存。

抓取完机票信息后存储的 Excel 表格如图 3-69 所示。

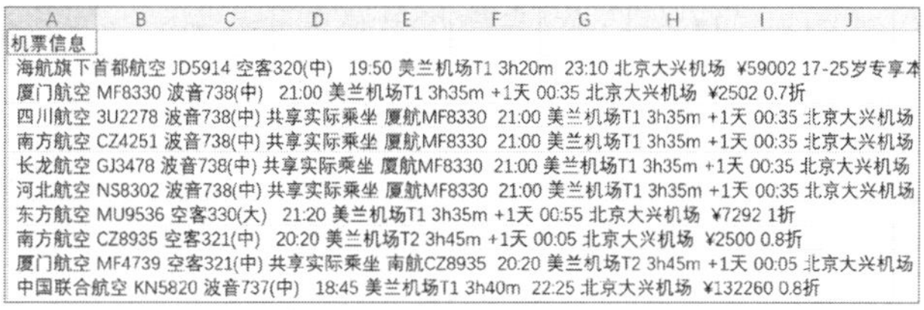

图 3-69　程序执行后的表格

该任务全部的指令如图 3-70 所示。

图 3-70　全部指令

 课后练习

1. 理解练习

(1) 描述 RPA 在自动化抓取和处理网页数据方面的作用和优势。

(2) 讨论为何在 RPA 项目中需要安装并使用浏览器插件。

(3) 解释为什么将抓取的数据转换为结构化格式（如二维数组），并存储在 Excel 表格中，这对用户分析和查询有何帮助。

2. 操作练习

(1) 按照任务讲解中提供的步骤，安装并配置 Cyclone Automation Tool 插件。

(2) 在 Cyclone 设计器中，使用"自定义表单"指令创建表单，并在机票预订信息中获取用户输入的出发点、到达点和出发时间。

(3) 按照任务讲解中的步骤，使用 RPA 工具在指定网站上自动填写查询条件，并抓取机票信息。

(4) 使用 RPA 将抓取到的数据存储到 Excel 表格中，并检查数据格式和完整性。

3. 扩展练习

(1) 添加异常处理逻辑，比如处理网页加载缓慢或元素未找到的情况。

(2) 讨论如何优化用户界面和流程，以提高用户体验，例如添加更多的用户输入选项、优化数据显示格式等。

第 4 章
系统功能与文件处理

　　本章将深入探讨 RPA 在系统功能和文件管理方面的广泛应用，不仅涵盖了常见的系统功能指令，如弹出提示框、设置等待时间、剪贴板操作、网络协议处理、日志记录、命令行执行和屏保管理等，还详细讨论了文件处理指令，包括 PDF 文件处理、图片文件处理、通用文件操作（如删除、重命名文件）及文件夹管理等。通过本章的学习，读者能够掌握如何利用 RPA 工具来实现复杂的系统操作和高效的文件处理，进而设计出更加高效、灵活的自动化解决方案，以满足各种自动化需求。无论是在简单的日常任务自动化中，还是在复杂的业务流程自动化中，系统功能和文件处理指令都扮演着至关重要的角色。这些指令不仅能提高工作效率、减少人工错误，还能为数据整理、分析和存储提供强大的支持。

4.1 【任务4-1】初识系统功能与文件处理指令

📑 任务描述

本节内容专注于介绍和分析 RPA 中常见的系统功能指令及文件处理指令。这些指令在各种日常任务自动化和专业任务自动化中起着至关重要的作用。我们将通过具体的例子和场景来介绍每个指令的应用，确保读者能够掌握这些关键技能，并有效地应用于实际的自动化项目中。

📑 任务分析

系统功能指令：涉及常用系统功能，如弹出提示框、设置等待时间、剪贴板操作、网络协议处理、日志记录、命令行执行和屏保管理等。

文件处理指令：包括 PDF 文件处理、图片文件处理、通用文件操作（如删除和重命名文件）及文件夹管理。

通过掌握这些指令，能够设计出更加高效、灵活的 RPA 解决方案，满足各种自动化需求。

📑 本节任务

任务一：弹出提示框与设置等待时间

创建一个 RPA 脚本，该脚本能够在关键流程节点弹出自定义的提示信息，并设置适当的等待时间来确保用户有足够的时间阅读信息。通过这个任务，读者可以学习如何在脚本中插入交互元素，以及如何管理流程的执行时间。

任务二：文件夹内容整理

开发一个 RPA 脚本，用于自动化地获取特定文件夹下的所有文件和子文件夹列表。然后根据需求，移动或复制特定文件到另一个目录，或对文件进行重命名。这个任务旨在让读者熟悉文件系统的操作，包括读取、移动、复制和重命名文件。

通过完成这些任务，读者能够更好地理解 RPA 在实际工作流程中的应用，并提升设计和实施自动化流程的能力。

4.1.1 系统功能指令

系统功能中包含了常用系统功能、剪贴板、网络协议、日志、命令行、屏保等模块，接下来我们将介绍各个模块中常用指令的使用场景。

1. 常用系统功能

首先，让我们来看看"弹出提示框"指令，其参数面板如图 4-1 所示，这个指令允许我们在自动化流程中展示重要信息或者警告信息。比如说，当程序运行到一个关键步骤时，或者需要用户注意某个特定的信息时，就可以使用这个功能。用户可以自定义提示框中显示的内容，并且可以设置显示的时长（以毫秒为单位）。更为重要的是，在提示框消失后，我们可以控制后续的流程是否继续执行，这个选择可以确保用户有足够的时间来阅读和理解显示信息。

图 4-1　"弹出提示框"的参数面板

接着来看"等待时间"指令,其参数面板如图 4-2 所示,这个指令在自动化流程中起着桥梁的作用,它确保了流程的顺畅执行。在实际应用中,比如在打开网页或执行一个需要时间的任务时,我们经常需要设置一定的延时,以确保任务能够完全执行。用户可以根据需要来设置等待时间的长短,这个时间的设置对于避免因为执行过快而导致错误是非常重要的。

图 4-2　"等待时间"的参数面板

2. 剪贴板

"变量导入剪贴板"指令的参数面板如图 4-3 所示,这个指令使我们能够将程序中的各种变量内容直接导入系统剪贴板中。这一指令的功能在需要临时存储数据以便稍后使用的场景中非常有用。例如,假设你的流程自动化脚本需要从一个应用中提取文本数据,然后将其粘贴到另一个应用的特定字段中,在这种情况下,你可以先将提取的数据存储到一个变量中,然后使用"变量导入剪贴板"指令将变量内容传输到剪贴板。

图 4-3　"变量导入剪贴板"的参数面板

"剪贴板导出变量"指令的参数面板如图 4-4 所示，这个指令与"变量导入剪贴板"指令不同的是，它允许我们将剪贴板中的内容提取出来，并存储到一个指定的变量中。这在需要处理或分析从剪贴板接收的数据时非常有用。比如，你可能需要从一个网页中复制大量文本，然后在你的自动化脚本中对这些文本进行处理，通过使用这一指令，将可以轻松地将剪贴板内容导入一个变量中，然后应用必要的逻辑进行处理。

图 4-4　"剪贴板导出变量"的参数面板

3. 网络协议

"Http(s) 请求"指令的参数面板如图 4-5 所示，它是网络通信的基础，允许我们与服务器进行交互，以获取或发送数据。这些请求包括 GET、POST、PUT 和 DELETE 几种类型。每种类型的请求都有其特定的用途，比如 GET 请求通常用于从服务器检索数据，而 POST 请求则用于向服务器提交数据。在 RPA 的场景中，我们经常需要通过这些请求与 Web 服务器交互，以实现自动化任务，如从 Web 服务器获取数据或向其发送数据。

处理 Http(s) 请求时，我们通常需要关注请求头和请求体。请求头包含关于请求的元数据，如内容类型和其他 HTTP 头部信息，而请求体则包含我们想要发送给服务器的数据。在自动化过程中，正确配置这些部分是确保请求成功的关键。

"Http(s) 下载文件"指令的参数面板如图 4-6 所示，Http(s) 文件下载是 RPA 中的一个常见任务。通过这个过程，我们可以从互联网上自动下载所需的文件。这涉及指定文件的 URL、设置超时参数、指定文件保存的位置等。我们还可以设置是否覆盖同名文件，这在自动化批量下载任务时非常有用。例如，自动化下载更新文件或从 Web 资源收集数据。

4. 日志

在 RPA 的实践中，日志的作用不容忽视，它是我们监控和分析自动化流程的关键工具。日志不仅能帮助我们理解流程运行的状态，还能在排查问题时提供重要的线索。特别是当我们在编写和维护复杂的自动化脚本时，有效的日志记录成了不可或缺的一环。

图 4-5 "Http(s) 请求"的参数面板

图 4-6 "Http(s) 下载文件"的参数面板

"输出到控制台与日志"指令是 RPA 中实现有效日志管理的基本方法，其参数面板如图 4-7 所示。这一指令允许用户将自定义内容或变量信息输出，以便于监控流程的运行或排查问题。通常情况下，用户可以选择将信息输出到不同的目的地，包括控制台、中控系统或 CLOG 文件（提交日志文件）。

当我们选择输出到控制台时，自定义的信息将直接显示在控制台界面上。这对于快速监控和调试流程尤其有用。比如在开发阶段，我们可能需要实时查看变量的值或流程的状态信息，此时控制台输出就显得尤为重要。

另外，选择输出到中控的选项允许信息被发送到一个中央控制系统，这在大型项目或多个流程同时运行的场景中特别有用。通过中控系统，我们可以集中监控和管理所有流程的日志信息。

图 4-7 "输出到控制台与日志"的参数面板

5. 命令行

"执行 CMD 命令"指令的参数面板如图 4-8 所示,它允许我们直接在 RPA 流程中运行 CMD 命令,并获取其执行结果。这对于那些需要执行特定脚本或系统命令的场景非常有用。例如,我们可能需要执行一个脚本来设置系统环境变量,或者运行一个程序进行数据处理。在这些情况下,我们可以直接在 RPA 脚本中输入相应的 CMD 命令,然后选择执行方式。执行方式分为同步和异步两种,同步执行适用于那些执行时间较短的命令,而异步执行更适合那些可能会阻塞流程的长时间运行命令。

当我们选择异步执行方式时,"获取异步 CMD 执行结果"指令就显得尤为重要,其参数面板如图 4-9 所示。异步执行命令后,我们通常会收到一个进程号,用于后续的状态查询。这意味着我们可以继续执行其他任务,需要时再检查该异步命令的执行结果。这对于优化流程执行时间和资源管理非常有用。比如,在执行一个长时间运行的数据分析脚本时,我们可以让其在后台运行,同时继续执行流程中的其他任务。

图 4-8 "执行 CMD 命令"的参数面板

图 4-9 "获取异步 CMD 执行结果"的参数面板

6. 屏保

"开启屏保"指令允许我们在 RPA 流程运行期间自动启动屏保界面。这一功能在前台机器人执行时很有用，尤其是当流程涉及敏感数据或需要保护屏幕内容不被周围人员看到时。在这些情况下，开启屏保可以确保流程在一个相对更安全的环境中运行。不过，需要注意的是，这个屏保功能本质上并不等同于锁屏。如果在屏保状态下进行鼠标或键盘操作，屏保底下的电脑屏幕仍然会受到影响。

为了增加安全性，我们可以设置一个解锁密码。这个密码在启用屏保时输入，用于之后解锁屏保。需要强调的是，如果在执行流程时忘记了解锁密码，将无法通过 RPA 流程自动解锁屏幕，因此在设置密码时必须谨慎。

在流程结束时，如果我们没有在流程中设置使用解锁密码或者未包含"解锁屏保"节点，屏幕将会在全流程运行结束后自动解锁。但如果我们在流程中使用了解锁密码，屏幕将会立即解锁，而不会影响流程的后续运行。

"解锁屏保"指令则是指在流程运行期间解除屏保状态或结束时自动解除屏保状态。这在需要临时查看或干预正在执行的流程时非常有用，特别是在测试和调试阶段。通过设置合适的解锁密码，我们可以确保即使在屏保状态下，流程的运行也能在必要时被安全地中断或修改。

4.1.2 文件处理指令

文件处理中包含 PDF 文件、图片文件、通用文件、文件夹等模块，接下来我们将介绍这些模块中常用指令的使用场景。

1. PDF 文件

1)"提取文本"与"提取图片"

"提取文本"指令的参数面板如图 4-10 所示，这个指令允许我们从 PDF 文件中读取指定页面上的文本信息。这在需要分析或处理 PDF 文档内容的场景中尤为重要。例如，在自动化处理账单、报告或其他类型的文档时，此指令可以用于提取文本数据以供后续处理。使用此指令时，需要提供 PDF 文件的绝对路径，并指定页码。页码可以是单页、多页或整个文档的页码。例如，要提取第 5 页到第 10 页的文本，可指定页码范围为"5—10"。如果 PDF 文档受密码保护，还需输入相应的密码。执行后，将得到 PDF 中提取的文本内容。

图 4-10 "提取文本"的参数面板

"提取图片"指令的参数面板如图 4-11 所示,这个指令用于从 PDF 文件中的指定页面提取图片。在需要从报告或文档中分离图像内容的情况下,此指令非常有用。与"提取文本"指令类似,我们需要输入 PDF 文件的绝对路径和页码。页码设置同样可以是单页、多页或整个文档的页码。此外,还需要指定图片保存路径。执行此指令后,选定页面上的图片将被提取并保存到指定位置。

图 4-11　"提取图片"的参数面板

2)"PDF 转图片"与"获取页数"

"PDF 转图片"指令的参数面板如图 4-12 所示,这个指令允许我们将 PDF 文件中的指定页面转换为图片文件。在需要对 PDF 文件进行视觉处理或展示时,这个指令尤其有用。例如,在自动化报告展示或进行文档分析时,将特定页面转换为图片可以方便后续操作。使用此指令时,首先需要提供 PDF 文件的绝对路径。如果 PDF 文件设置了编辑权限,则需要输入编辑密码。此外,用户还可以指定单页、多页或整个文档的页码,例如,"5—10"表示将第 5 页到第 10 页的内容转换为图片。还可以选择图像的 DPI,以满足不同的质量需求。完成后,转换得到的图片将保存在指定的路径下,格式为 PNG。

图 4-12　"PDF 转图片"的参数面板

"获取页数"指令的参数面板如图4-13所示,这个指令使我们能够获取指定PDF文件的总页数。在需要处理大量PDF文件或对文件进行分页处理时,此指令非常有用。例如,在自动化文档归档或数据提取过程中,了解文档的页数有助于规划整个流程。执行这个指令需要提供PDF文件的绝对路径。如果PDF文档受密码保护,还需输入编辑密码。执行该指令后,将得到PDF文档的总页数,这有助于后续的文档处理和决策。

图4-13 "获取页数"的参数面板

2. 图片文件

1)"图片导入剪贴板"与"剪贴板导出图片"

"图片导入剪贴板"指令的参数面板如图4-14所示,这个指令使我们能够将指定路径下的图片文件导入剪贴板中。在需要快速移动或复制图片到不同应用程序时,这个指令非常有用。例如,在创建文档或演示时,我们可能需要将特定的图片插入文档中。使用此指令,我们只需要提供源图片的路径,执行此指令后,该图片就会被载入剪贴板中,随后可以在其他地方进行粘贴使用。

图4-14 "图片导入剪贴板"的参数面板

"剪贴板导出图片"指令的参数面板如图4-15所示,这个指令允许我们将剪贴板中的图片导出到指定的路径下。在需要将剪贴板中的图像内容保存为文件时,这个指令尤其有用。例如,从网页或其他应用程序中复制的图片可以通过此指令保存为文件,以便于后续处理或存档。在执行这个指令时,我们需要指定目标图片的路径,并可以设置保真比例。保真比例的设置可以根据需要进行调整,以决定图片的清晰度。

图 4-15 "剪贴板导出图片"的参数面板

2)"图片文件转 Base64 码"与"Base64 码转图片文件"

"图片文件转 Base64 码"指令的参数面板如图 4-16 所示,这个指令允许我们将图片文件转换为 Base64 编码的字符串。在需要通过 Web 接口发送图片或者在文件大小受限的情况下,使用这种转换方式传输图片非常有用。例如,在处理 Web API 请求时,很多接口要求将图片以 Base64 编码的形式发送。使用此指令,我们需要提供源图片的路径。执行此指令后,图片将被转换为 Base64 编码,这种编码可以被直接嵌入网页中或通过 API 发送。

图 4-16 "图片文件转 Base64 码"的参数面板

"Base64 码转图片文件"指令的参数面板如图 4-17 所示,这个指令是上一个指令的逆操作,它允许我们将 Base64 编码的字符串转换回图片文件。在接收到通过 Base64 编码传输的图片数据时,这个指令尤其有用。例如,在处理从网页或 API 接收的 Base64 编码的图像数据时,我们可以使用此指令将这些数据转换回图像文件,以便于查看和进一步处理。执行这个指令时,我们需要提供 Base64 码,以及转换后图片希望保存的路径。

图 4-17 "Base64 码转图片文件"的参数面板

3)"二维码识别"

"二维码识别"指令的参数面板如图 4-18 所示,这个指令使我们能够从图片中识别并提取二维码信息。在自动化流程中,这个指令尤其有用,特别是当需要从二维码中快速提取数据信息时。例如,在处理增值税发票、门票或其他带有二维码的文档时,我们可以使用这个指令来获取其中的数据。使用此指令时,需要提供包含二维码图片文件的路径。图片格式可以是 jpg、png、bmp 等。执行这个指令后,系统将识别图片中的二维码(目前仅支持一个二维码)并返回其中包含的信息。

图 4-18 "二维码识别"的参数面板

3. 通用文件

1)"删除文件"与"重命名文件"

"删除文件"指令的参数面板如图 4-19 所示,这个指令用于删除指定路径下的文件。在自动化流程中,尤其是在进行数据清理或移除过期文件时,这一指令显得尤为重要。例如,在自动化报告生成的流程中,可能需要先删除旧的报告文件,以便生成新的报告。使用这个指令时,我们需要提供中控文件的完整路径。在执行删除操作之前,确保中控文件已经连接,因为如果与中控文件的连接断开,这个指令将无法执行。

图 4-19 "删除文件"的参数面板

"重命名文件"指令的参数面板如图 4-20 所示,当我们需要更改文件名而不想创建新文件时,这个指令就显得非常有用。在自动化文件管理或调整文件结构的过程中,经常会用到这个指令。例如,为了符合特定的命名规范或便于识别,我们可能需要将一些文件进行重命名。执行这个指令需要提供当前文件的路径和新的文件名。这个操作将改变文件的名称,但不会影响文件本身的内容或位置。

图 4-20 "重命名文件"的参数面板

2)"复制文件到指定目录"与"移动文件到指定目录"

"复制文件到指定目录"指令的参数面板如图 4-21 所示,这个指令用于将特定文件从其原始位置复制到另一个指定的文件夹。在自动化流程中,当我们需要保留原文件的同时,在另一个位置进行操作或备份该文件,这一指令显得尤为有用。例如,从网络上下载图片后,可能需要将这些图片复制到专门的工作目录中进行处理,但同时保留原始下载目录的文件不变。使用这个指令时,我们需要提供原文件的完整路径和目标文件夹的路径。执行指令后,文件将被复制到指定的文件夹,文件名保持不变。

图 4-21 "复制文件到指定目录"的参数面板

"移动文件到指定目录"指令的参数面板如图 4-22 所示,与复制文件相比,这个指令会将文件从原始位置移动到新位置,而不保留原路径下的文件。这在需要整理文件或释放存储空间时特别有用。例如,处理完图片文件后,可能需要将其从临时存储位置移动到永久存储位置。执行这个指令同样需要原文件路径和目标文件夹路径。执行指令后,文件将从原文件夹移动到指定文件夹,原文件夹中的文件将不再存在。

图 4-22 "移动文件到指定目录"的参数面板

4. 文件夹

"获取目录下文件或文件夹"指令的参数面板如图 4-23 所示，这个指令将会获取指定文件夹下所有的文件或文件夹名称。在不确定特定文件或文件夹是否存在于预期路径下时，这一指令尤为有用。例如，在自动化的数据整理流程中，我们可能需要验证某个文件夹中是否包含所需的文件或子文件夹。使用此指令时，需要提供目标文件夹的路径，并选择是列出文件还是文件夹。

根据选择的类型，指令执行后会有不同的输出。

如果选择"文件"，输出将是该目录下所有文件的名称，包括它们的文件类型后缀。这对于查找特定类型的文件或了解文件夹的内容组成非常有帮助。

如果选择"文件夹"，输出将是目录下所有文件夹的名称。这在需要了解文件夹结构或进行文件夹级别的操作时特别有用。

图 4-23 "获取目录下文件或文件夹"的参数面板

4.2 【任务 4-2】图书馆借阅数据汇总机器人

任务描述

在某个大型图书馆中，为了提高图书管理效率和借阅流程的自动化程度，图书馆管理团队决定采用二维码技术对图书进行跟踪和管理。每本书上都贴有独特的二维码，其中包含了关键的图书信息，如 ISBN 号、书名、借阅状态等。为了更好地管理这些数据，图书馆需要将这些二维码中的信息提取出来，并汇总到一个中央数据库中。

目前，这些二维码信息被存储在一个 PDF 文件中，每个页面包含多个二维码，每个二维码代表一本书的信息。同时，图书馆需要将这些信息整理汇总到一个 Excel 表格中，以便于更加高效地管理和查询图书信息。这个过程需要自动化，以减少人工输入的错误并提高工作效率。

因此，图书馆管理团队决定采用 RPA 技术来实现这一目标。具体来说，需要设计一个自动化流程，该流程能够从 PDF 文件中提取二维码图片，识别其中的信息，并将这些信息准确无误地填充到 Excel 表格中。这个自动化流程将大大提高数据处理的准确性和效率，帮助图书馆更好地管理其庞大的图书资源。

📋 任务分析

数据准备和观察：仔细查看和理解已有数据，包括 PDF 文件和 Excel 汇总表的内容。
初始化变量：设定存储二维码文件路径的变量，以便于后续程序调用。
PDF 处理：提取 PDF 中的二维码图片至指定文件夹。
图片文件处理：获取二维码图片文件路径，准备进行二维码识别。
二维码识别：识别每张二维码图片，并提取其中的数据。
数据格式化：将提取出的非结构化数据转换为结构化数组，方便写入 Excel。
Excel 操作：打开 Excel 汇总表，将识别出的二维码数据按照一定格式填充进 Excel 表中。

📋 本节任务

任务一：二维码识别与数据提取
对从 PDF 文件中提取出的二维码图片进行识别，提取其中的关键信息，如图书的 ISBN 号、借阅日期、借阅者信息等，并将这些信息暂存以备后续处理。

任务二：数据整合与 Excel 填充
将识别出的数据转换成结构化数组，并将这些数组中的信息准确地填充到 Excel 汇总表中的相应位置，完成数据的整合和汇总。

4.2.1 分析数据

数据观察：首先仔细查看已有数据，包括两个文件，如图 4-24 所展示。我们有两个主要数据源：一个是包含二维码的 PDF 文件，如图 4-25 所示；一个是用于数据汇总的表格，如图 4-26 所示。

二维码内容理解：观察二维码中的数据内容，如图 4-27 所示。理解二维码中数据的结构和包含的信息，以便于准确提取。

图 4-24　已有数据　　　　　　　图 4-25　PDF 内容

编号	书籍标识符	书名	借阅者ID	借阅者姓名	联系方式	借阅日期	预计归还日期	当前状态	位置信息

图 4-26　汇总表内容

第4章 系统功能与文件处理

```
书籍标识符: ISBN-1111111111
书名: 程序设计艺术
借阅者ID: MEM-1001
借阅者姓名: 张三
联系方式: zhangsan@example.com
借阅日期: 2023-12-01
预计归还日期: 2023-12-15
当前状态: 已借出
位置信息: Shelf-1-Row-3
```

图 4-27　二维码数据内容

4.2.2　项目开发步骤

▷ 步骤 1　初始化变量

在开始编写程序前,我们先定义一个初始化变量,用来记录存放二维码的文件夹数据,方便后续程序调用。

① 在 Cyclone 设计器操作界面的主流程中,单击"插入步骤"按钮。

② 在弹出的指令库中,选择"数据处理"→"变量处理"→"变量赋值"指令,如图 4-28 所示。

图 4-28　选择"变量赋值"指令

▷ 步骤 2　设置"变量赋值"参数

在 Cyclone 设计器操作界面右侧的参数栏中,填写"变量赋值"的参数,如图 4-29 所示。

图 4-29　"变量赋值"的参数

此处填入的值为"F:\\temp\\ 桌面 \\ 二维码存放文件夹 \\"，这个值是存放二维码的文件夹路径。最后一定要加上"\\"，否则后续进行字符拼接时，会出现"F:\\temp\\ 桌面 \\ 二维码存放文件夹二维码图片 .png"，由于字符串之间没有 \\ 分隔，最终导致找不到路径而报错。

▶ 步骤3 提取 PDF 中的图片

由于我们需要识别的二维码图片都存储在 PDF 中，所以需要通过 RPA 来提取 PDF 中的图片。

① 在 Cyclone 设计器操作界面的主流程中，单击"插入步骤"按钮。

② 在弹出的指令库中，选择"文件处理"→"PDF 文件"→"PDF 转图片"指令，如图 4-30 所示。

图 4-30　选择"PDF 转图片"指令

▶ 步骤4 设置"PDF 转图片"参数

在 Cyclone 设计器操作界面右侧的参数面板中，填写"PDF 转图片"的参数，如图 4-31 所示。

图 4-31　"PDF 转图片"的参数面板

"PDF 转图片"指令的配置项说明如下。
- 原始文件路径：这一配置项需要输入待操作 PDF 文件的绝对路径。在该项目中，我们的目标 PDF 文件是存放了二维码的借阅数据，因此应选择"F:\temp\ 桌面 \ 图书馆借阅数据 .pdf"作为原始文件路径。确保此路径准确无误，以便程序能够正确找到并处理该 PDF 文件。
- 密码：此项用于输入 PDF 文件的密码（如果有）。在该项目中，由于 PDF 文件没有设置访问或编辑密码，所以这一栏应保持空白。如果 PDF 文件有密码保护，未输入正确的密码将无法执行图片提取操作。
- 页码：在这里，我们需要指定要从 PDF 文件中提取图片的具体页码。如果想提取特定页面的图片，可以输入具体的页码，如"5"。也可以输入页码范围，如"5—10"。在我们的案例中，由于没有特定的页码要求，可以保留此项默认为空，表示提取 PDF 文件中的所有图片。
- 图像 DPI：指图片的像素。
- 图片保存路径：这里需要指定提取图片存放的目录路径。在此案例中，应当填写先前定义的"二维码存放文件夹"变量作为保存路径。这样，提取出的图片将被保存到指定的文件夹中，方便后续的处理和使用。正确的保存路径确保了提取出的图片能被正确地存储并且容易被找到。

◎步骤 5　获取二维码存放目录下的图片文件路径

将 PDF 中的图片提取至文件夹后，还需要让 RPA 获取到提取出来的二维码图片文件路径。

① 在 Cyclone 设计器操作界面的主流程中，单击"插入步骤"按钮。

② 在弹出的指令库中，选择"文件处理"→"文件夹"→"获取目录下文件或文件夹"指令，如图 4-32 所示。

图 4-32　选择"获取目录下文件或文件夹"指令

步骤6 设置"获取目录下文件或文件夹"的参数

在 Cyclone 设计器操作界面右侧的参数栏中,填写"获取目录下文件或文件夹"的参数,如图 4-33 所示。

图 4-33 填写"获取目录下文件或文件夹"的参数

"获取目录下文件或文件夹"指令的配置项说明如下。

- 文件夹路径:此配置项要求输入要检索的文件夹的具体路径。在此项目中,我们的目标是获取存放二维码图片的文件夹中的所有文件。因此,应选择预先定义的"二维码存放文件夹"变量作为文件夹路径。这将指导 RPA 程序到正确的位置去寻找提取出来的二维码图片文件。
- 选择类型:这里需要指定希望列出的是文件夹下的文件还是子文件夹。在此项目中,我们的目的是获取二维码图片文件的路径,所以应选择"文件"作为类型。这样,指令会列出指定文件夹下所有的文件,而不是子文件夹。
- 结果列表:此配置项用于存放检索结果,即文件夹内的文件列表。在此案例中,我们希望将提取出的二维码图片文件的名称存储起来,以便后续处理。因此,应该在这里填写一个变量,比如"二维码文件名称数组",用于存储检索到的所有文件名称。这将方便我们在后续的步骤中引用这些文件名,以进行进一步的操作,如二维码识别等。

步骤7 使用"数组遍历"遍历文件路径

为了有效处理每个二维码图片文件,接下来要遍历前面得到的"二维码文件名称数组"。这一过程是通过"数组遍历"指令实现的,它允许我们逐一处理数组中的每个元素。具体来说,我们将逐个访问数组中的每个文件名,并对每个文件进行相应的操作,如二维码识别。

通过这种方法,我们能够确保数组中的每个二维码图片文件都会被处理,从而实现对整个文件夹中的二维码内容的全面分析和处理。这是一个高效且系统的处理流程,确保了数据的完整性和准确性。

① 在 Cyclone 设计器操作界面的主流程中,单击"插入步骤"按钮。
② 在弹出的指令库中,选择"逻辑组件"→"循环"→"数组遍历"指令,如图 4-34 所示。

图 4-34 选择"数组遍历"指令

⊙ **步骤8** 设置"数组遍历"参数

在 Cyclone 设计器操作界面右侧的参数栏中,填写"数组遍历"指令的参数,如图 4-35 所示。

图 4-35 填写"数组遍历"参数

"数组遍历"指令配置项说明如下。

- 数组:这个参数需要指定要遍历的数组。在此案例中,我们需要遍历的是包含所有二维码图片文件名的数组。因此,应该填写之前获取并定义的"二维码文件名称数组"变量。这确保了我们能够访问并处理存放在该数组中的每个二维码文件名。
- 元素下标:这个参数用于记录遍历过程中正在处理的数组元素的索引,它是从 0 开始计数的。在此案例中,我们可以定义一个变量,如"当前第几个二维码",用于记录遍历过程中的每次迭代。每当数组遍历进入下一个元素时,这个变量的值会自动增加,从 0 开始,然后是 1、2、3,以此类推。这个计数对于理解当前遍历到数组中的哪一个位置非常有助益,尤其是在需要根据遍历的次序执行特定操作或做出判断时。
- 数组元素:这个参数用于存储当前遍历到的数组元素的具体值。在此案例中,这个值是单个二维码文件的文件名。因此,应该定义一个变量,如"单个二维码文件名",用于在每次遍历时保存当前处理的二维码文件名。这样,我们就可以对每个单独的文件进行进一步操作,如执行二维码识别等。

◎ **步骤 9** 使用"二维码识别"指令识别遍历的二维码图片

在成功获取二维码图片的路径之后,需要利用"二维码识别"指令来提取二维码中的信息。在将二维码内的数据准确录入 Excel 汇总表格中时,这一步骤至关重要。

通过"二维码识别"指令,我们可以自动解析每个二维码图片文件,并提取其中的数据。这些数据可能包括图书的 ISBN 号、借阅日期、借阅者 ID 等关键信息。一旦我们从二维码中读取到这些信息,就可以将其整合并进行格式化,以便存储到 Excel 表格中,实现数据的有效汇总和组织。

① 在 Cyclone 设计器操作界面中的"数组遍历"指令的空白处双击,以进入"数组遍历"指令的内部,如图 4-36 所示。

图 4-36 双击"数组遍历"空白处

② 在"数组遍历"指令的内部,单击"插入步骤"按钮。在弹出的指令库中,选择"文件处理"→"图片文件"→"二维码识别"指令,如图 4-37 所示。

图 4-37 选择"二维码识别"指令

步骤 10 设置“二维码识别”参数

在 Cyclone 设计器操作界面右侧的参数栏中，填写“二维码识别”指令的参数，如图 4-38 所示。

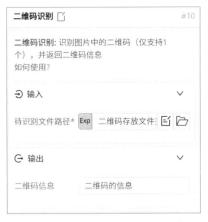

图 4-38 填写“二维码识别”的参数

“二维码识别”指令的配置项说明如下。

- 待识别文件路径：这一配置项需要输入含有二维码的图片文件的完整路径。在此案例中，路径应由“二维码存放文件夹”和“单个二维码文件名”组合而成。这确保了“二维码识别”指令能够准确定位到每一个待识别的二维码图片。例如，如果二维码图片存放在“F:\temp\二维码\”，且当前处理的文件名为“二维码 1.png”，那么完整的文件路径就是“F:\temp\二维码\二维码 1.png”。
- 二维码信息：此项用于存储识别出的二维码信息。在此案例中，我们应该选择填写一个变量，如“二维码的信息”，用于接收和存储从每个二维码图片中提取出的数据。输出的数据如图 4-39 所示。

书籍标识符：ISBN-1111111111
书名：程序设计艺术
借阅者ID：MEM-1001
借阅者姓名：张三
联系方式：zhangsan@example.com
借阅日期：2023-12-01
预计归还日期：2023-12-15
当前状态：已借出
位置信息：Shelf-1-Row-3

图 4-39 二维码数据内容

步骤 11 使用“字符串分割”指令将二维码信息转换为数组

我们成功地从二维码中提取到了所需要的信息，但是这些信息可能以非结构化的格式存在，如果直接存入 Excel 表格会比较复杂。因此，为了便于后续数据处理和存储，我们需要将提取出的信息转换成一个结构化的数组格式。这样做可以方便地按列将数据整齐地填充进 Excel 表格中，确保数据的准确性和整洁性。

① 在“数组遍历”指令的内部，单击“插入步骤”按钮。

② 在弹出的指令库中，选择“数据处理”→“字符串处理”→“字符串分割”指令，如图 4-40 所示。

图 4-40 选择"字符串分割"指令

⊙步骤 12　设置"字符串分割"参数

在 Cyclone 设计器操作界面右侧的参数栏中，填写"字符串分割"的参数，如图 4-41 所示。

图 4-41 填写"字符串分割"参数

"字符串分割"指令的配置项说明如下。

- 待分割的字符串：此项用于指定待分割的原始字符串。在此案例中，我们需要分割的是从二维码中提取出来的信息，因此应填写"二维码的信息"变量。这个变量包含了从二维码中扫描出的所有信息。
- 分隔符：这里需要指定用于分割字符串的分隔符。在此案例中，考虑到二维码信息中的各个数据是通过换行符分隔的，因此应选择"换行符"作为分隔符。这样，每一行的信息（如 ISBN 号、书名等）将被单独分割成数组中的一个元素。
- 过滤空白项：此选项用于决定是否忽略结果数组中的空白字符串。在该项目中，默认不开启此项，这里保持默认即可，因为我们希望保留所有从二维码中提取出的信息，即使某些信息可能是空白的。
- 结果保存至：这个参数用于指定分割后的数组应该保存到哪个变量中。在此案例中，我们应创建并填写一个变量，如"单个二维码信息数组"，用来存储分割后的结果。这样，每个二维码中的不同信息点将作为数组中的一个元素被保存，便于后续按列存储到 Excel 表格中。

◎ 步骤 13　打开 Excel 汇总表

在成功获取并结构化处理二维码数据之后，需要将这些数据准确地写入 Excel 汇总表中。因此，应先打开目标 Excel 文件，并将其作为一个可操作的对象存入变量中。这样做可以为后续将数据写入 Excel 表格的操作提供必要的基础。

① 在 Cyclone 设计器的操作界面中选择"主流程"，如图 4-42 所示。并在主流程的"变量赋值"指令上方单击"+"按钮以插入指令，如图 4-43 所示。

图 4-42　选择"主流程"

图 4-43　单击"+"按钮

② 在弹出的指令库中，选择"应用自动化"→"Excel"→"Excel 应用"→"表格操作"→"打开 Excel 工作簿"指令，如图 4-44 所示。

图 4-44　选择"打开 Excel 工作簿"指令

> **步骤 14** 设置"打开 Excel 工作簿"参数

在 Cyclone 设计器操作界面右侧的参数栏中,填写"打开 Excel 工作簿"的参数,如图 4-45 所示。

图 4-45 填写"打开 Excel 工作簿"参数

"打开 Excel 工作簿"指令的配置项说明如下。

- 文件路径:填入变量或者字符串,要求填入的值必须为 Excel 文件的全路径,如"F:\\temp\\桌面\\图书馆借阅数据汇总表.xlsx"。
- 文件不存在时:默认为"自动创建"。
- 文件密码:如果有密码的话,在此处填写。
- 打开方式:默认为"自动检测",可以选择需要的打开方式。
- 是否可见:规定 Excel 操作是否可见,此处填写"是"。
- Excel 文件:输入一个变量名,用来保存已打开的 Excel 文件对象,之后使用 Excel 操作组件时可以使用该变量名引用 Excel 对象,此处填写"汇总表"变量。

> **步骤 15** 写入"编号"列

在顺利打开汇总表格之后,就可以向其中填充数据了。首要的步骤是将"编号"列的数据写入 Excel 表,如图 4-46 所示。

编号	书籍标识符	书名

图 4-46 汇总表内容

① 在 Cyclone 设计器操作界面中的"数组遍历"指令的空白处双击,以进入"数组遍历"指令的内部,如图 4-47 所示。

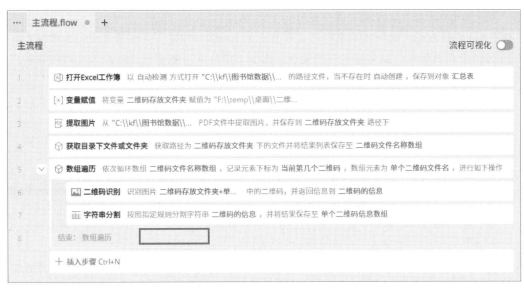

图 4-47 双击"数组遍历"空白处

② 在"数组遍历"指令的内部,单击"插入步骤"按钮。在弹出的指令库中,选择"应用自动化"→"Excel"→"Excel 应用"→"表格读写"→"写入单元格数据"指令,如图 4-48 所示。

◎步骤 16 设置"写入单元格数据"的参数

在 Cyclone 设计器操作界面右侧的参数栏中,填写"写入单元格数据"的参数,如图 4-49 所示。

图 4-48 选择"写入单元格数据"指令

图 4-49 填写"写入单元格数据"的参数

"写入单元格数据"指令的配置项说明如下。
- Excel 文件对象：这一项用来引用已经打开的 Excel 工作簿。在该项目中，应填写之前创建的用于存储打开的汇总表实例的变量，比如"汇总表"变量。这确保了我们能够在正确的 Excel 文件上执行写入操作。
- 选择名称 / 序号：这里需要选择是通过工作表的名称还是序号来指定操作的工作表。在该项目中，我们选择"工作表名称"，以便直接通过名称来定位工作表。
- 工作表名称 / 序号：根据上一步的选择，这里应填写具体的工作表名称。在此案例中，假设我们要操作的工作表名称为"Sheet1"，因此在此处填写"Sheet1"。
- 单元格位置：这里指定待写入数据的单元格位置。在该项目中，我们选择"按行和列"，并根据遍历到的二维码编号确定行号。在"行"处填写"当前第几个二维码 +2"（其中，"当前第几个二维码"变量是从 0 开始计数，又因为第 1 行是表头，所以"+2"确保数据从第 2 行开始写入），在"列"处填写"A"，表示我们将数据写入 A 列。
- 数据格式：这一项指定待写入数据的格式。在该项目中，我们选择"常规"，因为我们写入的数据是普通文本或数字。
- 待写入数据：这里我们需要填写待写入 Excel 单元格的具体数据。在该项目中，我们希望写入的是二维码在数组中的序号。由于序号是数字类型，我们需要将其转换为字符串类型才能写入 Excel。
- 是否自动保存：此项决定了数据写入后是否自动保存 Excel 文件。在该项目中，选择"否"可以在完成所有数据写入后手动保存，这样可以避免重复保存操作，提高效率。

◉ 步骤 17　写入二维码的其他数据

在成功写入二维码的序号之后，我们的下一步是将二维码中的其他重要信息填充到 Excel 汇总表中。这包括从每个二维码中提取到的详细数据，如书籍的 ISBN 号、借阅日期、借阅者信息等。

① 在"数组遍历"指令的内部，单击"插入步骤"按钮。

② 在弹出的指令库中，选择"应用自动化"→"Excel"→"Excel 应用"→"表格读写"→"写入行列数据"指令，如图 4-50 所示。

图 4-50　选择"写入行列数据"指令

步骤18 设置"写入行列数据"参数

在 Cyclone 设计器操作界面右侧的参数栏中,填写"写入行列数据"的参数,如图 4-51 所示。

图 4-51 填写"写入行列数据"的参数

"写入行列数据"指令的配置项说明如下。

- Excel 文件对象:此项要求填入一个变量,该变量引用了通过"打开 Excel 工作簿"指令打开的 Excel 文件对象。在该项目中,需要填写的是"汇总表"变量,它指向我们已经打开的 Excel 汇总表。
- 选择名称/序号:这里需要决定是通过工作表的名称还是序号来指定要操作的工作表。在该项目中,我们选择"工作表名称",这样可以直接通过名称来访问特定的工作表。
- 工作表名称/序号:根据上一步的选择,这里填写具体的工作表名称或序号。在该项目中,我们操作的工作表名称是"Sheet1"。
- 选择行/列:这里决定是向行中还是向列中写入数据。在该项目中,我们选择"行",因为我们要将数据写入特定的行中。
- 行号:这个配置项用于指定将数据写入 Excel 表格的具体行号。在该项目中,我们使用了"当前第几个二维码+2"这个变量来确定行号,这是因为我们的数据填充是从第 2 行开始的。例如,如果当前正在处理第一个二维码,则"当前第几个二维码"变量的值为 0。由于我们需要跳过标题行(第 1 行),因此实际的行号将是 0 + 2 = 2,即数据将被写入第 2 行。这种方式确保了每个二维码的数据都能被准确地填充到它们各自对应的行中。
- 起始写入位置:这里指定数据开始写入的位置。在此案例中,我们选择一个特定的单元格作为起始位置,以便准确地将数据放入相应的位置。
- 列号:这个配置项用于指定将数据写入 Excel 表格的具体列号。在该项目中,我们填写的列号是“B”，表示数据将被写入 B 列。Excel 表格的列是按字母顺序标识的，其中“A”表示第 1 列，“B”表示第 2 列，以此类推。由于 A 列已被用作编号，因此主要数据从 B 列开始写入。这意味着所有的数据将被按照设定的顺序依次填入 B 列及其后的列。比如，ISBN 号可以写入 B 列，书名写入 C 列，借阅者 ID 写入 D 列，等等。在配置此项时，准确指定列号是保证数据正确存储的关键。

- 数据格式：这一项用于指定待写入数据的格式。在该项目中，我们选择“常规”，适用于写入普通文本或数字等数据类型。
- 行数据：这个配置项用于定义写入指定行的具体数据。在该项目中，我们使用“单个二维码信息数组”变量来填充 B 列及其后的列。这个数组包含了从每个二维码中提取出的所有信息，其中的每个元素代表二维码中的一个数据点。在写入过程中，这些数据将按照数组的顺序被逐一写入 B 列及其后的列中。
- 忽略首个单元格：此选项决定了是否忽略待写入行 / 列数据的首个单元格值。在该项目中，我们选择“不去除”，以保证所有数据都被正确写入。
- 是否自动保存：此选项决定了写入数据后是否自动保存 Excel 文件。在该项目中，我们选择“是”，这样可以确保所有更改在写入后都会被保存。

至此，项目已经圆满完成。完整的指令如图 4-52 所示，完整的表格如图 4-53 所示。

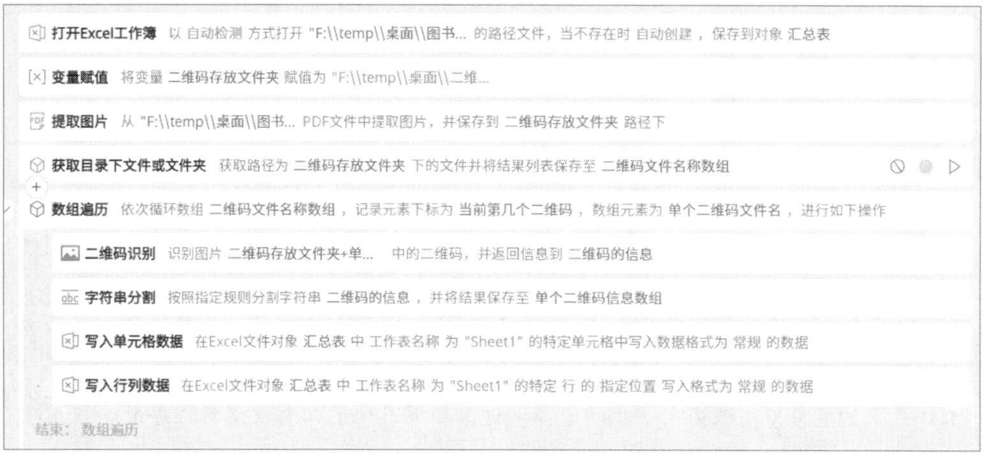

图 4-52　完整的指令

编号	书籍标识符	书名	借阅者ID	借阅者姓名	联系方式	借阅日期	预计归还日期	当前状态	位置信息
1	ISBN-1111111111	程序设计艺术	MEM-1001	张三	zhangsan@example.com	2023/12/1	2023/12/15	已借出	Shelf-1-Row-3
2	ISBN-2222222222	数据结构入门	MEM-1002	李四	lisi@example.com	2023/12/2	2023/12/16	已借出	Shelf-2-Row-4
3	ISBN-3333333333	计算机网络	MEM-1003	王五	wangwu@example.com	2023/12/3	2023/12/17	已借出	Shelf-3-Row-5
4	ISBN-4444444444	操作系统原理	MEM-1004	赵六	zhaoliu@example.com	2023/12/4	2023/12/18	已借出	Shelf-4-Row-1
5	ISBN-5555555555	人工智能导论	MEM-1005	周七	zhouqi@example.com	2023/12/5	2023/12/19	已借出	Shelf-5-Row-2
6	ISBN-6666666666	数据库系统概念	MEM-1006	吴八	wuba@example.com	2023/12/6	2023/12/20	已借出	Shelf-6-Row-3
7	ISBN-7777777777	编译原理	MEM-1007	郑九	zhengjiu@example.com	2023/12/7	2023/12/21	已借出	Shelf-7-Row-4
8	ISBN-8888888888	离散数学	MEM-1008	王十	wangshi@example.com	2023/12/8	2023/12/22	已借出	Shelf-8-Row-5
9	ISBN-9999999999	软件工程	MEM-1009	陈一	chenyi@example.com	2023/12/9	2023/12/23	已借出	Shelf-9-Row-1
10	ISBN-1010101010	云计算概念	MEM-1010	钱二	qianer@example.com	2023/12/10	2023/12/24	已借出	Shelf-10-Row-2
11	ISBN-1111111112	大数据技术	MEM-1011	孙三	sunsan@example.com	2023/12/11	2023/12/25	已借出	Shelf-1-Row-3
12	ISBN-1111111113	量子计算	MEM-1012	李四	lisi2@example.com	2023/12/12	2023/12/26	已借出	Shelf-2-Row-4
13	ISBN-1111111114	虚拟现实	MEM-1013	周五	zhouwu@example.com	2023/12/13	2023/12/27	已借出	Shelf-3-Row-5
14	ISBN-1111111115	机器学习	MEM-1014	吴六	wuliu@example.com	2023/12/14	2023/12/28	已借出	Shelf-4-Row-1
15	ISBN-1111111116	深度学习	MEM-1015	郑七	zhengqi@example.com	2023/12/15	2023/12/29	已借出	Shelf-5-Row-2

图 4-53　完整的表格

课后练习

1. 理解练习

（1）讨论 RPA 在图书管理中的应用。

（2）讨论 RPA 技术在图书馆借阅数据管理中的作用和好处。

（3）讨论数据提取与转换的重要性。

（4）解释为何在 RPA 项目中需要从 PDF 中提取二维码图片，并将非结构化数据转换为结构化数组。

（5）讨论 RPA 与人工数据处理的对比。

（6）对比 RPA 技术与传统人工数据录入在效率、准确性和可靠性方面的差异。

2. 操作练习

（1）模拟在 Cyclone 设计器中执行二维码图片的提取过程。

（2）使用 RPA 对提取的二维码中的数据进行格式化处理。

（3）使用 RPA 工具将处理后的数据填充到 Excel 汇总表中，并检查数据的准确性。

3. 扩展练习

（1）在 RPA 流程中加入异常处理逻辑，如处理二维码识别失败的情况，以及加入数据验证步骤以确保数据准确性。

（2）讨论如何优化 RPA 流程的用户界面，以提高用户使用体验效果和效率。

（3）设计一个 RPA 流程，用于从汇总的 Excel 表格中生成图书借阅报告，例如统计最受欢迎的图书类别等。

第 5 章
应用自动化与数据处理

本章专注于应用自动化与数据处理，展示如何利用 RPA 技术来解决实际业务场景中的数据处理问题。本章将通过一个具体的实例——上证指数监控及提醒项目，来展示 RPA 的强大功能和灵活性。

在这个项目中，我们将详细探索如何开发一个能够实时监控上证指数并在特定条件下向用户发送提醒的 RPA 机器人。这个机器人不仅能够自动获取股市数据，还能够将这些数据存储到数据库中，为用户提供决策支持。此外，我们还将学习如何通过 RPA 配置和流程控制，来实现高效和准确的数据处理。

接下来，我们将跟随项目，逐步深入地学习如何设计流程配置表，如何设置定时任务，以及如何有效地进行数据处理和自动化操作。这将帮助我们了解 RPA 在实际中的应用，并掌握将这些技术应用于类似场景的能力。

5.1 【任务 5-1】初识应用自动化与数据处理

📋 任务描述

本节任务旨在加深读者对 RPA 中应用自动化和数据处理模块的理解。通过具体实践，读者将学会如何在 RPA 中使用各种指令来处理 Excel 数据、邮件、数据库及不同类型的数据结构（如数组和对象）。这些技能对于构建有效的自动化解决方案至关重要。

📋 任务分析

（1）应用自动化模块涉及对 Excel、邮件和数据库等常见应用的操作，这对于执行日常业务处理任务至关重要。

（2）数据处理模块包括对变量、字符串、日期时间、数组和对象的操作，这些是实现高级数据操作和自动化逻辑的基础。

📋 本节任务

任务一：Excel 数据操作

学习如何使用 RPA 工具中的 Excel 相关指令来执行排序和数据去重操作。

实践打开和关闭 Excel 工作簿的指令，掌握如何在自动化流程中管理 Excel 文件。

练习在 Excel 中插入图片、行、列，掌握读取和写入单元格、行列、范围数据的技巧。

完成一个小项目，使用 RPA 工具获取 Excel 工作簿的行列数，然后基于这些数据执行追加写入操作。

任务二：邮件和数据库处理

配置并使用 RPA 工具中的邮件发送和接收指令，学习如何在自动化流程中处理电子邮件。

理解如何配置并使用 MySQL 数据库，掌握执行 SQL 语句的技能，以便于在数据库中查询、更新和删除数据。

任务三：变量和字符串处理

练习使用变量赋值指令，了解如何在 RPA 脚本中存储和引用数据。

学习字符串转整数和变量转字符串的操作，掌握如何处理和转换数据类型。

任务四：日期时间、数组和对象处理

使用 RPA 工具中的指令获取当前日期和时间，执行日期计算。

实践将日期转换为字符串和解析日期字符串的操作。

学习如何获取对象元素和如何以指定类型获取对象元素，以及如何判断键值是否存在和修改对象元素。

5.1.1 应用自动化指令介绍

应用自动化指令中包含了 Excel、邮件、数据库等模块，接下来我们将介绍这些模块中常用指令的使用场景。

1. Excel

1)"排序"与"数据去重"

"排序"指令的参数如图5-1所示,该指令主要用于对 Excel 工作簿中的数据按照特定的条件进行排序。在实际应用中,这个功能尤为重要,比如当我们需要对销售数据、学生成绩或者任何其他类型的列表进行分析时。排序可以基于一个或多个字段进行,也可以进行升序或降序的排列。在操作过程中,我们需要指定工作表、排序的范围(不包括表头),以及排序的规则。一个典型的应用场景是对公司销售数据按照金额进行降序排序,以快速识别最高销售额的记录。

图 5-1 "排序"的参数

"数据去重"指令的参数如图5-2所示,该指令用于从 Excel 工作表中删除重复的记录。在数据分析或数据清理过程中,经常需要去除重复数据。例如,在处理客户数据时,我们可能会发现同一客户的多条记录,而"数据去重"可以帮助我们保留每个客户的单一记录,从而确保数据的简洁。在使用这一指令时,我们可以指定是对整个工作表进行去重,还是仅针对特定的列进行去重。

图 5-2 "数据去重"的参数

2)"打开 Excel 工作簿"与"关闭 Excel 工作簿"

"打开 Excel 工作簿"指令的参数如图 5-3 所示,这个指令是 RPA 处理 Excel 任务的基石。它使我们能够通过指定文件路径打开一个已存在的 Excel 文件,或者在文件不存在时创建一个新的工作簿,这对于自动化报告生成、数据分析等任务至关重要。例如,当我们需要分析销售数据时,首先需要打开包含这些数据的 Excel 文件。如果我们发现文件不存在,RPA 工具能够自动创建这个文件,为我们的自动化任务提供所需的数据基础。此外,这个指令对于处理加密的 Excel 文件也非常有用,我们可以输入密码来访问受保护的文件,从而在确保数据安全的同时,进行所需的自动化操作。

图 5-3 "打开 Excel 工作簿"的参数

"关闭 Excel 工作簿"指令的参数如图 5-4 所示。在自动化流程中,处理完 Excel 文件后适时地关闭它同样重要,这不仅能释放系统资源,也确保了数据的安全存储。"关闭 Excel 工作簿"指令提供了多种关闭方式,包括原路径保存并关闭、保存到一个新位置,或不保存更改直接关闭。例如,完成对数据的编辑和更新后,我们可以选择原路径保存并关闭,或者将文件另存为一个新的工作簿以保留原始数据的一个副本。这些选择使我们能够根据自动化任务的具体需求灵活地处理 Excel 文件。

图 5-4 "关闭 Excel 工作簿"的参数

3)"Excel 中插入图片"和"插入行/列"

"Excel 中插入图片"指令的参数如图 5-5 所示。将图片插入 Excel 工作簿是一种常见的需求，尤其是在需要将数据与视觉元素结合的情况下。RPA 允许我们从本地或网络中选择图片，并将其填充到指定的单元格中。首先，需要引用一个通过"打开 Excel 工作簿"指令生成的 Excel 文件对象。接着，指定工作表和图片的来源。如果选择本地图片，需要提供图片的本地路径；如果选择网络图片，则需要提供图片的网络链接。确定了图片来源后，指定要将图片插入哪个单元格，可以通过单元格的名字或者行列号来指定。

图 5-5 "Excel 中插入图片"的参数

"插入行/列"指令的参数如图 5-6 所示。在处理 Excel 数据时，有时需要在特定位置插入新的行或列，这可以通过 RPA 轻松实现。首先需要确定要插入行或列的工作表，然后选择想要插入的是行还是列，并指定插入位置。如果是插入行，需要提供插入新行位置的行号；如果是插入列，则需要提供插入新列位置的列号。还可以选择插入数据的格式，如数值、日期、公式、文本或常规。完成这些设置后，RPA 会在指定位置插入新的行或列，并根据我们的需求格式化数据。

图 5-6 "插入行/列"的参数

4）读取数据

"读取单元格数据"指令的参数如图 5-7 所示，这个指令允许我们从 Excel 文件中的指定工作表读取特定单元格的内容。首先需要引用一个通过"打开 Excel 工作簿"生成的 Excel 文件对象，接着选择目标工作表，并明确指定要读取的单元格位置。单元格位置可以选择"按单元格名"，如"A1"；也可以选择"按行和列"，如"第 1 行第 1 列"。我们还可以根据需要在"读取选项"中选择读取内容的类型：显示值、真实值或公式。例如，在进行数据分析时，我们可能需要读取某个单元格中的真实数值或者公式来进一步处理。

图 5-7　"读取单元格数据"的参数

"读取行列数据"指令的参数如图 5-8 所示。当我们需要获取特定行或列中的所有数据时，这个指令非常有用。在设定了工作表之后，可以选择读取整行或整列的数据，并且可以设置从某个特定位置开始读取。这个指令对于整理和分析大量数据特别有用，因为它可以快速地提取出整行或整列的数据供我们使用。

图 5-8　"读取行列数据"的参数

"读取范围数据"指令的参数如图 5-9 所示。有时我们需要从 Excel 工作簿中读取特定范围内的数据，这个指令正是为此设计的。首先设置工作表，然后指定要读取数据的起始位置和结束位置，位置的指定可以通过单元格名或行列号来进行。使用这个指令可以返回一个二维数组，包含所选范围内的所有数据。对于处理和分析特定数据区域（如一个数据表或报告中的一部分），这个指令非常有用。

图 5-9 "读取范围数据"的参数

5）写入数据

"写入单元格数据"指令的参数如图 5-10 所示，这个指令使我们能够将特定的值或变量写入 Excel 工作簿中的指定单元格。首先，需要引用一个通过"打开 Excel 工作簿"指令生成的 Excel 文件对象。其次，选择工作表并确定要写入数据的单元格位置，这可以通过单元格名称或行列号来指定。然后，可以选择数据的格式，如数值、日期、公式或文本，并输入或引用要写入的数据。例如，在自动化财务报告生成过程中，我们可能需要将计算结果或公式写入特定的单元格。

图 5-10 "写入单元格数据"的参数

"写入行列数据"指令的参数如图 5-11 所示。当我们需要在整行或整列中填充数据时,这个指令就显得非常有用。在设置工作表和选择行或列后,我们可以指定开始写入数据的位置,并选择数据格式,然后可以输入或引用要写入的数据数组。在快速填充或更新表格中的大量数据时,使用这个指令会非常有效,比如批量更新列表中的产品价格。

图 5-11 "写入行列数据"的参数

"写入范围数据"指令的参数如图 5-12 所示。有时我们需要在 Excel 工作表中的特定区域内填充数据,这个指令允许我们指定起始单元格,并选择要写入的数据格式。我们可以将数据以二维数组或数据表的形式写入,覆盖指定范围内的现有内容。例如,在创建月度销售报告时,我们可能需要将整个数据集导入一个特定的 Excel 工作表区域。

图 5-12　"写入范围数据"的参数

在 Excel 自动化处理中，追加写入是一个常见的需求，而"获取行列数"指令（如图 5-13 所示）允许我们在现有数据表的末尾添加新的行或列，而不是覆盖或更改现有数据。这对于日常的业务活动如定期更新报告、添加新的数据记录等场景非常有用。

要实现追加写入，首先需要定位到数据表的末尾，这就是"获取行列数"指令发挥作用的地方。通过确定数据表的当前行数，我们可以知道从哪里开始追加新数据。一旦知道了起始点，接下来的步骤就是将新数据（可能是单个值、一系列值或整行/列的数据）添加到这个位置。

图 5-13　"获取行列数"的参数

2. 邮件

1）配置邮件

"配置邮件"指令的参数如图 5-14 所示。当我们需要在自动化流程中发送或接收电子邮件时，首先必须配置邮箱信息。这包括确定是否需要发送邮件（通过 SMTP）或接收邮件（通过 POP3 或 IMAP），并相应地设置服务器地址和端口号。例如，SMTP 用于发送邮件，而 POP3 和 IMAP 则用于接收邮件。

　　SMTP 配置：这部分配置涉及指定 SMTP 服务器的地址和端口号。通常，发送邮件的端口号是 465，但这可能因服务提供商而异。邮件的加密方式也需要设定，常见的加密方式包括 TLS 加密和 STARTTLS 加密。在配置发件人信息时，我们需要填写发件人邮箱和昵称，并提供密码或授权码以验证身份。

　　POP3/IMAP 配置：当设置邮箱以接收邮件时，需要指定 POP3 或 IMAP 服务器的地址和端口号。接收邮件的标准端口号是 110，但这也可能因服务提供商而异。类似于 SMTP 配置，邮件的加密方式也需要设置，常见的选择包括不加密和 TLS 加密。还需要提供收件人信息，包括邮箱地址和密码（或授权码）。此外，邮件授权码是邮箱服务提供商推出的一种用于第三方客户端登录的验证码，它类似于邮箱密码，但具有更高的安全性。

　　这些配置完成后，RPA 工具可以创建一个邮件服务对象，该对象将用于流程中的邮件发送和接收操作。例如，一个自动化流程可能包括从特定邮箱收集邮件、提取重要数据，并将这些数据汇总后通过 SMTP 发送报告。

图 5-14　"配置邮件"的参数

2)"发送邮件"与"收取邮件"

"发送邮件"指令的参数如图 5-15 所示,这个指令使我们能够利用已配置的邮件服务对象登录邮箱,并将邮件发送给指定的收件人。在这个过程中,我们需要填写收件人地址(可以是单个或多个,用分号分隔),并可以选择添加抄送人员。邮件的主题需要明确填写,因为它通常是接收者首先看到的信息。邮件内容可以选择为文本或 HTML 格式,这取决于我们希望发送的邮件类型。此外,还可以添加附件,例如报告文件或数据表。

在自动化任务中,这个指令可以用于将处理结果、通知或更新发送给相关人员。例如,在完成数据分析后,自动化系统可以发送包含结果摘要的邮件给团队成员。

图 5-15 "发送邮件"的参数

"收取邮件"指令的参数如图 5-16 所示,这个指令使我们能够根据特定条件(如主题、内容或接收时间)筛选并收取邮件。我们需要指定邮件的保存目录,以便收到的邮件可以被妥善存储和处理。通过设置检索条件,RPA 系统可以从大量邮件中筛选出符合特定标准的邮件,这对于定期接收的报表或特定类型的通知非常有用。

例如,一个公司可能每天都会收到包含销售数据的邮件,通过设置"收取邮件"指令可以自动化地收取这些邮件,确保数据及时被处理,并根据需要进一步分析或整合到报告中。

图 5-16 "收取邮件"的参数

3. 数据库

1）配置 MySQL 数据库

"配置 MySQL 数据库"指令的参数如图 5-17 所示。配置 MySQL 数据库的过程涉及设定数据库的连接信息，这包括指定数据库的地址、端口、用户名、密码和数据库名。我们需要先提供数据库的地址，这通常是"localhost"，但也可以是任何有效的服务器地址。接着需要设置数据库端口号，默认为 MySQL 的标准端口 3306。

用户名和密码是访问数据库的凭据，这些信息需要正确填写，以确保我们能够连接到数据库。通常，用户名默认为"root"，但在具体的业务场景中可能会有所不同。密码的设置也非常重要，因为它保证了数据库的安全性。在 RPA 工具中，密码可以设为可见或不可见，以提供额外的安全性。

此外，还需要指定要连接的数据库名。在实际应用中，这将是存储我们需要处理的数据的数据库。完成这些设置后，RPA 工具会创建一个数据库配置对象，这个对象将在后续的数据库操作中使用，如执行 SQL 查询或更新数据。

图 5-17 "配置 MySQL 数据库"的参数

2）执行 SQL 语句

"执行 SQL 语句"指令的参数如图 5-18 所示。在配置了数据库连接后，我们可以使用 RPA 工具执行 SQL 语句，这对于数据查询、数据更新、数据删除或创建新的数据库结构等操作至关重要。要执行 SQL 语句，首先需要编写一条或多条 SQL 命令，这些命令可以是数据查询语句（如 SELECT），也可以是数据操作语句（如 INSERT、UPDATE 或 DELETE）。

我们将这些 SQL 语句作为输入传递给 RPA 工具，同时也需要提供数据库配置对象，这确保了 RPA 工具可以正确地连接到目标数据库并执行这些语句。例如，在自动化报告生成的过程中，可能需要从数据库中查询特定的数据集，或者在自动化数据入库的过程中，可能需要将数据更新到数据库中。

执行 SQL 语句后，RPA 工具会返回查询结果。这些结果通常以数组或记录集的形式呈现，使我们能够在流程的后续步骤中进一步处理这些数据。例如，我们可以将查询结果用于生成报告，或者基于这些数据触发其他自动化流程。

图 5-18 "执行 SQL 语句"的参数

5.1.2 数据处理指令介绍

数据处理模块中包含了变量处理、字符串处理、日期时间、数组处理、对象处理等模块，接下来我们将介绍这些模块中常用指令的使用场景。

1. 变量处理

"变量赋值"指令的参数如图 5-19 所示，这是 RPA 脚本中的基础指令，它允许我们将一个特定的值存储在一个变量中。在实际应用中，这意味着我们可以创建变量来保存信息，如用户输入、计算结果或从外部数据源获取的数据。随后，这些变量可以在脚本的其他部分被引用或操作。

在进行变量赋值时，首先需要确定赋值的内容。这个值可以是任何数据类型，比如数值、文本、日期，也可以是更复杂的数据结构，如列表或字典。重要的是，赋予变量的值必须与其预定的数据类型相匹配。例如，对于一个存储年龄的整数型变量，我们不应该将文本字符串赋值给它。

接下来指定变量的名称，便于我们在脚本中引用这个变量。在 RPA 工具中，变量名称通常需要遵循特定的命名规则，如避免使用空格和特殊字符，并且要具有描述性，以便于理解和维护脚本。

例如，在自动化处理客户数据的场景中，我们可能需要创建一个变量来存储客户的姓名。在这种情况下，我们可以创建一个名为"customerName"的变量，并将相应的客户姓名赋值给它。随后，这个变量可以在向客户发送个性化的通信或在处理客户订单时作为引用对象。

图 5-19 "变量赋值"的参数

"字符串转整数"指令的参数如图 5-20 所示。在自动化过程中，经常需要将文本形式的数字（例如从文档或网页中提取的数据）转换为可以进行数学运算的整数形式。例如，当我们从电子表格中读取数据时，即使这些数据看起来像数字，它们也可能是以字符串的形式存在的。此时，将这些字符串转换为整数类型便成为必要，以便我们能够执行如加减乘除等数学运算。

在进行字符串转整数操作时，我们需要确保输入的字符串确实表示一个有效的数字。如果字符串中包含任何非数字字符（例如字母或特殊符号），转换可能会失败或产生错误。因此，在编写脚本时需要考虑到错误处理和数据验证的重要性。

图 5-20 "字符串转整数"的参数

"变量转字符串"指令的参数如图 5-21 所示。在 RPA 中，我们经常需要将各种类型的变量（如整数、日期或自定义对象）转换为字符串形式，比如生成报告、发送电子邮件通知或在用户界面上显示信息。例如，当我们想在一封电子邮件中包含一个日期或数字时，通常需要先将这个日期或数字转换为字符串格式。

通常，大多数数据类型都可以较为容易地转换为文本形式。不过，"变量转字符串"指令的关键在于保证转换后的字符串格式正确、易读，尤其是对于日期和时间这类格式多样的数据类型。

图 5-21 "变量转字符串"的参数

2. 字符串处理

"字符串去空格"指令的参数如图 5-22 所示。在处理文本数据时，我们经常会遇到需要清理字符串中多余空格的情况，例如，从网页或文档中提取的数据可能包含不必要的空格，这些空格可能会影响数据的进一步处理或展示，因而需要清理。在 RPA 中，通常有四种去空格的选项：所有空格，开始空格，末尾空格，开头和末尾。选择哪种方式取决于特定的处理需求。如果我们的目标是精简整个字符串以节省存储空间或进行格式化，可能需要选择去除所有空格。而在其他场景下，特别是在处理用户输入时，用户可能无意间在输入开始或结束时添加了空格，此时仅去除字符串开头或结尾的空格可能更适合。

图 5-22 "字符串去空格"的参数

"字符串分割"指令的参数如图 5-23 所示，这个指令在处理包含多个数据点的单个字符串时特别有用，如从日志文件、用户输入或任何其他文本源中提取信息。通过指定一个分隔符，我们可以将一个长字符串分割成多个较小的字符串，使数据更易于管理和分析。例如，在处理由逗号分隔的值（CSV）格式的数据时，可以使用逗号作为分隔符来分割数据。同样地，也可以用空格、制表符或其他任何字符作为分隔符。在某些场景中，可能还需要限制分割结果的数量，这时可以通过设置数组长度的属性来实现。

图 5-23 "字符串分割"的参数

"字符串内容替换"指令的参数如图 5-24 所示,这一指令允许我们在字符串中识别并替换特定的字符或子字符串。它在处理文本数据时非常有用,如格式化数据、清理提取的信息或在数据迁移过程中替换旧信息。在 RPA 中,字符串替换通常提供两种选择:替换第一个匹配的子串,全局替换。例如,如果我们需要在一个地址字符串中将所有的"Street"替换为"St.",那么可以选择全局替换;如果只想替换第一个出现的特定词汇或字符,则可选择替换第一个匹配项。正确地使用这一功能可以极大地提高数据处理的效率和准确性。

图 5-24 "字符串内容替换"的参数

"查找字符串"指令的参数如图 5-25 所示,这个指令使我们能够在一个较长的字符串中查找特定字符或子字符串的位置,这在需要分析或处理文本数据时非常有用。查找字符串的操作可以返回查找到的子字符串的起始位置,如果未找到,则返回 -1。此外,RPA 工具通常提供两种查找方式:普通文本查找和正则表达式查找。正则表达式查找的功能特别强大,它允许我们使用复杂的模式匹配规则来查找符合特定模式的字符串。例如，可以使用正则表达式来识别所有的电子邮件地址或电话号码格式的字符串。

图 5-25 "查找字符串"的参数

3. 日期时间

在许多自动化场景中，获取系统的当前日期和时间是一项基本但非常重要的功能，这可以用于记录事务发生的时间、生成时间戳或在后续进行与时间相关的计算。在 RPA 工具中，这个功能可以通过一个简单的指令实现，即"获取当前日期 & 时间"指令，该指令会捕获并返回系统的当前日期和时间，如图 5-26 所示。

图 5-26 "获取当前日期 & 时间"的参数

"日期计算"指令的参数如图 5-27 所示。在自动化流程中，经常需要对特定日期进行加减运算，以计算出未来或过去的某个日期。这在处理截止日期、计划安排或记录特定事件的日期时尤为常见。在 RPA 中，日期计算通常包括选择一个起始日期，然后指定要加或减的时间单位（年、月、日、小时、分钟或秒）。通过这种方式，我们可以灵活地计算出新的日期，并将其用于各种业务逻辑和决策过程。例如，我们可能需要计算从今天起 30 天后的日期，或者确定某个事件发生后的具体小时数。

图 5-27 "日期计算"的参数

"日期转换为字符串"是一个常见的指令，该指令在需要以特定格式展示或记录日期时很有用，其参数如图 5-28 所示。这种转换允许我们将日期时间对象转化为更易读、易于分享的字符串格式。在 RPA 中，这通常通过指定日期格式和时间格式来实现。例如，我们可能需要将日期格式转化为"yyyy-mm-dd"或"yyyy 年 mm 月 dd 日"这样的格式。这样的灵活性使得日期格式化可以适应各种不同的场景和需求。

图 5-28 "日期转换为字符串"的参数

"解析日期字符串"则是一个关键指令，其参数如图 5-29 所示。在处理用户输入、读取文件或解析来自外部源的数据时，我们经常需要将字符串格式的日期转换回日期对象。这种转换的过程通常涉及识别字符串中的日期模式，并将其转换为日期时间格式。例如，当我们从文本文件中读取日期，或者从用户输入中获取日期信息时，通常这些日期是以字符串形式存在的，我们需要将其解析为日期对象以进行进一步的处理，如计算日期差或进行日期加减运算。

图 5-29　"解析日期字符串"的参数

"获取日期属性"指令的参数如图 5-30 所示，通常指的是从一个日期时间对象中提取特定的信息，如年份、月份、日、星期、小时、分钟或秒。这种功能使我们能够更深入地分析和使用日期时间数据。

如果我们正在处理一个需要基于星期执行特定操作的自动化任务，可能需要知道当前日期是星期几。这可以通过一个简单的"获取日期属性"指令来实现，该指令将提取并返回日期时间对象中的"星期"属性。类似地，如果任务涉及按月份归档或分类数据，我们可以使用相应的指令来获取日期时间对象的"月份"属性。

图 5-30　"获取日期属性"的参数

4. 数组处理

"获取数组元素"指令的参数如图 5-31 所示。在自动化任务中，我们经常需要从数组中提取特定的元素，这通常通过指定该元素在数组中的下标（索引）来实现。数组中的元素是有序排列的，下标通常从 0 开始计数。通过获取特定下标的元素，我们可以进行一系列操作，如数据展示、计算或进一步的逻辑处理。

如果我们有一个存储客户信息的数组，可能需要获取第一个客户的信息。在这种情况下，可以进行获取数组元素的操作，并指定数组目标元素的下标为 0，以提取数组中的第一个元素。

图 5-31 "获取数组元素"的参数

"以指定类型获取数组元素"指令的参数如图 5-32 所示。在处理更复杂的数组时，如包含多种数据类型的数组，确定或断言元素的类型变得尤为重要，而"以指定类型获取数组元素"指令允许我们在提取数组元素之前确定其数据类型，以确保对这些元素进行正确的操作。

假设我们有一个包含不同对象的数组，每个对象都有其独特的属性和类型。在这种情况下，可能需要先确定或断言我们想要获取的元素的类型，然后才能正确地处理它。例如，我们想要获取数组中的第二个元素，并且知道该元素是一个对象，就可以将指定下标设置为 1 并断言其类型为对象。

图 5-32 "以指定类型获取数组元素"的参数

"查找数组元素下标"指令的参数如图 5-33 所示。在自动化流程中，我们可能会遇到需要根据数组中的特定元素来确定其位置的情况。这个过程涉及在数组中搜索一个特定的元素，并返回该元素在数组中的下标（位置）。如果数组中不存在该元素，通常会返回一个特定的值，如"-1"，表示元素在数组中未找到。

假设有一个包含多个员工姓名的数组，我们需要在该数组中找出特定员工"小明"的位置。在这种情况下，可以进行查找数组元素下标的操作，输入目标元素"小明"，并执行搜索。如果找到"小明"，则该操作将返回他在数组中的位置；如果没有找到，则返回"-1"。

这种查找操作对于处理基于条件的操作非常关键，如决定是否添加、删除或修改数组中的元素。掌握这种操作，在处理数组中的元素位置信息时可以更加灵活和高效。

图 5-33 "查找数组元素下标"的参数

"删除数组元素"指令的参数如图 5-34 所示。在自动化流程中，如果不再需要某个元素或进行数据清理，我们时常需要从数组中删除一个或多个元素。删除操作可以针对数组中的单个元素，也可以针对一系列连续的元素。需要注意的是，通常不能通过单一操作删除非连续的元素。

为了删除数组中的元素，我们首先需要确定从哪个元素开始删除（即删除起点下标），然后确定需要删除的元素个数。例如，如果我们想要从数组的第 3 个元素开始删除两个元素，那么可以设置"删除起点下标"为 2（因为数组下标通常从 0 开始计数），并将"删除元素个数"设置为 2。执行这个操作后，数组中第 3 和第 4 个元素将被删除。

图 5-34 "删除数组元素"的参数

"修改数组元素"指令的参数如图 5-35 所示，这个指令在数组数据更新或需要更改存储的信息时尤其有用。修改操作通常涉及指定要修改的元素的下标，以及更新的值。

例如，有一个存储员工姓名的数组，我们需要更新特定员工的姓名，那么就可以使用修改操作。我们需要知道员工姓名在数组中的位置（即下标），然后提供一个新的姓名值来替换旧值。这种方式可以确保数组中的数据保持最新且准确。

图 5-35　修改数组元素

当我们需要在数组的特定位置添加一个新元素时，就会用到"插入数组元素"指令，其参数如图 5-36 所示。这个指令允许我们在任何指定的位置添加新的元素，从而扩展或修改数组的内容。在操作过程中，我们需要指定两个关键参数：插入位置下标和待插入元素。插入位置下标决定了新元素将被放置在哪个现有元素之后，如果下标设置为 0，则新元素将被添加到数组的起始位置。

假设我们有一个产品 ID 的数组，需要在第 3 个产品 ID 之后添加一个新的 ID，由于数组元素的下标是从 0 开始计数的，因此我们设置"插入位置下标"为 2，并提供新的产品 ID 作为待插入元素。执行此操作后，新元素将被插入指定的位置。

图 5-36　插入数组元素

另一个常见的需求是在数组的末尾添加新元素，可以使用"数组末尾添加元素"指令，该指令的参数如图 5-37 所示。这通常用于逐渐构建数据集合，或在现有数据的基础上追加信息。与插入操作不同的是，这里我们不需要指定位置下标，因为新元素总是被添加到数组的末尾。

例如，我们正在维护一个客户名单数组，如果有新客户加入，我们可以使用此操作将新客户的名字添加到数组的末尾。

图 5-37 "数组末尾添加元素"的参数

了解数组的长度（即数组中元素的数量），是处理数组时的基础步骤。要想获取数组的长度，可以使用"获取数组长度"指令，该指令的参数如图 5-38 所示。该指令对于执行循环操作、条件判断或者数据分页等任务至关重要。在 RPA 中，获取数组长度的操作通常非常直接，只需要指定要测量长度的数组，然后执行相应的命令或函数，即可得到该数组包含的元素数量。

例如，我们正在处理一个包含订单详情的数组，需要将这些信息写入 Excel，首先要知道数组中有多少个元素，以决定需要写入 Excel 的行数。在这种情况下，"获取数组长度"指令就显得尤为重要。

图 5-38 "获取数组长度"的参数

在许多情况下，我们需要将数组中的元素进行排序，以便于分析、展示或进一步处理，此时可以用"数组排序"指令，该指令的参数如图 5-39 所示。排序可以基于数字顺序或字母顺序，且可以选择升序或降序。排序方法的选择依赖于具体的数据类型和需求。

在执行数组排序时，首先指定要排序的数组，然后选择合适的排序方法。例如，我们有一个产品价格的数组，希望将价格从低到高进行排序，可以选择"数字升序"作为排序方法。类似地，如果我们有一个包含客户姓名的数组，需要按字母顺序进行排序，可以选择"字母升序"或"字母降序"。

图 5-39 "数组排序"的参数

5. 对象处理

1)"获取对象元素"与"以指定类型获取对象元素"

在自动化任务中,经常需要从一个对象中提取特定的元素,这一操作涉及指定对象及我们想要获取的元素的键值。在 RPA 中,这通常通过指明操作对象和目标键值来实现,对应该操作的指令为"获取对象元素",该指令的参数如图 5-40 所示。例如,我们有一个包含员工信息的对象,需要获取特定员工的姓名,可以通过指定包含姓名的键值来提取这一信息。

在操作过程中,首先指定待操作的对象,然后提供我们想要提取的元素的键值。执行此操作后,与指定键值相关联的值将被提取并保存到变量中。

图 5-40 "获取对象元素"的参数

当处理包含多种类型元素的复杂对象时,确定或断言这些元素的类型就变得尤为重要,此时可以使用"以指定类型获取对象元素"指令,该指令的参数如图 5-41 所示。这个指令使我们能够在提取对象元素之前指定其数据类型,从而确保可以对这些元素进行正确的操作。

例如,有一个包含多个不同属性的对象,属性包括员工的姓名、年龄和工作职位。在这种情况下,我们需要先确定或断言我们想要获取的元素的类型,然后才能正确地处理它。假设我们想要获取员工的年龄,并且知道年龄是以数字形式存储的,就可以通过断言操作来指定我们期望提取的是一个数字类型的值。

图 5-41 "以指定类型获取对象元素"的参数

2)"判断键值是否存在"与"修改对象元素"

"判断键值是否存在"指令的参数如图 5-42 所示。在处理对象时，我们经常需要先确认对象中是否包含特定的键值，这个操作对于避免错误和确保数据的准确性非常重要。在 RPA 中，这通常通过指定操作对象和目标键值来实现。如果对象中包含该键值，操作将返回 true；如果不存在，将返回 false。

假设我们有一个包含员工详细信息的对象，需要确认其中是否包含员工的电子邮件地址。在这种情况下，我们可以通过判断键值是否存在并指定"电子邮件"作为目标键值，来确认员工信息中是否包含电子邮件地址。这种操作有助于后续步骤的进行，例如是否需要让员工提供电子邮件地址。

图 5-42 "判断键值是否存在"的参数

"修改对象元素"指令的参数如图 5-43 所示。在自动化流程中，经常需要更新或修改对象中的特定元素，这个操作涉及选择要修改的对象元素，并提供一个新值来替换旧值。在 RPA 中，这通常通过指定操作对象、目标键值和新的修改值来实现。

例如，我们正在维护一个包含客户信息的对象，并且客户的联系电话发生了变化，这时可以进行修改对象元素的操作。我们需要指定要修改的"操作对象"为客户对象，"目标键值"为电话，以及将新的电话号码作为"修改值"。执行此操作后，对象中相应的电话号码将被更新。

图 5-43　修改对象元素

5.2 【任务 5-2】上证指数监控及提醒机器人

任务描述

该任务开发一个"上证指数监控及提醒机器人"，用于实时监控上证指数，并在发生异常情况时通过邮件通知用户。该机器人将自动化执行相应的任务，如抓取上证指数信息，记录数据到数据库，以及在指定条件下发送邮件等。

任务分析

配置管理：使用 Excel 表格存储配置信息，如数据库配置、邮件发送配置等，以便在程序运行时读取。

基础流程框架：定义每个功能为独立的流程，提高程序的可读性和指令的复用性。

变量传参：理解变量的作用域，实现流程间的有效数据传递。

数据库配置：设置数据库以存储上证指数信息。

定时执行：通过循环和等待时间指令实现定时运行程序。

本节任务

任务一：配置文件设计与读取

设计一个 Excel 配置文件，存储必要的配置信息。

开发读取 Excel 配置文件的自动化流程，以初始化程序所需的配置。

任务二：上证指数信息抓取与处理

开发"抓取上证指数"子流程，从指定网站获取上证指数信息。

提取并处理上证指数相关数据，如涨跌幅、涨跌额等，并获取当前时间信息。

任务三：数据库记录与异常检测

实现"记录上证信息至数据库"子流程，将抓取的数据有效存储到数据库中。

设定异常检测机制，当上证指数低于预设阈值时触发邮件通知。

任务四：邮件通知配置与发送

设定"异常邮件发送"子流程，用于在检测到异常时发送通知邮件。

配置邮件发送相关参数，确保邮件能够在需要时成功发送给用户。

任务五：主流程控制与执行

在主流程中整合各子流程，确保整个监控系统的协调运行。

使用 While 循环实现定时监控，确保系统持续运行并定时检查上证指数。

5.2.1 设计 Excel 配置文件

在开发"上证指数监控及提醒"机器人前，需要用户填写一些配置信息，如接收异常提醒的邮箱、异常上证指数的数值、查询间隔时间等。由于配置信息非常多，每次运行程序前都要求用户填写一次信息会导致操作特别烦琐。所以本程序将配置信息都存储在 Excel 表格中，RPA 在运行时将配置信息读取出再使用即可。

由于程序需要连接数据库，所以 Excel 配置文件中需要存放数据库的相关信息（如数据库 IP、数据库用户名、数据库密码、数据库名称）。

程序每次运行后，需要等待一段时间再运行第二次，所以要填写一个查询时间间隔的配置。此外，需要设置一个异常数值，当上证指数的数值低于异常数值时，会发送邮件进行提醒。所以，还需要邮件和异常数值的相关配置（如异常数值、异常提醒邮箱、发件人邮箱用户名、发件人邮箱密码等）。

将需要的配置整理完成后可以得到一个 Excel 配置文件，如图 5-44 所示。

配置名称	配置值	配置说明
数据库IP	43.139.71.67	请填写数据库的IP地址（localhost为本机Ip地址）
user数据库用户名	RPA	请填写数据库的用户名
password数据库密码	123456	请填写数据库的密码
数据库名称	RPA	请填写数据库的名称
查询间隔时间	10	请填写一个整数，代表每间隔（分钟）查询一次上证指数
异常数值	2880.11	请填写一个数值，当上证指数小于填写数值时，会发送异常邮件至邮箱
异常提醒邮箱	4799376@qq.com	请填写一个邮箱，用于接收上证指数异常信息
发件人邮箱用户名	2066357704@qq.com	请填写发件人的邮箱用户名
发件人邮箱授权码/密码	egqsjcitnqbbfaif	请填写发件人的邮箱授权码或密码

图 5-44　Excel 配置文件

至此，Excel 配置文件就设计完成了，当 RPA 需要读取配置时，只需要从 Excel 表格中进行查找即可。（例如需要查询异常提醒邮箱信息，则查询第 2 列第 8 行即可读取到发件人邮箱。）

5.2.2 基础流程框架

流程是应用的组成单元，一个流程包含一系列顺序执行的指令。流程之间可以相互调用。在应用运行时，会从主流程开始执行，并顺序执行主流程中包含的指令和调用的子流程。主流程不可被删除。

在开发时，应该将每一个功能的实现都定义为一个流程，如抓取上证指数、记录上证信息至数据库、异常邮件发送等流程，如图5-45所示。在定义流程时，应该明确该流程的输入参数，以及运算完结果的传出参数。定义流程的好处有以下两点。

（1）提高程序的可读性：由于每个功能都由一个独立的流程来实现，当某个流程出现错误时，可以很快地定位到出错的流程，并且修改时也方便审阅程序指令。

（2）提高指令的复用性：由于每个功能都由一个独立的流程来实现，所以当需要某个功能时，只需要调用流程即可，无须重复编写指令。

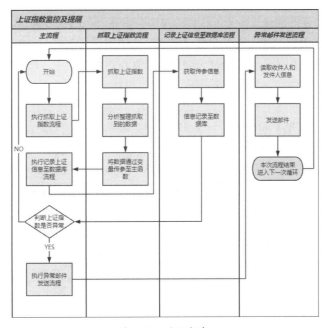

图 5-45 流程框架

图5-45是本项目的基础流程框架，我们在开发时只需将每个功能独立开发出来，最后再由主流程控制其他子流程的调用，即可将各个功能拼接起来，形成一个项目。

5.2.3 变量传参介绍

1. 变量的作用域

在了解变量传参前，先了解一下变量的作用域。变量的作用域是指一个变量的可用范围，如全局变量的可被使用范围是整个应用，而在循环中插入的变量，可被使用的范围仅是当前循环。在变量作用域之外，变量会被回收。

举个例子，我们使用"逻辑组件"→"条件判断"→"If条件判断"指令来判断1等于1是否正确，如果正确就给变量"测试"赋值为"判断正确"；如果不正确则给变量"测试"赋值为"判断错误"。最后打印出变量"测试",观察变量"测试"的值是什么。流程如图 5-46 所示。

图 5-46 变量测试

可以发现,"输出到控制台与日志"变量的左边会出现红色的叹号警告。这是由于变量"测试"是在"条件判断"指令中创建的,所以变量"测试"的作用域只存在于"条件判断"指令中(变量在哪里创建的,作用域就在哪里),变量"测试"只有在条件判断中才可以使用。当"条件判断"指令运行结束后,变量"测试"也随即被回收,导致"打印日志"指令无法找到被回收的"测试"变量,最终导致报错。

要解决这个报错,首先要单击"if 条件判断"→"如果"→"变量赋值"指令。在设计器操作界面的左侧找到 if 条件判断模块,依次选择"如果"→"测试"变量,右击"测试"变量后,在弹出快捷菜单中选择"更改作用域",并将其作用域设置为 flow1,如图 5-47 所示。这样,整个流程中都可以访问和使用"测试"变量,确保其范围涵盖整个流程,从而解决报错问题。

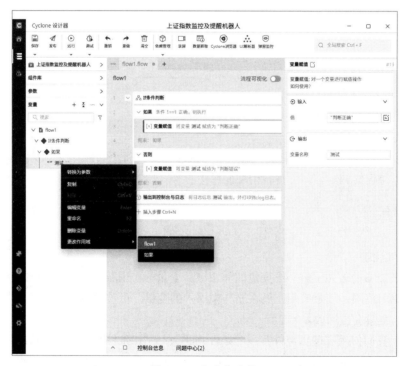

图 5-47 更改作用域

虽然报错的问题解决了，但是读者可能会产生一个疑问：既然变量的作用域与在什么位置创建有关，而且在一个流程中创建的变量作用域仅在于流程本身，那么在流程与其他流程之间如何进行传参呢？

下面就开始讲解流程与流程之间是如何传参的。

2. 流程与流程间的变量传参

首先，我们在 RPA 设计器中创建两个流程："变量作用域演示"和"打印日志"，分别如图 5-48 和图 5-49 所示。

图 5-48　变量作用域演示流程

图 5-49　打印日志流程

当我们执行"变量作用域演示"流程时，预期是成功打印出"你好！世界"，结果运行时出现编译错误，如图 5-50 所示。

图 5-50　编译错误

这是由于我们定义的变量"需要打印的内容"的作用域在"变量作用域演示"流程中，而"打印日志"流程无法找到"需要打印的内容"这个变量。这个时候我们应该如何将"需要打印的内容"变量传参至"打印日志"流程中呢？

首先，在"打印日志"流程中新建一个输入参数，如图 5-51 所示。

图 5-51　新建输入参数

接着回到"变量作用域演示"流程中，修改"执行流程"的参数，如图 5-52 所示，即可正常地将参数传至"打印日志"流程的"需要打印的内容"变量中。

图 5-52　变量作用域演示

5.2.4　数据库配置

在通过 RPA 连接数据库之前，还需要新建一个数据库，需要新建数据库的信息如下。

（1）首先，创建一个名为 RPA 的数据库。

（2）在数据库 RPA 中，创建一个名为 data 的数据表，数据表中的字段有四个，分别是 shangzhengzhishu（上证指数）、zhangdiefu（涨跌幅）、zhangdiee（涨跌额）、time（记录时间），类型分别是 double、double、double、datetime。

（3）数据库配置成功后需要通过 RPA 连接数据库进行测试。

使用"应用自动化"→"数据库"→"SQL 数据库"→"配置 MySQL 数据库"指令进行数据库的连接，如图 5-53 所示。

图 5-53　连接数据库进行测试

5.2.5　读取参数定时运行程序

在了解了理论知识后，下面正式进入实战开发，开发过程会严格按照图 5-45 所示的基础流程框架图进行。

首先，在设计器中创建一个"上证指数监控及提醒机器人"流程。

步骤1　打开 Excel 配置文件

在程序执行过程中，配置文件中的信息经常是必不可少的。为了便于程序的后续操作，我们应当在程序开始时先读取这些信息并将其存入变量。这样做可以确保程序在执行各项任务时能够高效地访问和使用这些配置信息。

① 在 Cyclone 设计器的操作界面中，单击"插入步骤"按钮，如图 5-54 所示。

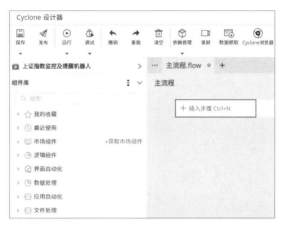

图 5-54　单击"插入步骤"按钮

② 单击"插入步骤"按钮后，会弹出指令库。我们需要在弹出的指令库中选择"应用自动化"→"Excel"→"Excel 应用"→"表格操作"→"打开 Excel 工作簿"指令，如图 5-55 所示。

图 5-55　选择"打开 Excel 工作簿"指令

▶步骤2　设置"打开 Excel 工作簿"参数

在 Cyclone 设计器操作界面右侧的参数栏中，填写"打开 Excel 工作簿"的参数，如图 5-56 所示。

图 5-56　"打开 Excel 工作簿"的参数

"打开 Excel 工作簿"指令的配置项说明如下。
- 文件路径：这里输入变量或字符串，并确保填写的值是 Excel 文件的完整路径。
- 文件不存在时：这里默认为"自动创建"。
- 文件密码：如果 Excel 文件设置了密码，此处需填写相应密码，这里默认不填。
- 打开方式：默认为"自动检测"，但也可以根据需要选择特定的打开方式。
- 是否可见：规定 Excel 操作是否可见，这里选择"否"。
- Excel 文件：输入一个变量名，用来保存已打开的 Excel 文件对象，之后使用 Excel 操作组件时可以使用该变量名引用这个 Excel 对象。这里可以将信息存入"配置文件"变量。

▶步骤3　使用"读取单元格数据"指令读取配置信息

打开 Excel 配置文件后，还需要使用指令来读取其中的配置信息。

① 在 Cyclone 设计器的主流程中，单击"插入步骤"按钮。

② 单击"插入步骤"按钮后，会弹出指令库。我们需要在弹出的指令库中选择"应用自动化"→"Excel"→"Excel 应用"→"表格读写"→"读取单元格数据"指令，如图 5-57 所示。

图 5-57 选择"读取单元格数据"指令

> 步骤 4 设置"读取单元格数据"参数

在 Cyclone 设计器操作界面右侧的参数栏中,填写"读取单元格数据"的参数,如图 5-58 所示。

图 5-58 "读取单元格数据参数"的参数

"读取单元格数据"指令的配置项说明如下。

- Excel 文件对象：这里填写之前通过"打开 Excel 工作簿"指令创建的变量名，该变量代表当前操作的 Excel 文件对象。在该项目中，应该填写"配置文件"变量。
- 选择名称/序号：指定要操作的工作表，可以选择是通过名称还是通过序号来指定工作表。在该项目中，应选择"工作表名称"，确保填写的名称与 Excel 文件中的工作表名称完全一致。
- 工作表名称/序号：此项用于指定具体的工作表。在该项目中，应填写"Sheet1"作为工作表名称，确保与 Excel 配置文件中的实际工作表名称相匹配。"Sheet1"通常是 Excel 文件中默认的工作表名称，因此在不进行重命名的情况下，填写"Sheet1"可以确保 RPA 正确识别并操作该工作表。如果文件中使用了自定义的工作表名称，则需要根据实际名称进行填写。
- 单元格位置：指定要读取数据的单元格位置，可以选择按单元格名或按行列来定位。在该项目中，应选择"按单元格名"，并填写具体的单元格位置，比如"B2"，如图 5-59 所示，来准确定位需要读取数据的单元格。
- 读取选项：选择读取数据的类型，可以选择显示值、真实值或公式。在该项目中，应选择"真实值"，以确保读取到单元格中存储的原始数据。
- 读取结果：此项用于设置一个变量来存储读取的数据，这个变量在后续流程中用于访问和操作读取的数据。在该项目中，正在读取的 B2 单元格是数据库的 IP 地址，应该创建或指定一个变量（如"数据库 IP"）来存储读取结果。

配置名称	配置值		配置说明
数据库IP	43.139.71.67	B2	请填写数据库的IP地址（localhost为本机Ip地址）
user数据库用户名	RPA	B3	请填写数据库的用户名
password数据库密码	123456	B4	请填写数据库的密码
数据库名称	RPA	B5	请填写数据库的名称
查询间隔时间	10	B6	请填写一个整数，代表每间隔（分钟）查询一次上证指数
异常数值	2880.11	B7	请填写一个数值，当上证指数小于填写数值时，会发送异常邮件至邮箱
异常提醒邮箱	4799376@qq.com	B8	请填写一个邮箱，用于接收上证指数异常信息
发件人邮箱用户名	2066357704@qq.com	B9	请填写发件人的邮箱用户名
发件人邮箱授权码/密码	egqsjcitnqbbfaif	B10	请填写发件人的邮箱授权码或密码

图 5-59　配置表格

▶步骤5　重复步骤3和步骤4，读取所有配置参数

现在我们需要把表格中所有的配置信息都读取出来，如图 5-60 所示。

读取单元格数据 读取Excel文件对象 配置文件 中 工作表名称 为 "Sheet1" 的特定单元格的 真实值，保存结果到 数据库IP
读取单元格数据 读取Excel文件对象 配置文件 中 工作表名称 为 "Sheet1" 的特定单元格的 真实值，保存结果到 数据库用户名
读取单元格数据 读取Excel文件对象 配置文件 中 工作表名称 为 "Sheet1" 的特定单元格的 真实值，保存结果到 数据库密码
读取单元格数据 读取Excel文件对象 配置文件 中 工作表名称 为 "Sheet1" 的特定单元格的 真实值，保存结果到 数据库名称
读取单元格数据 读取Excel文件对象 配置文件 中 工作表名称 为 "Sheet1" 的特定单元格的 真实值，保存结果到 查询间隔时间
读取单元格数据 读取Excel文件对象 配置文件 中 工作表名称 为 "Sheet1" 的特定单元格的 真实值，保存结果到 异常数值
读取单元格数据 读取Excel文件对象 配置文件 中 工作表名称 为 "Sheet1" 的特定单元格的 真实值，保存结果到 异常提醒邮箱
读取单元格数据 读取Excel文件对象 配置文件 中 工作表名称 为 "Sheet1" 的特定单元格的 真实值，保存结果到 发件人邮箱用户名
读取单元格数据 读取Excel文件对象 配置文件 中 工作表名称 为 "Sheet1" 的特定单元格的 真实值，保存结果到 发件人邮箱授权码或密码

图 5-60　读取所有配置信息

◎ 步骤6 使用 While 实现死循环

在主流程中获取到查询间隔时间等参数之后,如何让程序每间隔一段时间就执行一次呢?

我们可以通过循环来实现程序每间隔一段时间就执行一次,当执行完程序之后,使用"等待时间"指令来设置间隔的时间,如图 5-61 所示。

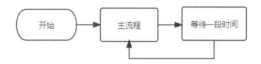

图 5-61 间隔执行程序

① 在 Cyclone 设计器的主流程中,单击"插入步骤"按钮。

② 单击"插入步骤"按钮后,会弹出指令库。我们需要在弹出的指令库中选择"逻辑组件"→"循环"→"While 条件循环"指令,如图 5-62 所示。

图 5-62 选择"While 条件循环"指令

◎ 步骤7 设置"While 条件循环"参数

在 Cyclone 设计器操作界面右侧的参数栏中,填写"While 条件循环"的参数,如图 5-63 所示。

图 5-63 "While 条件循环"的参数

"While 条件循环"指令的配置项说明如下。

- 条件：此配置项用于定义循环的继续条件。当该条件为真（true）时，循环将继续执行；当该条件为假（false）时，循环将停止。在"上证指数监控及提醒机器人"项目中，我们希望程序能持续运行，因此应该填写"true"，这将创建一个无限循环，直到程序被外部条件或用户干预终止。

▷步骤8　使用"等待时间"指令，使程序每隔一段时间运行一次

要想让程序按固定的时间间隔循环运行，需要在无限循环结构中嵌入"等待时间"指令。这样，程序在每次执行完一轮任务后会暂停一定时间，然后再次执行，从而实现定期执行的效果。这种方法能够有效地控制程序的运行频率，确保任务按预定时间间隔稳定执行。

① 在 Cyclone 设计器的主流程中，在"While 条件循环"的空白处双击，进入"While 条件循环"内部，如图 5-64 所示。

图 5-64　双击进入"While 条件循环"内部

② 在 Cyclone 设计器的"While 条件循环"内部，单击"插入步骤"按钮。

③ 单击"插入步骤"按钮后，会弹出指令库。我们需要在弹出的指令库中选择"系统功能"→"常用系统功能"→"等待时间"指令，如图 5-65 所示。

图 5-65　选择"等待时间"指令

▷步骤9　设置"等待时间"参数

在 Cyclone 设计器操作界面右侧的参数栏中，填写"等待时间"的参数，如图 5-66 所示。

图 5-66 "等待时间"的参数

"等待时间"指令的配置项说明如下。

- 等待时间：此配置项用于设置程序在每次循环执行完毕后的等待时长，以毫秒为单位。需要按照设定的查询间隔时间来暂停程序的运行。为了实现这一点，我们使用"cyclone.var_op.stringToNumber(查询间隔时间)*60*1000"的表达式。其中 cyclone.var_op.stringToNumber 是 RPA 中的一个功能，它将字符串格式的数值转换为数字格式。在该项目中，它用于将存储在配置文件中的"查询间隔时间"（假定是以分钟为单位的字符串）转换为数字。然后，将这个数字乘以 60（将分钟转换为秒），再乘以 1000（将秒转换为毫秒），从而得到等待时间的总毫秒数。例如，如果配置文件中设定的"查询间隔时间"为 2 分钟，则"cyclone.var_op.stringToNumber(查询间隔时间)*60*1000"计算出的结果将是 120000 毫秒。

5.2.6 抓取上证指数信息

在主流程的部分内容编写完成之后，我们来开发专门用于获取上证指数信息的子流程。这个子流程的核心任务是准确地抓取上证指数的数据，并将这些数据信息有效地传递回主流程，以便进行进一步的处理和分析。这个子流程是整个自动化过程中的关键环节，确保了数据的及时和准确获取，为后续的数据处理和决策支持提供了基础。

步骤 1　新建"抓取上证指数"流程

① 在 Cyclone 设计器操作界面中单击"新增子流程"按钮，如图 5-67 所示。

图 5-67　单击"新增子流程"按钮

② 在弹出的对话框中填写新建流程信息，更改新流程名称为"抓取上证指数"并单击"确认"按钮，如图 5-68 所示。

图 5-68　新建流程

▷ **步骤 2**　**新增输出参数**

由于本流程的目的是抓取上证指数信息并将其传递给主流程以供后续操作使用，因此创建合适的输出参数至关重要。这样做不仅确保了数据的准确传递，而且提高了流程之间的数据交互效率。输出参数将充当数据传输的桥梁，确保主流程能够接收并利用从"抓取上证指数"流程中得到的数据。

① 在 Cyclone 设计器操作界面的左侧单击"参数"按钮，如图 5-69 所示。

图 5-69　单击"参数"按钮

② 接下来需要定义输出参数。先在栏目中单击"输出参数"，然后连续单击 4 次"新增"按钮 ⊞，以创建 4 个不同的输出参数，并将新增的参数分别命名为"上证指数"、"涨跌幅"、"涨跌额"和"当前时间"。这样的命名方式清晰地反映了每个参数的具体用途和内容，有助于在后续的流程中准确地识别和使用这些数据，如图 5-70 所示。

图 5-70　新增输出参数

◎ **步骤3** 通过 RPA 打开上证指数网站

为了抓取上证指数，我们需要先打开百度股市通网站。

① 在 Cyclone 设计器操作界面中的"抓取上证指数"流程中单击"插入步骤"按钮。

② 单击"插入步骤"按钮后，会弹出指令库。我们需要在弹出的指令库中选择"界面自动化"→"应用和浏览器"→"打开浏览器"指令，如图 5-71 所示。

图 5-71 选择"打开浏览器"指令

◎ **步骤4** 设置"打开浏览器"参数

在 Cyclone 设计器操作界面右侧的参数栏中，填写"打开浏览器"的参数，如图 5-72 所示。

图 5-72 "打开浏览器"的参数

"打开浏览器"指令的配置项说明如下。
- 浏览器类型：选择需要打开浏览器的应用，如谷歌、360、Cyclone 自带浏览器。此处选择 Chrome（谷歌浏览器）。
- 网页路径：填写需要打开网页的路径，此处填写的是百度股市通的网址

◎ 步骤5 获取网页中的上证指数信息

成功启动浏览器后，接下来利用"获取文本"指令来提取上证指数信息。这是一个关键步骤，它涉及定位并读取网页上的具体数据。

① 在 Cyclone 设计器操作界面中的"抓取上证指数"流程中单击"插入步骤"按钮。

② 单击"插入步骤"按钮后，会弹出指令库。我们需要在弹出的指令库中选择"界面自动化"→"文本"→"获取文本"指令，如图5-73所示。

图5-73 选择"获取文本"指令

◎ 步骤6 设置"获取文本"参数

① 在 Cyclone 设计器操作界面右侧的参数栏中，填写"获取文本"的参数，填写完毕后单击"选择目标"按钮⊕，如图5-74所示。

图5-74 填写"获取文本"的参数

"获取文本"指令的配置项说明如下。
- 目标元素：这个配置项用于指定要从中获取文本的元素。在该项目中，需要选择浏览器页面上显示上证指数的具体元素。这通常通过捕获模式完成，确保目标元素精确对应网页上的上证指数显示区域。
- 元素变量：这个配置项用于存储捕获到的目标元素。在该项目中，如果不需要对捕获的元素进行后续操作，此项可以留空。它的主要作用是允许用户在后续步骤中重新引用该元素，而如果只是单次读取文本，通常不需要设置。
- 文本：这是一个输出配置项，用于存储从目标元素中识别出的文本内容。在该项目中，应该填写一个变量，如"上证指数"，该变量将用于存储从页面上捕获到的上证指数数值。这样设置后，可以在流程的后续步骤中使用这个变量来访问和处理上证指数数据。

② 进入常规捕获模式后，将鼠标移动到浏览器中上证指数的上方，等待上证指数出现红色的方框，同时按住"Ctrl"键并单击进行选择，如图 5-75 所示。

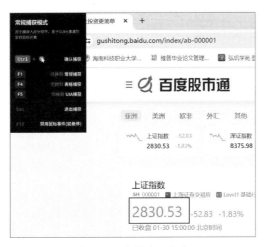

图 5-75　选择上证指数

▶步骤 7　重复步骤 5 和步骤 6 抓取涨跌幅和涨跌额数据

重复步骤 5 和步骤 6，抓取涨跌幅和涨跌额的数据并存储在相应的变量中，如图 5-76 所示。

图 5-76　抓取数据

注意，抓取到的数据最好使用"字符串去除空格"指令去掉多余空格，避免程序出现异常。

▶ **步骤 8** 获取当前时间存储至变量

获取完网页的信息后，还需要获取当前的时间并记录至数据库中。

① 在 Cyclone 设计器操作界面中的"抓取上证指数"流程中单击"插入步骤"按钮。

② 单击"插入步骤"按钮后，会弹出指令库。我们需要在弹出的指令库中选择"数据处理"→"日期时间"→"获取当前日期 & 时间"指令，如图 5-77 所示。

图 5-77　选择"获取当前日期 & 时间"指令

▶ **步骤 9** 设置"获取当前日期 & 时间"参数

在 Cyclone 设计器操作界面右侧的参数栏中，填写"获取当前日期 & 时间"的参数，如图 5-78 所示。

图 5-78　"获取当前日期 & 时间"的参数

"获取当前日期 & 时间"指令配置项说明如下。

● 当前日期时间：此配置项用于存储获取到的当前日期和时间。在这个案例中，我们需要指定一个变量来保存这个值，例如"当前时间对象"。这个变量将在流程的后续步骤中用于记录或处理当前的日期和时间信息。

> **步骤 10**　将"当前时间对象"变量转换为字符串

由于数据库无法直接存储对象形式的时间数据，所以需要将"当前时间对象"变量转换为字符串格式后再进行存储。这一步骤确保了时间数据以适合数据库存储和查询的格式被准确记录。

① 在 Cyclone 设计器操作界面中的"抓取上证指数"流程中单击"插入步骤"按钮。

② 单击"插入步骤"按钮后，会弹出指令库。我们需要在弹出的指令库中选择"数据处理"→"日期时间"→"日期转换为字符串"指令，如图 5-79 所示。

图 5-79　选择"日期转换为字符串"指令

> **步骤 11**　设置"日期转换为字符串"参数

在 Cyclone 设计器操作界面右侧的参数栏中，填写"日期转换为字符串"的参数，如图 5-80 所示。

图 5-80　"日期转换为字符串"的参数

"日期转换为字符串"指令的配置项说明如下。

- 日期时间对象：此输入项用于指定待转换的日期时间对象。在该项目中，需要填写之前获取并保存的"当前时间对象"变量。这个变量包含了从系统获取的当前日期和时间信息，存储在 cyclone.DateTime 中。
- 输出字符串格式：在该项目中，应选择一个日期和时间的格式化类型，以便将日期时间对象转换成易于阅读和数据库兼容的字符串格式。建议选择"YYYY/MM/DD HH:mm:ss"格式，因为这种格式被广泛接受且易于理解，同时也方便在数据库中作为时间戳进行存储和查询。
- 转换结果：此项为输出参数，用于存储转换后的日期时间字符串。在该项目中，应指定一个输出变量，如"当前时间"，来保存格式化后的日期时间字符串。这个字符串将被用于后续步骤，比如存储到数据库中记录操作时间等。

5.2.7 记录上证指数信息到数据库

成功抓取上证指数信息之后，接下来就要将这些信息存储到数据库中。这一操作不仅便于客户直观地查看和监控数据，而且为进一步的数据分析提供了基础。有效的数据存储确保了数据的可访问性和完整性，是为客户提供高质量服务的重要环节。

▷步骤1 新建"记录上证信息至数据库"流程

① 在 Cyclone 设计器操作界面中单击"新增子流程"按钮 ，如图 5-81 所示。

图 5-81 单击"新增子流程"按钮

② 在弹出的对话框中填写新建流程信息，更改新流程名称为"记录上证信息至数据库"，并单击"确认"按钮，如图 5-82 所示。

图 5-82　新建流程

> **步骤 2** 新增输入参数

由于本流程的核心目标是将"抓取上证指数"流程中获取的数据存入数据库，因此本流程的重点是定义输入参数。这些输入参数将使用"抓取上证指数"流程中的输出参数作为数据来源，从而实现数据的有效传递和存储。这种方法确保了数据在各个流程之间的流畅转移，也便于在数据库中对其进行组织和分析。

① 在 Cyclone 设计器的操作界面中单击"参数"按钮，如图 5-83 所示。

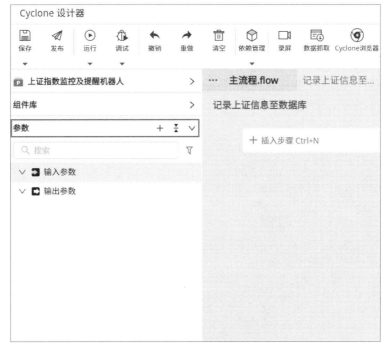

图 5-83　单击"参数"按钮

② 定义输入参数。先在界面上单击"输入参数"，然后连续单击 8 次"新增"按钮⊞，以创建 8 个不同的输入参数，并将新增的参数分别命名为"数据库 IP"、"数据库名称"、"数据库用户名"、"数据库密码"、"上证指数"、"涨跌幅"、"涨跌额"、和"数据获取时间"。这样的命名方式清晰地反映了每个参数的具体用途和内容，有助于在后续的流程中准确地识别和使用它们，如图 5-84 所示。

图 5-84　新增输入参数

>步骤3　通过 RPA 连接数据库

在执行 SQL 语句以写入数据之前,首先要通过使用"配置 MySQL 数据库"指令来建立数据库连接。确保数据库连接正确建立后,才可以继续进行数据的写入操作。

① 首先,在 Cyclone 设计器操作界面中的"记录上证信息至数据库"流程中单击"插入步骤"按钮。

② 单击"插入步骤"按钮后,会弹出指令库。我们需要在弹出的指令库中选择"应用自动化"→"数据库"→"SQL 数据库"→"配置 MySQL 数据库"指令,如图 5-85 所示。

图 5-85　选择"配置 MySQL 数据库"指令

>步骤4　设置"配置 MySQL 数据库"参数

在 Cyclone 设计器操作界面右侧的参数栏中,填写"配置 MySQL 数据库"的参数,如图 5-86 所示。

图 5-86 "配置 MySQL 数据库"的参数

"配置 MySQL 数据库"指令的配置项说明如下。
- 数据库地址：此项需要填入数据库服务器的 IP 地址或主机名。在该项目中，应填入"数据库 IP"变量，该变量包含 MySQL 数据库所在服务器的 IP 地址。
- 数据库端口：数据库监听的端口号，对于 MySQL，默认端口号是 3306。在该项目中，应直接填写 3306，除非你的数据库配置使用了非默认端口。
- 用户名：用于数据库登录的用户名。在该项目中，应填入"数据库用户名"变量，该变量存储了具有访问数据库权限的用户名。
- 密码：用于数据库登录的密码。由于密码的敏感性，推荐使用加密处理。在该项目中，应使用 cyclone.var_op.stringToPassword(数据库密码,"aes-128-cbc") 来转换"数据库密码"变量，这里的"数据库密码"是存储密码的变量，而 stringToPassword 和 aes-128-cbc 是用于加密处理的方法和参数。
- 数据库名：要连接的数据库名称。在该项目中，应填入"数据库名称"变量，该变量包含了要操作的 MySQL 数据库的名称。
- 数据库配置对象：此项是配置过程的输出，它保存了数据库连接的配置信息。在该项目中，应指定一个新的变量，如"数据库对象"，来存储配置信息，该变量随后可用于执行 SQL 查询或更新操作。

▶ 步骤 5 定义 SQL 插入语句

在 MySQL 数据库中是使用 insert 语句进行插入操作的，所以插入数据库使用的 SQL 语句为：

    INSERT INTO '此处填入数据库名称'.'data' ('shangzhengzhishu', 'zhangdiefu', 'zhangdiee', 'time') VALUES ['此处填入上证指数','此处填入涨跌幅（不要 %）','此处填入涨跌额','此处填入时间'];

我们使用一个变量赋值，将这段 SQL 语句储存至变量中，如图 5-87 所示。

图 5-87　SQL 语句

步骤 6　使用"字符串内容替换"指令修改 SQL 语句

由于 SQL 语句中的数据并不是正确的，所以我们需要修改 SQL 语句中对应的部分来得到正确的 SQL 语句。

① 在 Cyclone 设计器操作界面中的"记录上证信息至数据库"流程中单击"插入步骤"按钮。

② 单击"插入步骤"按钮后，会弹出指令库。我们需要在弹出的指令库中选择"数据处理"→"字符串处理"→"字符串内容替换"指令，如图 5-88 所示。

图 5-88　选择"字符串内容替换"指令

◎ **步骤 7** 设置"字符串内容替换"参数

在 Cyclone 设计器操作界面右侧的参数栏中,填写"字符串内容替换"的参数,如图 5-89 所示。

图 5-89 "字符串内容替换"的参数

"字符串内容替换"指令的配置项说明如下。

- 待修改字符串:此项应填入含有占位符的原始 SQL 语句的变量名,例如"SQL 语句"。在该项目中,该变量包含一个初步的插入语句,需要替换其中的占位符以反映实际要插入的数据。
- 查找方式:在该项目中,应选择"文本"作为查找方式,因为我们将根据特定的文本占位符来查找并替换语句中的部分。
- 查找的文本:此项应填入我们想要在 SQL 语句中查找并替换的具体文本。例如,如果原始 SQL 语句中有一个占位符"此处填入数据库名称",则这里应填写该准确文本,以便将其替换为实际的数据库名称。
- 只替换第一个:此选项通常用于指定是否只替换找到的第一个匹配项。在该项目中,根据需要选择是否开启。如果只有一个占位符需要替换则开启,如果每个占位符都需要分别替换为不同的值则关闭。
- 忽略字母大小写:此选项决定查找时是否考虑字母的大小写。在大多数情况下,SQL 语句的关键字和变量名对大小写不敏感,但替换文本时应确保与原始 SQL 语句中的文本完全匹配,因此该项目中默认不开启。
- 替换为:此处应填入替换文本的具体值或变量名。对于"此处填入数据库名称"的占位符,应替换为实际数据库名称的变量,例如"数据库名称"。
- 结果保存至:替换操作完成后,修改后的 SQL 语句需要保存至一个变量中以便后续使用。

在在该项目中，可以继续使用"SQL 语句"变量来保存更新后的语句。

▶步骤8 重复步骤6和步骤7将其他占位符进行替换

重复步骤6和步骤7，将 SQL 语句中的"此处填入上证指数"、"此处填入涨跌幅（不要%）"、"此处填入涨跌额"和"此处填入时间"占位符替换为正确的数值，如图 5-90 所示。

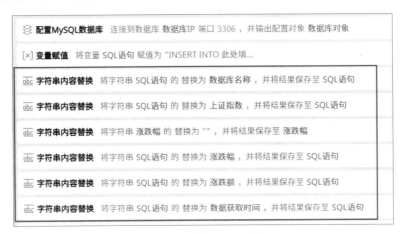

图 5-90 替换 SQL 语句

值得注意的是，还需要把"涨跌幅"变量中的 % 给替换掉，如图 5-91 所示，否则写入数据库的时候会报错。

图 5-91 将涨跌幅中的 % 删除

▶步骤9 执行 SQL 语句

① 在 Cyclone 设计器操作界面中的"记录上证信息至数据库"流程中单击"插入步骤"按钮。

② 单击"插入步骤"按钮后，会弹出指令库。我们需要在弹出的指令库中选择"应用自动化"→

"数据库"→"SQL 数据库"→"执行 SQL 语句"指令，如图 5-92 所示。

图 5-92 选择"执行 SQL 语句"指令

⊙ 步骤 10 设置"执行 SQL 语句"参数

在 Cyclone 设计器操作界面右侧的参数栏中，填写"执行 SQL 语句"的参数，如图 5-93 所示。

图 5-93 "执行 SQL 语句"的参数

"执行SQL语句"指令的配置项说明如下。
- SQL语句：此配置项用于输入需要执行的SQL命令。在该项目中，应填写之前经过所有替换操作后的"SQL语句"变量。这个变量包含了完整的INSERT语句，准确地反映了要插入数据库的上证指数数据。由于此处需要输入的是一个数组，所以需加上中括号，即[SQL语句]。
- 数据库配置对象：此项要求提供数据库连接的配置信息，以确保RPA能够成功连接到指定的数据库并执行SQL语句。在该项目中，应填写之前创建并配置好的"数据库对象"变量。这个变量包含了数据库的地址、端口、用户名、密码及数据库名等信息，是执行SQL语句前建立数据库连接的关键。
- 查询结果：通常用于存储查询操作的返回结果。在该项目中，可以指定一个变量，如"结果"，用于接收操作的反馈。对于INSERT操作来说，这个变量可能不会包含实质内容。其主要目的是捕获。

5.2.8 邮箱配置与邮件发送

在监控过程中若检测到异常情况，系统将自动通过电子邮件通知用户，以便用户及时采取相应措施。这一步骤不仅增强了监控的实时性，而且提高了响应效率，确保用户能够在第一时间内获得重要的系统状态更新。

步骤1　新建"异常邮件发送"流程

① 在Cyclone设计器操作界面中单击"新增子流程"按钮，如图5-94所示。

图5-94　单击"新增子流程"按钮

② 在打开的对话框中填写新建流程信息，更改新流程名称为"异常邮件发送"，并单击"确认"按钮，如图 5-95 所示。

图 5-95　新建流程

> 步骤 2　新增输入参数

由于本流程的核心目标是给用户发送提醒邮件，因此要定义输入参数，这些输入参数将使用 Excel 配置文件中的信息作为数据来源。

① 在 Cyclone 设计器的操作界面中单击"参数"按钮，如图 5-96 所示。

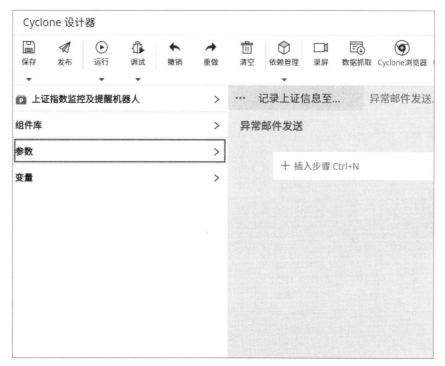

图 5-96　单击"参数"按钮

② 在打开的界面上单击"输入参数"，然后连续单击 3 次"新增"按钮⊞，以创建 3 个不同的输入参数，并将新增的参数命名为"发件人邮箱用户名"、"发件人邮箱授权码或密码"和"异常提醒邮箱"。这样的命名方式清晰地反映了每个参数的具体用途和内容，有助于在后续的流程中准确地识别和使用它们，如图 5-97 所示。

图 5-97　新建输入参数

▶ **步骤 3**　通过 RPA 配置邮件

在发送邮件以提醒用户之前，首先要通过使用"配置邮件"指令来建立邮箱连接。

① 在 Cyclone 设计器操作界面的"异常邮件发送"流程中单击"插入步骤"按钮。

② 在弹出的指令库中选择"应用自动化"→"邮件"→"配置邮件"指令，如图 5-98 所示。

图 5-98　选择"配置邮件"指令

⊙步骤4 设置"配置邮件"参数

在 Cyclone 设计器操作界面右侧的参数栏中，填写"配置邮件"的参数，如图 5-99 所示。

图 5-99 "配置邮件"的参数

"配置邮件"指令的配置项说明如下。

- 支持发件：在该项目中，我们需要选择"SMTP"作为发件选项，因为我们将使用 SMTP 服务来发送邮件。
- SMTP 服务器：根据使用的邮箱服务，这里需填写对应的 SMTP 服务器地址。以 QQ 邮箱为例，填写"smtp.qq.com"。具体的服务器地址可以通过查找相关邮箱服务的帮助文档来获得。
- 端口号：在该项目中，我们填写"465"，这是 QQ 邮箱使用的端口号。其他邮箱服务的端口号可能有所不同，具体可参考相应的帮助文档。
- 传输类型：这里选择"TLS 加密"，以确保邮件发送过程的安全性。这也是 QQ 邮箱建议使用的加密方式。不同的邮箱服务可能支持不同的加密方式，需要根据具体情况选择。
- 发件人邮箱：这里应填写"发件人邮箱用户名"变量，该变量包含有效的发件人邮箱地址。
- 发件人昵称：这里可以填写一个昵称，以在邮件中显示，如"RPA 机器人"，增加邮件的可识别性。
- 密码 / 授权码：为了安全起见，建议使用授权码而不是直接使用密码。这里使用"cyclone.var_op.stringToPassword(发件人邮箱授权码或密码 ,'aes-128-cbc')"进行密码加密处理，保证邮件的安全性。

- 支持收件：由于该项目中只需要发送邮件而不需要接收邮件，所以这里选择"否"。
- Email 服务对象：这是一个输出参数，用于存储配置的邮件服务对象。在该项目中，应创建并指定一个变量，如"邮件配置对象"，以便在后续步骤中使用此服务对象来发送邮件。

▷ 步骤5　通过 RPA 发送邮件

配置好邮件服务器后，就可以开始发送邮件了。

① 在 Cyclone 设计器操作界面的"异常邮件发送"流程中单击"插入步骤"按钮。

② 在弹出的指令库中选择"应用自动化"→"邮件"→"发送邮件"指令，如图 5-100 所示。

图 5-100　选择"发送邮件"指令

▷ 步骤6　设置"发送邮件"参数

在 Cyclone 设计器操作界面右侧的参数栏中，填写"发送邮件"的参数，如图 5-101 所示。

图 5-101　"发送邮件"的参数

"发送邮件"指令的配置项说明如下。

- Email 服务对象：在该项目中，应填写"邮件配置对象"变量。这个变量包含之前在"配置邮件"步骤中创建的邮件服务配置。
- 收件人：填写"异常提醒邮箱"变量。这个变量包含收件人的邮箱地址，确保邮件能够被正确送达。
- 抄送：此功能用于发送邮件副本给其他接收者，如果需要可以添加相关邮箱地址。在本案例中，默认不填。
- 主题：填写邮件的主题，如"上证指数异常"。这将作为邮件的标题，让收件人一眼看到邮件的内容和紧急性。
- 邮件内容格式：在该项目中，选择"文本"作为邮件内容的格式。这样发送的邮件将是纯文本格式，适用于大多数简单的通知邮件。
- 邮件内容：填写邮件正文内容，如"上证指数已低于您设置的值，请及时查看"。这段文本是邮件的主要内容，向用户传达具体信息。
- 附件路径：在该项目中，默认不填。如需发送带附件的邮件，可以在这里添加附件文件的路径。
- 选择时区：默认为"本地时区"。这将影响邮件发送的时间标记，确保邮件的时间戳与你的本地时区一致。
- 发送结果：这是一个输出参数，用于确认邮件是否成功发送。在该项目中，可以通过检查此变量来确认邮件发送的状态。

5.2.9 在主流程中执行其他子流程

在完成所有子流程的开发之后,接下来将通过主流程中的"执行子流程"指令,将这些子流程组合起来。这个步骤是为了构建一个完整的、协调一致的工作流程,其中每个子流程都承担着整个自动化任务的一个部分。通过这种方式,我们能够确保各个子流程在一个统一的框架下协同工作,从而有效地完成整个监控和响应的流程。这不仅提高了流程的组织性,还增强了整个自动化任务的可管理性和可维护性。

> **步骤1** 在主流程的"While 条件循环"指令中执行"抓取上证指数"流程

① 在 Cyclone 设计器的主流程中,双击"While 条件循环"的空白处进入"While 条件循环"内部,如图 5-102 所示。

图 5-102 双击空白处

② 将鼠标移动至"等待时间"指令的上方,单击"+"按钮插入指令,如图 5-103 所示。

图 5-103 单击"+"按钮

③ 单击"+"按钮后,会弹出指令库。我们需要在弹出的指令库中选择"逻辑组件"→"执行调用"→"执行流程"指令,如图 5-104 所示。

第5章 应用自动化与数据处理

图 5-104　选择"执行流程"指令

> **步骤 2**　设置"执行流程"参数

在 Cyclone 设计器操作界面右侧的参数栏中，填写"执行流程"的参数，如图 5-105 所示。

图 5-105　"执行流程"的参数

"执行流程"指令的配置项说明如下。
- 引入文件路径：该选项指定了将要执行的子流程，确保正确的流程被引入并执行。在该项目中，需要选择"抓取上证指数 .flow"。
- 上证指数：在该项目中，应填写变量"上证指数"。这个变量将用于接收"抓取上证指数"

215

子流程的输出结果，即上证指数的当前值。
- 涨跌幅：在该项目中，应填写变量"涨跌幅"。该变量用于接收子流程输出的上证指数的涨跌幅，这是监控和分析的关键数据之一。
- 涨跌额：此处应填写变量"涨跌额"。这个变量负责接收从子流程输出的上证指数的涨跌额，是理解市场动向的重要指标。
- 当前时间：在该项目中，应填写"数据获取时间"变量。这个变量将存储从子流程输出的数据获取时间，用于记录数据抓取的具体时刻，对于数据分析和后续处理来说至关重要。

▷ **步骤3** 在主流程的"While 条件循环"指令中执行"记录上证信息至数据库"流程

① 在 Cyclone 设计器的主流程中双击"While 条件循环"的空白处，进入指令的内部，单击"执行流程"下方的"+"按钮插入指令，如图 5-106 所示。

图 5-106 单击"+"按钮

② 单击"+"按钮后，会弹出指令库。我们需要在弹出的指令库中选择"逻辑组件"→"执行调用"→"执行流程"指令，如图 5-107 所示。

图 5-107 选择"执行流程"指令

◎步骤4 设置"执行流程"参数

在 Cyclone 设计器操作界面右侧的参数栏中，填写"执行流程"的参数，如图 5-108 所示。

图 5-108 "执行流程"的参数

◎步骤5 通过"If 条件判断"指令，判断是否需要发送异常邮件

接下来，我们需要通过"If 条件判断"指令，来判断当前上证指数是否低于异常值，进而判断是否需要发送异常邮件。

① 在 Cyclone 设计器的主流程中双击"While 条件循环"的空白处，进入指令的内部，单击"执行流程"下方的"+"按钮以插入指令，如图 5-109 所示。

图 5-109 单击"+"按钮

② 单击"+"按钮后，会弹出指令库。我们需要在弹出的指令库中选择"逻辑组件"→"条件判断"→"If 条件判断"指令，如图 5-110 所示。

图 5-110　选择"If 条件判断"指令

◎ **步骤 6**　设置"If 条件判断"参数

在 Cyclone 设计器操作界面右侧的参数栏中，填写"If 条件判断"的参数，如图 5-111 所示。

图 5-111　填写 If 条件判断参数

"If 条件判断"指令的配置项说明如下。

- 条件表达式：这是"If 条件判断"指令中最关键的配置项。在该项目中，我们需要编写一个条件表达式来判断上证指数是否低于设定的异常值。表达式应为"cyclone.var_op.stringToFloatNew(上证指数) <= cyclone.var_op.stringToFloatNew(异常数值)"。其中，"cyclone.var_op.stringToFloatNew"是一个语法糖，用于将字符串格式的数值转换成浮点数格式。通过这种转换，我们可以进行数值比较。在此表达式中，如果转换后的上证指数值小于或等于转换后的异常数值，则条件判断为真（true）。

◎ **步骤 7**　在"While 条件循环"指令的"If 条件判断"中执行"异常邮件发送"流程

① 在 Cyclone 设计器的"While 条件循环"中，双击"If 条件判断"的空白处进入"If 条件判断"内部，如图 5-112 所示。

图 5-112　双击空白处

② 在"If 条件判断"内部的"如果"下单击"插入步骤"按钮，如图 5-113 所示。

图 5-113　单击"插入步骤"按钮

③ 在弹出的指令库中选择"逻辑组件"→"执行调用"→"执行流程"指令，如图 5-114 所示。

图 5-114　选择"执行流程"指令

◎步骤8 设置"执行流程"参数

在 Cyclone 设计器操作界面右侧的参数栏中，填写"执行流程"的参数，如图 5-115 所示。

图 5-115　"执行流程"的参数

至此，整个程序就开发完毕了，所有主流程及子流程如图 5-116~图 5-119 所示。

图 5-116　主流程截图

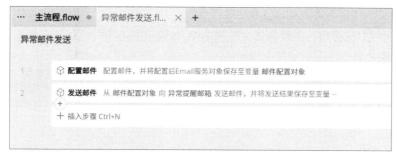

图 5-117　子流程截图 1

图 5-118　子流程截图 2

图 5-119　子流程截图 3

 课后练习

1. 理解练习

（1）RPA 在上证指数监控中的应用原理：描述 RPA 如何在监控上证指数的场景中模拟人工操

作，并解释其数据处理和决策流程。

（2）配置文件的重要性：探讨配置文件在 RPA 自动化中的作用，以及为什么需要将配置信息存储在 Excel 表格中。

（3）流程与流程间的变量传递：解释如何在 RPA 中实现流程之间的变量传递，以及 RPA 在构建复杂自动化流程中的重要性。

2. 操作练习

（1）创建配置文件：根据给定的示例，自己创建一个包含数据库配置、邮件提醒设置等功能的 Excel 文件。

（2）流程搭建：尝试在 RPA 平台按照提供的步骤创建并测试每个子流程，理解每个流程的作用和连接方式。

（3）主流程构建：根据提供的指南，在 RPA 平台上搭建主流程，并确保它能够正确调用子流程并处理异常情况。

3. 扩展练习

（1）数据分析增强：尝试在现有的 RPA 流程中添加数据分析功能，如对上证指数的历史数据进行简单的趋势分析。

（2）流程优化：分析现有 RPA 流程的效率和稳定性，提出可能的优化方案，例如减少不必要的步骤、增加错误处理机制等。

（3）异常情况模拟：模拟一些异常情况，如网络不稳定、数据库连接失败等，测试 RPA 流程的鲁棒性并进行调整。

第 6 章
AI 指令

　　随着对自动化技术的深入探索,我们将带领读者进入一个更为先进和智能的领域。在这一章中,我们将探索 AI 的强大能力,关注如何利用 AI 指令来优化和自动化处理烦琐的业务流程。读者将学习到如何通过结合 OCR 技术和 RPA,实现对发票等文档的自动识别和数据处理。本章将通过具体的示例展示 AI 在实际工作场景中的应用,了解它如何助力我们提高工作效率和准确性。无论你是初步接触自动化技术,还是希望扩展自己的知识库,本章都将为你提供深入的见解和实用的技巧,帮助你更好地理解和运用 AI 在现代业务中的价值。

6.1 【任务 6-1】发票图片信息识别

任务描述

本节的任务是设计和实现一个能够自动识别和验证发票信息的机器人。这个机器人将使用 OCR 技术从发票图片中提取关键信息，如发票代码、号码、金额和开票日期，并将这些数据录入 Excel 表格中。这一自动化过程将替代传统的手动录入方法，提高数据处理的效率和准确性。

任务分析

为了完成这一任务，我们需要先设置 RPA 机器人以识别存放发票图片的文件夹，然后使用 OCR 提取发票图片中的数据。接着需要分析 OCR 返回的 JSON 结果，并将识别出的发票信息有效地存入 Excel 表格。这个过程涉及对 OCR 技术的应用、JSON 数据的处理及 Excel 文件操作的自动化，需要综合考虑数据的准确性和处理效率。

本节任务

任务一：发票图片的识别与数据提取

使用 RPA 机器人自动获取和识别存放在特定文件夹的发票图片，然后使用 OCR 技术提取图片中的关键信息，如发票代码和金额等。

任务二：OCR 数据解析与 Excel 录入

分析 OCR 技术返回的 JSON 格式数据，提取其中的关键信息，并将这些信息准确地录入到 Excel 表格中，这个过程涉及创建 Excel 文件、设置表头和填写数据等步骤。

【项目开发】

发票识别机器人的 RPA 流程图（如图 6-1 所示）描绘了一个自动化的发票处理系统。首先，RPA 在与用户的人机交互过程中接收到包含发票图片的文件夹路径。然后，RPA 会遍历该文件夹，逐一处理每张发票图片。对于每张发票，RPA 会使用 OCR 技术识别上面的文字信息，并将这些信息存储起来。一旦信息被提取，RPA 就会将其录入一个 Excel 表格中。此流程会循环执行，直到文件夹中的所有发票都被处理完毕。通过这个流程，可以有效地将发票信息自动化地整理并录入 Excel 文件中，能大大提升工作效率。

6.1.1 读取发票图片

在使用 OCR 功能识别发票信息前，需要让 RPA 找到有哪些发票的图片是需要识别与验真的。所以，我们需要设置一个应用参数（RPA 程序执行前，用户必须填写的参数），当用户运行程序时，RPA 将提示用户选择存放发票图片的文件夹，如图 6-2 所示。用户完成选择后，RPA 会通过相应的指令自动获取并读取该文件夹中的发票图片路径，为后续的自动化操作做准备。

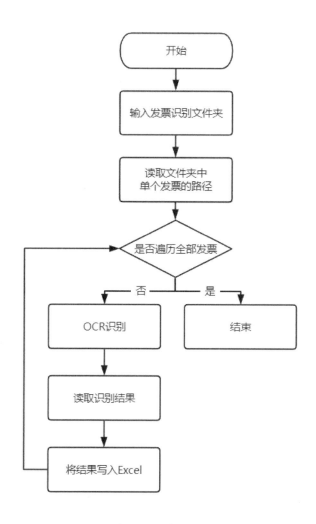

图 6-1　程序流程图

图 6-2　读取发票图片

▶ **步骤 1**　通过"自定义表单"指令获取用户输入

在程序运行前,需要执行"自定义表单"指令来获取用户输入的路径。

① 在 Cyclone 设计器的主流程中,单击"插入步骤"按钮。

② 在弹出的指令库中,选择"人机交互"→"本地机器人"→"自定义表单"指令,如图 6-3 所示。

图 6-3 选择"自定义表单"指令

⊙步骤2 设置"自定义表单"参数

① 在"自定义表单"参数面板中,单击"交互页面"右侧的"布局"按钮 ，如图 6-4 所示

图 6-4 "交互页面"的"布局"按钮

② 在弹出的"交互页面"对话框中,按住"表单控件"中的"输入框"按钮,将其拖曳至"界面展示"处,如图 6-5 所示。

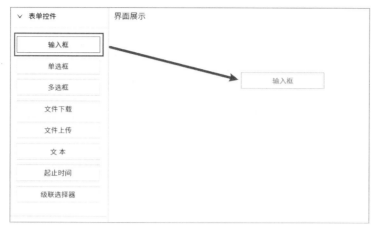

图 6-5　拖曳至"界面展示"处

③ 在右侧的"控件属性设置"面板中，填写"输入框"的参数，如图 6-6 所示。

图 6-6　填写"输入框"的参数

④ 保存以上布局设置，返回操作界面右侧的"自定义表单"参数面板填写任务名称与任务描述信息，如图 6-7 所示。

图 6-7　填写任务名称与任务描述

步骤3　获取发票图片的文件路径列表

通过步骤1和步骤2，程序可以获取到储存发票的文件夹的路径信息，但是还没有获取到具体的发票路径，所以需要通过指令来获取文件夹中所有的发票图片的路径。

① 在Cyclone设计器的主流程中，单击"插入步骤"按钮。

② 在弹出的指令库中，选择"文件处理"→"文件夹"→"获取目录下文件或文件夹"指令，如图6-8所示。

图6-8　选择"获取目录下文件或文件夹"指令

步骤4　设置"获取目录下文件或文件夹"参数

在Cyclone设计器操作界面右侧的参数栏中，填写"获取目录下文件或文件夹"的参数，如图6-9所示。

图6-9　"获取目录下文件或文件夹"的参数

"获取目录下文件或文件夹"指令的配置项说明如下。
- 文件夹路径：这里需要填入"发票路径"变量，这是一个代表发票文件所在文件夹的路径的变量。
- 选择类型：由于我们的目的是列出发票文件，因此这里应选择"文件"。这样，程序将仅列出指定路径下的所有文件，包括它们的名称和文件类型后缀。
- 结果列表：程序执行后，搜索到的所有文件信息将被存储在"发票路径大全"变量中。这个变量包含一个文件名列表，每个文件名都代表一个在指定路径下找到的发票文件。这个列表是一个数组形式，方便后续进行检索、分析或其他操作。

> **步骤5** 遍历发票列表

由于步骤4得到的"发票路径大全"存储在一个一维列表中，所以还需要将单个发票的路径取出，便于后续进行OCR分析。

① 在Cyclone设计器的主流程中，单击"插入步骤"按钮。
② 在弹出的指令库中，选择"逻辑组件"→"循环"→"数组遍历"指令，如图6-10所示。

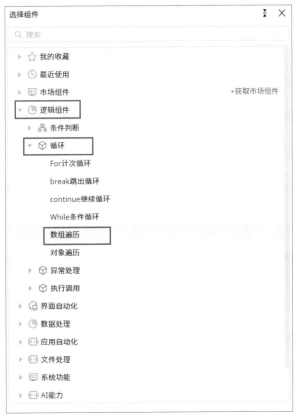

图6-10　选择"数组遍历"指令

> **步骤6** 设置"数组遍历"参数

在Cyclone设计器操作界面右侧的参数栏中，填写"数组遍历"的参数，如图6-11所示。

图 6-11 "遍历列表"的参数

"数组遍历"指令的配置项说明如下。

- 数组：在这个字段中，需要填入"发票路径大全"。这个变量包含所有发票文件的路径，形成了一个数组，数组中的每个元素都是一个单独的发票文件路径。
- 元素下标：这里应填入"第几张发票"。这个变量将在遍历过程中被更新，用于记录当前正在访问的数组元素的位置或序号。每当移动到数组的下一个元素时，这个变量就会更新，以反映新元素的下标。
- 数组元素：这里应该填入"单张发票路径"。每次遍历到数组中的一个新元素时，这个变量都会保存那个元素的值，也就是当前被访问的单个发票的路径。

6.1.2 OCR 服务 Web 调用

在我们读取到单张发票图片的路径后，需要使用 OCR 技术，让 AI 帮助我们识别发票中的内容。接下来将讲解如何通过 OCR 识别发票图片。

步骤 1 安装"AI 识别发票"指令

由于发票识别功能不存在于 RPA 自带的组件库中，所以需要手动安装指令以获得发票识别能力。

① 在 Cyclone 设计器操作界面的左侧，搜索"发票"关键词，如图 6-12 所示。

② 在弹出的列表中选择"OCR 增值税发票识别"选项，并单击"安装"按钮，如图 6-12 所示。

图 6-12 安装发票识别指令

③ 在弹出的对话框中单击"确认安装"按钮，如图 6-13 所示。

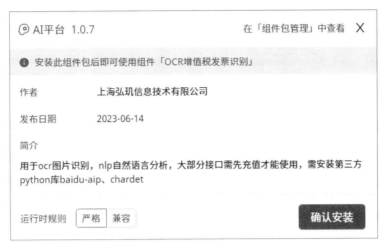

图 6-13　确认安装

步骤 2　通过 OCR 识别发票信息

为了获得每张发票的路径，我们需要进入"数组遍历"过程，从而逐一获取数组中每个元素代表的单张发票路径。

① 在 Cyclone 设计器操作界面中双击"数组遍历"的空白处，如图 6-14 所示。

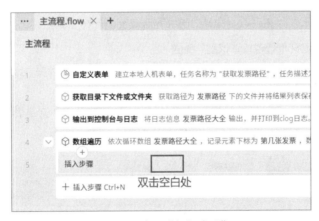

图 6-14　进入"数组遍历"

② 在"数组遍历"中单击"插入步骤"按钮，如图 6-15 所示。

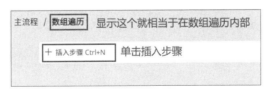

图 6-15　单击"插入步骤"按钮

③ 在弹出的指令库中选择"市场组件"→"AI 平台"→"OCR 增值税发票识别"指令，如图 6-16 所示。

图 6-16 选择"OCR 增值税发票识别"指令

◎步骤 3 设置"OCR 增值税发票识别"参数

在填写参数前,我们需要打开百度智能云,获取 OCR 识别需要用到的 AppID、API Key、Secret Key。

① 进入百度智能云后,先登录并进行实名认证,可以自行在"免费尝鲜"处领取免费资源,如图 6-17 所示(此处不多阐述,大家自行操作)。

图 6-17 领取免费资源

② 在打开的控制台处找到"财务票据 OCR"并单击，如图 6-18 所示。

图 6-18　单击"财务票据 OCR"

③ 在打开的页面中找到"增值税发票识别"，并单击"开通"按钮为本账号开通增值税发票识别功能，如图 6-19 所示。

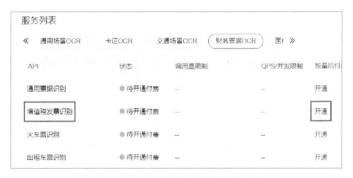

图 6-19　开通增值税发票识别功能

④ 在打开的新页面中选择"应用列表"，如图 6-20 所示。

图 6-20　选择"应用列表"

⑤ 在页面右侧单击"创建应用"按钮，如图 6-21 所示。

图 6-21　单击"创建应用"按钮

⑥ 在打开的页面中，在"应用名称"文本框中填写"发票识别"，并且勾选"全选"复选框，如图 6-22 所示；在"应用归属"处选择"个人"，在"应用描述"处输入"测试使用"，如图 6-23 所示。

图 6-22　填写内容

图 6-23　选择"个人"

⑦ 全部完成后单击"确定"按钮即可创建应用，创建完成后单击"查看应用详情"按钮，如图 6-24 所示。

图 6-24　查看应用详情

⑧ 在打开的页面中，在基本信息中可以看到我们需要的信息，如图 6-25 所示。把需要的信息复制下来，填入"OCR 增值税发票识别"指令的参数面板中，如图 6-26 所示。

图 6-25　基本信息

图 6-26　"OCR 增值税发票识别"指令参数

"OCR 增值税发票识别"指令的配置项说明如下。
- AppID：填写百度 OCR 增值税识别应用的 AppID。
- API Key：填写百度 OCR 增值税识别应用的 API Key。
- Secret Key：填写百度 OCR 增值税识别应用的 Secret Key。
- 图片源类型：可以选择本地图片或者 URL 中的图片，此处选择本地图片，即"图片文件"。
- 待识别的图片：填写变量或文件路径，在此处使用"发票路径 + '\\' + 单张发票路径"是因为"单张发票路径"仅包含发票的文件名（例如"发票01.png"），而不是其完整路径。为了构建发票图片的完整路径，我们需要将发票所在的文件夹路径（即"发票路径"）与文件名结合，且在两者之间添加"\\"作为路径分隔符。
- 可选参数：自定义参数。
- 识别结果：输入一个变量名，用于存储返回的结果，此处填写的是"识别的发票信息"变量。

OCR分析出的结果是以JSON格式存储的，如图6-27所示。

```
{"words_result_num": 46, "words_result": {"InvoiceNumDigit":
"", "CommodityUnit": [], "PurchaserAddress": "中国(上海)自由
贸易试验区芳春路400号1幢3层13918191415", "SheetNum": "",
"CommodityType": [], "TotalAmount": "253.47", "Checker": "",
"PurchaserBank": "中国民生银行股份有限公司上海浦东支行
694352945", "Agent": "否", "Password": "<1/-0*-
*7<-65*)96/7)17634+8)>-2*+9+1-
***71<72/136029872*+851543+3164+8586)2)2-7675088//9386+81+4*
<31)-2-7+58", "InvoiceTypeOrg": "湖南增值税电子普通发票",
"InvoiceCodeConfirm": "043002000111", "TotalTax": "2.53",
"ServiceType": "日用品食品", "CommodityTaxRate": [{"row":
"1", "word": "1%"}], "CommodityTax": [{"row": "1", "word":
"2.53"}], "SellerBank": "招商银行长沙天心支行
731902895310401", "Remarks": "", "SellerAddress": "长沙市雨
花区高桥大市场现代商贸城连-2F-01A/02B号0731-89722988",
"NoteDrawer": "陈柱仁", "InvoiceTag": "其他",
"InvoiceNumConfirm": "24452967", "OnlinePay": "", "Payee":
"", "CommodityName": [{"row": "1", "word": "*日用杂品*活动用
品"}], "CommodityVehicleType": [], "InvoiceCode":
"043002000111", "AmountInWords": "贰佰伍拾陆圆整",
"AmountInFiguers": "256.00", "City": "", "InvoiceType": "电
子普通发票", "CommodityEndDate": [], "PurchaserName": "上海
泓江信息科技有限公司", "InvoiceDate": "2021年05月18日",
"CommodityNum": [], "PurchaserRegisterNum":
"91310115332620476W", "MachineCode": "661708962481",
"CommodityPlateNum": [], "CheckCode":
"530833263242256999715", "SellerRegisterNum":
"92430111MA4LXPXG2C", "CommodityPrice": [],
"CommodityStartDate": [], "SellerName": "长沙市雨花区仟叶礼
品商行", "CommodityAmount": [{"row": "1", "word":
"253.47"}], "Province": "湖南省", "InvoiceNum": "24452967"},
"log_id": 1723989605476393430}
```

图6-27 识别结果

6.1.3 识别结果JSON解析

JSON是一种轻量级的文本数据交换格式，通常以键值对的形式表现。例如，"姓名"对应"张三"，"年龄"对应"19"，其中"姓名"是键，"张三"是值。在JSON中，大括号{}用于存储一个或多个键值对，键值对格式为{"键"："值"}，例如，{"键1"："值1","键2"："值2"}。方括号[]用于存储数组，数组元素之间用英文逗号分隔。数组可以包含多个数组或键值对。键必须是字符串，而值可以是任何合法的JSON数据类型，如字符串、数字、对象、数组、布尔值或null。例如：{"name": "zhangsan", "age": 19, "family_members":["mom", "father"], "like": null}。要从JSON中提取数据，只需通过相应的键即可获取对应的值。在RPA中，这通常通过"数据处理"→"对象处理"→"获取元素对象"指令来实现。

步骤1 分析JSON结构

通过分析RPA返回的JSON结果，我们可以发现所有关键数据都存储在最外层对象的words_result键下，如图6-28所示。words_result包含多个键值对，如PurchaserAddress、PurchaserBank、

InvoiceCodeConfirm 等。每个键代表特定的信息，例如 PurchaserAddress 对应的值是地址和电话，这可以通过与图 6-29 所示的发票图片对照验证。因此，若要在 RPA 中提取特定信息（如地址和电话），我们只需先提取 words_result 的值，然后再从中提取 PurchaserAddress 的值即可。其他信息的提取方式也是类似的。通过打印出的 JSON 信息对应发票中的信息可以看出：

InvoiceCode	键对应的值为发票代码
InvoiceNum	键对应的值为发票号码
InvoiceDate	键对应的值为开票日期
CheckCode	键对应的值为检验码
TotalAmount	键对应的值为发票金额
TotalTax	键对应的值为发票税额
SellerName	键对应的值为销售方名称
SellerRegisterNum	键对应的值为销售方纳税人识别号
SellerAddress	键对应的值为销售方地址、电话
SellerBank	键对应的值为销售方开户行及账户
PurchaserName	键对应的值为购买方名称
PurchaserRegisterNum	键对应的值为购买方纳税人识别号
PurchaserAddress	键对应的值为购买方地址、电话
PurchaserBank	键对应的值为购买方开户行及账户

图 6-28 分析 JSON

图 6-29 发票图片

> **步骤 2** 使用 RPA 调用 Python 获取 JSON 中的数据

发票通过 OCR 识别后会得到 JSON 格式的数据，这时还需要通过 RPA 调用 Python 代码来读取我们需要的信息。

① 在 Cyclone 设计器的操作界面找到对应图标，并单击"新建文件"按钮，如图 6-30 所示。

图 6-30 单击"新建文件"按钮

② 在新弹出的窗口中，选择文件类型为"Python"，并输入名称"识别发票 Json 信息"，如图 6-31 所示，输入完成后单击"确认"按钮。

图 6-31 填写文件信息

③ 打开新建的 Python 文件并编写解析 JSON 文件的代码。

代码如下所示：

```
def 提取发票数据( 输入字符串 ):
    # 使用 eval 将输入的字符串解析成 Python 字典
    数据 = eval( 输入字符串 )

    # 从解析的字典中提取各个需要的字段
    发票名称 = 数据 ['words_result'].get('InvoiceTypeOrg', '')
    发票类型 = 数据 ['words_result'].get('InvoiceType', '')
    发票号码 = 数据 ['words_result'].get('InvoiceNum', '')
    开票日期 = 数据 ['words_result'].get('InvoiceDate', '')
    购货单位名称 = 数据 ['words_result'].get('PurchaserName', '')

    # 提取货物名称和金额明细
    货物详情 = 数据 ['words_result'].get('CommodityName', [])
    货物名称 = ','.join([ 项 ['word'] for 项 in 货物详情 ])
    金额 = 数据 ['words_result'].get('TotalAmount', '')

    # 提取税额明细
    税额 = 数据 ['words_result'].get('TotalTax', "")

    # 提取总金额和销售方名称
    价税合计 = 数据 ['words_result'].get('AmountInFiguers', '')
    销售方名称 = 数据 ['words_result'].get('SellerName', '')

    # 将提取的信息组装成一个新的字典
    结果 = [ 发票名称, 发票类型, 发票号码, 开票日期, 购货单位名称, 货物名称, 金额, 税额, 价税合计, 销售方名称 ]

    return 结果
```

这段代码的目的是从一个字符串格式的输入中提取特定的发票信息，这个输入字符串实际上是一个包含了发票中所有数据的 Python 字典，但它以字符串的形式给出。我们使用 eval 函数将这个字符串转换成一个真正的 Python 字典，这样就可以像操作普通字典那样来访问其中的数据了。

然后，我们从这个字典中提取所需的信息，比如发票名称、类型、号码、开票日期等。这些信息在字典的不同键值对中存储。例如，"数据 ['words_result'].get('InvoiceType', '')"这行代码就是在获取字典中"InvoiceType"这个键对应的值，也就是发票的类型。

使用 join 函数是因为货物名称存储在一个列表中，而列表中的每个元素都是一个表示商品的字典，代表不同的商品。我们通过遍历这个列表，提取每个字典中的"word"键对应的值，然后使用 " ' ,'.join(...)" 将它们连接成一个字符串。例如，如果货物名称列表包含两个元素，分别为"{'word' : ' 笔记本电脑 '}"和"{'word' : ' 鼠标 '}"，使用 join 后的结果就是""笔记本电脑,鼠标""。

最后，这些提取出的信息被组装成一个列表，内容如下：[发票名称，发票类型，发票号码，开票日期，购货单位名称，货物名称，金额，税额，价税合计，销售方名称]，这个列表将作为函数的返回值。这样，我们就能从原始的字符串输入中提取并整理出清晰、易于理解的发票数据了。

④ 在"主流程"下的"数组遍历"中单击"插入步骤"按钮，如图6-32所示。如果此时不在数组遍历中，可以根据6.1.2小节的步骤2进入数组遍历。

图6-32　单击"插入步骤"按钮

⑤ 在弹出的指令库中选择"逻辑组件"→"执行调用"→"调用代码块"指令，如图6-33所示。

图6-33　选择"调用代码块"指令

◉ 步骤3　设置"调用代码块"参数

在Cyclone设计器操作界面右侧的参数栏中，填写"调用代码块"的"输入"参数，如图6-34所示。

图 6-34 填写对应参数

"调用代码块"指令的配置项说明如下。

- 脚本路径：填入字符串，指定调用的函数所在的脚本文件路径，例如"~/识别发票json信息.py"，可以通过"文件夹"按钮选择。
- 方法名称：在此处填写字符串，表示要调用的函数名称，如"提取发票数据"。
- 输入字符串：填写调用的函数的参数，提供相应的输入。此处填入发票识别的结果"识别的发票信息"变量。
- 输出结果：调用的函数可能会返回结果，此处配置如何处理这些结果。可以填写变量名，用来存储返回的数据，此处填入"识别的发票列表"。

6.1.4 发票数据整理与汇总

在 6.1.3 小节中，我们已经将 JSON 中存储的有用的发票信息提取出来并整合成了列表，最后一步就是将信息存入 Excel 表中。

数据经过 Python 代码的转换后，返回的结果会以数组的形式存在并且存储到"识别的发票列表"变量中，例如：[" 湖南增值税电子普通发票 "," 电子普通发票 ","24452967","2021 年 05 月 18 日 "," 上海泓江信息科技有限公司 ","* 日用杂品 * 活动用品 ","253.47","2.53","256.00"," 长沙市雨花区仟叶礼品商行 "]。

我们需要汇总的表格如图 6-35 所示。

图 6-35 发票汇总表

◎步骤1　通过 RPA 打开 Excel 发票汇总表

在将发票数据写入 Excel 表格之前，需要使用 RPA 打开 Excel 汇总表，以方便后续将数据写入表格当中。

① 将鼠标指针移动到 Cyclone 设计器主流程中"自定义表单"指令的下方，会出现"+"图标。单击"+"图标，如图 6-36 所示。

图 6-36　单击"+"图标

② 在弹出的指令库中，选择"应用自动化"→"Excel"→"Excel 应用"→"表格操作"→"打开 Excel 工作簿"指令，如图 6-37 所示。

图 6-37　选择"打开 Excel 工作簿"指令

◎步骤2　设置"打开 Excel 工作簿"参数

在 Cyclone 设计器操作界面右侧的参数栏中，填写"打开 Excel 工作簿"的参数，如图 6-38 所示。

图 6-38 填写对应参数

"打开 Excel 工作簿"指令的配置项说明如下。

- 文件路径：在这里输入变量或字符串，确保填写的值是 Excel 文件的完整路径，例如"F:\\temp\\桌面\\发票信息汇总表.xls"。
- 文件不存在时：这里默认为"自动创建"。
- 文件密码：如果 Excel 文件设置了密码，此处需填写相应密码，这里默认不填。
- 打开方式：默认为"自动检测"，但也可以根据需要选择特定的打开方式。
- 是否可见：规定 Excel 操作是否可见，这里选择"否"。
- Excel 文件：输入一个变量名，用来保存已打开的 Excel 文件对象，之后使用 Excel 操作组件时可以使用该变量名引用这个 Excel 对象。这里可以将信息存入"发票汇总表"变量。

◎步骤 3　获取 Excel 中能写入的行号

在将发票数据写入 Excel 之前，需要使用"获取行列数"指令来明确当前 Excel 的第几行可以写入数据，以便后续 Excel 指令的顺利执行。

① 在 Cyclone 设计器操作界面中的"主流程"中双击"数组遍历"的空白处，如图 6-39 所示。

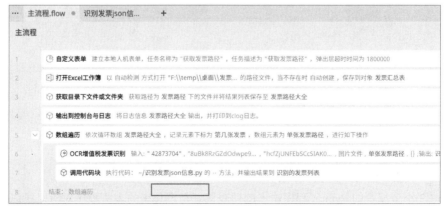

图 6-39 双击"数组遍历"的空白处

② 进入"数组遍历"内部后,单击"插入步骤"按钮,如图 6-40 所示。

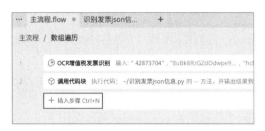

图 6-40　单击"插入步骤"按钮

③ 在弹出的指令库中,选择"应用自动化"→"Excel"→"Excel 应用"→"表格读写"→"写入行列数据"指令,如图 6-41 所示。

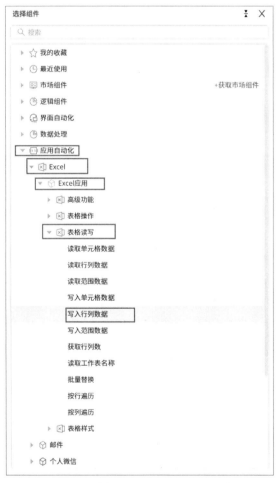

图 6-41　选择"写入行列数据"指令

▶ **步骤 4　设置"写入行列数据"参数**

由于 6.1.3 小节编写的 Python 程序输出的列表正好与汇总表的表头顺序对应,所以我们可以直接使用"写入行列数据"指令将发票识别的结果存储至 Excel 中,具体参数如图 6-42 所示。

图 6-42 填写 "写入行列数据" 参数

"写入行列数据"指令的配置项说明如下。

- Excel文件对象：填入一个Excel对象，用于读取这个Excel中指定的行数据。这里填写变量"发票汇总表"。
- 选择名称/序号：默认选择"工作表名称"。
- 工作表名称/序号：填入需要读取数据的工作表名称，这里默认为"Sheet1"。
- 选择行/列：可以选择要写入的数据是一列还是一行，这里选择"行"。
- 行号：输入要写入的行号，这里填写变量"第几张发票+2"。因为数组遍历可以获取当前遍历到的第几张发票，考虑到这个计数通常从0开始，而表头又占据了表格的第一行，那么实际写入的行号应该是"第几张发票+2"。这样的计算确保了每张发票的数据都能被正确地定位和写入发票汇总表中，避免了数据覆盖或错位的问题。
- 起始写入位置：默认选择"指定位置"。在该项目中，这里选择"首个单元格"。
- 数据格式：默认选择"常规"。
- 行数据：填入一个列表，列表中的元素为写入的数据。这里填写变量"识别的发票列表"。
- 忽略首个单元格：默认选择"不去除"。
- 是否自动保存：默认选择"否"，即写入后不会自动保存表格。在该项目中，这里选择"是"。

至此，程序已经编写完毕，具体指令代码如图6-43所示。运行后就可以将分析后的发票数据全部存储至Excel表格中，运行结果如图6-44所示。

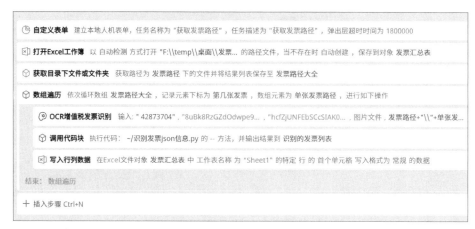

图 6-43　指令代码展示

发票名称	发票类型	发票号码	开票日期	购货单位名称	货物名称	金额明细	税额明细	价税合计	销售方名称
湖南增值税电子普通发票	电子普通发票	24452967	2021年05月18日	上海泓江信息科技有限公司	*日用杂品*活动用品	253.47	2.53	256.00	长沙市雨花区仟叶礼品商行
上海增值税专用发票	专用发票	23951094	2021年04月01日	上海货运代理有限公司	*鉴证咨询服务*顾问费	70796.46	9203.54	80000.00	上海精华实业有限公司
湖南增值税电子普通发票	电子普通发票	70253618	2021年08月09日	上海泓江信息科技有限公司	*运输服务*客运服务费	49.01	1.47	50.48	湖南玖玖华安网络科技有限公司
上海增值税专用发票	专用发票	23951120	2021年06月10日	上海货运代理有限公司	*塑料制品*塑料颗粒	115044.25	14955.75	130000.00	上海精华实业有限公司
上海增值税电子普通发票	电子普通发票	10418856	2020年11月23日	上海泓江信息科技有限公司	*物流辅助服务*收派服务费	29.25	1.75	31.00	上海迅赞供应链科技有限公司
天津增值税电子普通发票	电子普通发票	48477874	2020年11月23日	上海泓江信息科技有限公司	*运输服务*客运服务费	127.64	***	127.64	滴滴出行科技有限公司
上海增值税专用发票	专用发票	23951132	2021年10月26日	上海货运代理有限公司	*塑料制品*塑料颗粒	371681.42	48318.58	420000.00	上海精华实业有限公司
上海增值税专用发票	专用发票	23951157	2021年07月30日	上海货运代理有限公司	*供电*电费	159292.04	20707.96	180000.00	上海精华实业有限公司
上海增值税专用发票	专用发票	23951182	2021年12月11日	上海货运代理有限公司	*电工仪器表*高反EC镜	513274.34	66725.66	580000.00	上海精华实业有限公司
上海增值税专用发票	专用发票	23951123	2021年10月06日	上海货运代理有限公司	*电工仪器表*EC镜	495575.22	64424.78	560000.00	上海精华实业有限公司
上海增值税专用发票	专用发票	23951187	2021年09月11日	上海货运代理有限公司	*电工仪器表*高反EC镜	150442.48	19557.52	170000.00	上海精华实业有限公司
上海增值税专用发票	专用发票	23951150	2021年07月14日	上海货运代理有限公司	*黑色金属制品*钢材	300884.96	39115.04	340000.00	上海精华实业有限公司
上海增值税专用发票	专用发票	24951072	2021年01月06日	上海金立建材有限公司	*电工仪器表*EC镜	238938.05	31061.95	270000.00	上海精华实业有限公司
湖南增值税电子普通发票	电子普通发票	24452956	2021年05月11日	上海泓江信息科技有限公司	*日用杂品*活动用品	324.75	3.25	328.00	长沙市雨花区仟叶礼品商行
宁波增值税电子普通发票	电子普通发票	67328739	2021年07月19日	上海泓江信息科技有限公司	*文具*证件卡套挂绳	66.88	8.69	75.57	宁波优和办公文具有限公司
山东增值税电子普通发票	电子普通发票	70644443	2021年10月22日	上海泓江信息科技有限公司	*运输服务*客运服务费	27.49	0.82	28.31	山东及时雨汽车科技有限公司
上海增值税专用发票	专用发票	24951121	2021年06月17日	上海金立建材有限公司	*塑料制品*塑料颗粒	203539.82	26460.18	230000.00	上海精华实业有限公司
上海增值税专用发票	专用发票	24951184	2021年09月07日	上海金立建材有限公司	*电工仪器表*EC镜	256637.17	33362.83	290000.00	上海精华实业有限公司
上海增值税专用发票	专用发票	24951199	2021年10月01日	上海金立建材有限公司	*供电*电费	283185.84	36814.16	320000.00	上海精华实业有限公司
湖南增值税电子普通发票	电子普通发票	02431041	2021年12月04日	上海精华实业有限公司	餐饮费	291.26	8.74	300.00	湖南费大厨餐饮管理有限公司

图 6-44　运行结果

6.2 初识企业级流程架构

在进入企业级流程架构的讨论之前，有必要理解现代企业在数字化转型过程中对流程自动化的需求不断增加。为了满足这些需求，企业不仅需要构建高效的自动化解决方案，还必须确保其在大规模应用场景下的可维护性、扩展性和安全性。RPA 不仅是实现这些目标的重要工具，它还能够帮助企业应对复杂的业务环境，优化流程执行效率，并增强业务的灵活性和稳定性。接下来，我们将逐步探讨企业级流程架构的构建，以及如何通过模块化设计、安全性、可扩展性等关键要素，确保 RPA 的成功实施和持续发展。

6.2.1 工程项目与脚本文件

在现代企业的数字化转型中，RPA 成为提升效率和精确度的关键技术。为了落实 RPA 的战略，企业必须构建和维护工程项目，这是自动化流程的基础架构。工程项目不仅是代码的集合，它还代表了自动化流程的全貌，包括脚本文件、资源文件、配置文件等关键元素。这些元素协同工作，形成了一个可执行的、完整的自动化流程体系。

工程项目的管理是确保 RPA 成功实施的重要环节。有效的管理意味着必须有一个清晰的项目结构，实行规范的文件命名体系，以及实施严格的版本控制。这些措施有利于团队成员之间的协同工作，也保证了项目的可持续性，以便在未来进行必要的维护和升级。一个结构清晰的工程项目能够明确每个组件的功能和相互关系，便于新成员的快速上手和现有成员的效率提升。

脚本文件则是工程项目的核心，它承载了自动化流程的具体指令和操作步骤。这些步骤经常以流程图的形式展现，让复杂的逻辑变得直观易懂，大大降低了流程设计和编辑的难度。为了提升设计效率和可维护性，脚本文件应当按照功能模块或流程步骤进行划分，每个文件负责一个特定的任务或子流程。这种模块化的设计方法不仅利于流程的理解和维护，也促进了代码的重用。

6.2.2 企业级流程框架介绍

企业级流程框架是为了满足企业在规模化、复杂化的业务环境中的自动化需求而构建的，是 RPA 的重要组成部分。它的设计不仅要确保业务流程的正确实现，还必须考虑到流程的维护、扩展、稳定及安全等多维度的需求，由此确保流程框架在企业级别的应用中能够达到高效和稳定的运行效果。

在构建企业级流程框架时，需要考虑以下特性。

1. 模块化设计

企业级流程框架应采用模块化的设计理念，将复杂的业务流程拆解为多个简单、独立的子流程或模块，每个模块负责完成特定的功能任务。模块化的设计不仅便于开发和测试，还提高了流程的可维护性和可重用性。此外，模块化设计也有助于团队协作，因为不同的开发人员或团队可以并行地工作在不同的模块上，最终将这些模块集成为完整的业务解决方案。

2. 安全性

在企业级自动化中，流程框架会处理大量敏感信息和关键数据。因此，确保数据的安全性是流程框架设计的核心要求。这包括但不限于数据加密、用户身份验证、角色基础的访问控制、操作审计和跟踪等。流程框架应该内置安全机制，保证所有的操作都符合企业的安全政策和合规要求，同时也要能够抵御外部的安全威胁。

3. 可扩展性

企业的业务流程是不断发展和变化的，这要求流程框架具备良好的可扩展性。一个设计良好的流程框架应当能够适应业务需求的变化，支持快速地增加新的功能模块或者根据需要调整现有的流程。这种灵活性是通过标准化接口、配置驱动的设计及对未来技术发展的预见性规划来实现的。

4. 稳定性

在企业级应用中，流程框架必须确保高度的稳定性。这意味着它必须能够处理高并发的任务，保持持续的运行而不中断，并且在出现错误时能够有序地恢复。要想保障稳定性，就需要流程框架有良好的异常捕获机制、错误日志记录及事务管理能力。

5. 维护性

随着时间的推移，业务流程会不断演进，流程框架也需要定期更新和维护。优秀的企业级流程框架应该能够支持快速诊断问题，在对流程进行升级和修改流程时，应该能够降低流程的复杂度。文档的清晰、代码的规范性及更新过程的自动化，都是提高维护性的关键要素。

6. 互操作性

在企业环境中，常常需要将 RPA 流程框架与其他系统如 ERP、CRM 等进行集成。流程框架的互操作性确保了它可以与企业内部的多种系统及外部服务顺利协作，扩大了自动化的范围并提升了业务的连贯性。

6.2.3 流程组装

流程组装是 RPA 开发中的核心环节，它涉及将多个独立设计的子流程或模块以一定的方式串联起来，构建出一个完整的工作流程，以解决具体的业务问题。在流程组装的阶段，主要考虑以下几个关键要素：流程执行序列、数据传递、异常处理、流程监控与优化。

1. 流程执行序列

每一个子流程或模块都是流程组装中的基本构件，其执行顺序直接影响到整个流程的效率和结果。确定这一序列时，开发者必须深入理解业务需求和逻辑，以便按照业务逻辑的先后顺序排列各个模块。这通常涉及流程图的绘制，将每个子流程的开始点、结束点及它们之间的依赖关系清晰地标示出来。在流程图中，可以采用箭头指示流程的方向，确保每一个步骤都能按照预定的路径进行。

2. 数据传递

流程中各个模块可能会产生数据，这些数据需要被后续的模块所引用和处理。因此，数据传递机制的设计至关重要。在 RPA 中，数据传递通常是通过定义变量和参数来实现的。开发者需要为每个传递数据的节点指定一个变量或参数，并明确其数据类型和作用域。作用域确定了变量可被哪些模块访问，这对于保持数据的完整性和准确性是必要的。数据传递还需考虑数据的同步性，确保数据在传递过程中的实时性和一致性。

3. 异常处理

任何自动化流程都可能遇到执行错误或异常情况，因此设计一个健全的异常处理机制，对于确保流程的鲁棒性和稳定性至关重要。这包括在流程设计时预设异常捕获点，当子流程或模块出现错误时，能够即时响应，捕获错误信息，并根据设定的规则进行处理。异常处理策略可能包括记录日志、发送通知、重试操作或者转入备用流程等。通过合理设置异常处理步骤，可以避免整个流程因单个环节的问题而完全中断。

4. 流程监控与优化

除了上述基本要素，流程组装后的监控和持续优化也是不可或缺的。这意味着开发者需要对流程的执行效率、稳定性进行监控，并根据反馈对流程进行调整和优化。监控可以通过日志记录、性能计数器等方式实现，而优化则可能涉及调整流程逻辑、增强数据处理能力或改进异常处理策略等。

 课后练习

1. 理解练习

（1）OCR 技术原理：简述 OCR 技术的基本原理，以及它在发票识别场景中的应用方式。

（2）JSON 数据解析：解释如何从 JSON 格式的 OCR 识别结果中提取关键信息，比如发票代码和金额等。

（3）Excel 操作自动化：讨论 RPA 在自动化处理 Excel 数据中的角色，特别是在读取和写入数据方面。

2. 操作练习

（1）模拟发票识别：尝试使用 OCR 识别一组发票图片，并分析返回的 JSON 数据结构。

（2）Python 脚本编写：根据提供的指南，编写一个 Python 脚本来解析 OCR 结果，并测试其准确性。

（3）RPA 流程实现：利用 RPA 工具构建一个完整的流程，包括从读取发票图片、使用 OCR 识别到将数据写入 Excel 的完整过程。

3. 扩展练习

（1）错误处理机制：设计并实现错误处理机制，例如当 OCR 识别错误或无法读取发票时的应对措施。

（2）数据格式校验：增加对 OCR 识别结果的格式校验，确保提取的信息符合预期格式，如发票号码的长度和结构。

（3）性能优化：探索并实现流程的性能优化方法，比如减少不必要的步骤、增加并行处理等。

第 7 章
企业财务自动化的应用案例

　　RPA 特别适用于操作流程规范、重复性高且操作量大的场景。以企业财务自动化为例，财务机器人是企业中最常见的 RPA 应用之一。由于会计准则统一和流程标准化，所以财务机器人在费用报销、采购到付款、资金结算、总账到报表及固定资产管理等流程中应用广泛。这些流程易于标准化，适合自动化操作，有助于提升效率、减少人工错误、优化资源配置。

　　根据 2019 年中国共享服务领域调研，成熟的财务共享服务中心已广泛应用 RPA，其业务标准化程度高，职责分工明确，显著提高了企业的运营效率。

　　本章主要介绍费用报销审核、财务三单比对、自动开票、自动报税 4 个应用场景，通过这 4 个场景可以更好地理解 RPA 在实际业务中的应用。

7.1 财务费用报销审核机器人

财务费用是指企业为筹集生产经营所需的资金等而发生的费用，具体项目包括利息净支出（利息支出减利息收入后的差额）、汇兑净损失（汇兑损失减汇兑收益的差额）、金融机构手续费及筹集生产经营资金发生的其他费用等。

财务费用报销流程一般是企业内部员工为了对外支付财务费用而先行垫付，后向企业财务部申请报销的流程。常见的报销流程费用有差旅报销费、业务招待费等，一般企业内针对不同类型的费用报销，都会有对应的审批流程与审批规则。这些规则往往与报销人的岗位、级别等因素挂钩，例如总经理的住宿报销额度比基层员工的要高。随着企业经营规模的扩大，报销流程的业务量也一般会扩大。因此一些大中型企业，或者销售费用、差旅费用较多的公司，对该流程都有强烈的需求。

在处理企业财务和会计任务时，报销流程是一个核心环节，其包含了报销单的创建、收款信息的处理及费用明细的审核。图 7-1 展示了报销单的基础信息，包括必要的填写字段，如报销人的基本信息和相关的财务数据，确保了报销过程的标准化和规范化。图 7-2 则展现了报销单的收款信息部分，涉及报销人的收款账户和金额等，这是确保资金正确流转的关键信息。图 7-3 所示的明细列表为财务人员提供了每一笔报销费用的详细信息，包括分类、金额和相关说明，这些都是审核和财务记录不可或缺的数据。这些信息截图是报销流程的数字化表现，体现了财务自动化系统能高效、准确地处理各项财务操作。

图 7-1　报销单基础信息

【流程痛点】

在企业费用报销流程中，主要有以下 3 个痛点。

（1）流程反复：报销人可以是企业内的所有人，但从用户角度看，这些流程很难完全规范化报销操作，特别是新员工在初次接触该流程时，往往会出现报销单信息填写有误、票据粘贴不合规等问题，所以财务人员会将不规范单据退回给报销人员，报销人员再修改并重新提报，这种情况是非常常见的。

（2）审核规则与票据多且杂，容易审错：不同企业的流程管控标准不一，为了防止费用收入化、铺张浪费，企业会设置各种审核点，审核规则往往有上百条，比如有连号发票不能报销的规则，审核量大的时候很容易就漏掉一些审核点。实际操作的时候，还可能出现分人分报销单提交的情况，而人工很难及时发现问题。同时也可能因为人工审核的疏忽，误批了一些报销申请，对公司造成损失。

（3）时效性不高：费用报销在过去主要靠财务会计在上班的时候进行审核，实际办公时间一般在9：00—17：00，或者有的企业会在固定的几个时间段进行集中审批，一些报销单从提交到受理完可能长达数月，导致报销人（特别是垫付资金的）的体验非常不好，也影响员工工作的积极性。

图 7-2　报销单收款信息

图 7-3　明细列表

【原流程说明】

常见的报销流程如图 7-4 所示，现在大部分企业已经采取电子化财务审批流程，许多票据都可以通过扫描、拍照等方式形成电子档，供财务人员快速审核。根据审计的要求，除了电子档，纸质档也是需要归档备查的，所以财务人员往往也需要拿到纸质报销单，才会开始去系统里进行审核。许多时候报销人往往是邮寄报销单到财务室的，然而有些发票粘贴不合规范，财务人员为了避免重新邮寄，可能就要替报销人重新贴发票。有的企业还有多层审批或者分级审批，例如会计审批完主管审批，然后财务总监审批，金额大的还会送到 CFO、COO、CEO 级别审批。费用报销审批通过后，一般下一个流程节点就是由出纳按公司的付款节奏进行支付了。

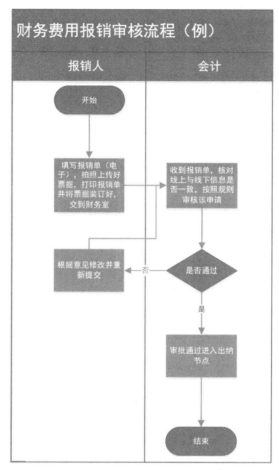

图 7-4　常见报销流程

【RPA 改造后流程说明】

通过图 7-5 展示的流程图，我们可以看到 RPA 对财务费用报销流程的改造，它将烦琐、重复性的工作进行自动化处理，减少了人工操作，能够提升效率与准确性。图中包括自动化流程中的关键点如下。

（1）收到报销单并利用 OCR 识别信息：在这个环节，RPA 使用 OCR 技术从报销凭证图片中提取信息，这允许机器人代替人工对图片内容进行捕捉和录入，以确保数据的准确性。

（2）数据匹配与机器人审批：RPA 工具会进一步操作前台财务系统，对比从报销单中提取的数据和 OA 系统中已有的报销信息。通过自动对比，机器人能够生成审批结果，若数据匹配，则自动完成审批过程。

（3）人工复核的优化：在实施 RPA 流程后，传统的人工审核流程变成了一个条件性步骤。机器人完成审批后，如果结果是清晰明确的，则人工审核可以跳过，减少了人工劳动的重复性和时间消耗。

通过这样的改造，RPA 在此流程中的作用是自动处理大量常规数据输入任务、快速执行标准审批流程,并且在出现异常时引导财务人员进行更有价值的人工干预。这不仅提高了财务流程的效率,也提升了数据处理的准确性,并为财务人员提供了更多时间来专注于策略性和分析性的工作,最终优化了整个财务管理的质量和效能。

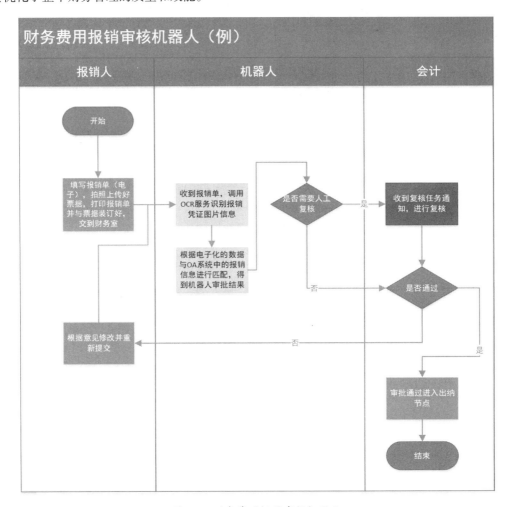

图 7-5　财务费用报销审核机器人

【流程效果介绍】

通过流程改造,原有的业务流程中的痛点如"流程反复""审核规则与票据多且杂,容易审错""时效性不高",都能够得到解决或缓解。

(1)避免流程反复:新流程下,机器人取代了原来的财务会计人员进行流程退回及解释的工作。因为审核规则已经固化,机器人在自动审批拒绝时会明确拒绝原因,可以减少有些报销人因不熟悉流程需要反复请教财务人员的问题。

(2)避免审核规则与票据多且杂容易审错的情况:有了规范的审核逻辑,机器人会严格地遵守,避免了人为审批过程中出现的漏批、错批等情况。

(3)提高时效性:机器人可以 7*24 小时地工作,而且可以不停地查看是否有新增审批申请,服务时间延长的同时,响应的时效性也得到大大提升。

【方案延伸】

对于相关的机器人应用,我们可以从以下两个角度进行延伸。

(1)报销审批流程端到端:在现有流程的基础上,可以进一步优化上下游流程的自动化。可以结合手机 APP 或小程序,业务人员可以直接在线提交报销单,提高报销流程的便捷性和效率。在人工复核完纸质凭证与电子凭证一致性后,出纳节点的付款流程也可以自动化执行,减少人为操作。

(2)类似流程推广:对于一些具有可以明确细化审核规则的流程,涉及图片文字识别的流程,以及需要人工定时查看处理的流程,都可以考虑用 RPA 来实现自动化,例如采购申请、企业财务报表识别与录入、交易所盯市等流程。

7.2 财务三单比对机器人

财务流程中的三单指采购订单、收货单或者入库单、增值税发票。其中,采购订单(样例如图 7-6 所示)包含了采购申请的关键信息,如采购者、采购内容与明细、审批结果等由采购人发起,采购部门管理;收货单(样例如图 7-7 所示)或入库单是采购标的已经确认收到的凭证,由验收单位、仓储管理部门提供,代表了采购行为的发生;增值税发票(样例如图 7-8 所示)主要是付款金额的凭证,由供应商提供。三者最终都会到财务部门进行匹配、复核并归档。

图 7-6 采购申请单样例

三单比对流程是费用审核流程中的一个重要分支。由于涉及多个部门(采购、验收、财务等)共同协作,处理比对过程往往比一般的单一费用报销流程更加复杂和耗时。通常,企业采购流程中主要有三个关键角色:采购方(负责花钱)、使用方(负责确认物资到位)和财务方(负责付款)。这样的多重环节设计是为了防止采购方与供应商串通，确保采购的合理性和合规性。在三单比对流程中，财务部门负责审核采购完成情况，并在确认无误后进行支付。

收货单									
类别			申请号			采购者			
序号	订单号	材料编号	采购内容	申请数量	单位	数量	单价	金额	备注
1									
2									
3									
4									
5									
6									
签收说明									
备注					验收结果		验收部门		
发货单位签章							验收人签章		
发货日期							验收时间		

图 7-7　收货单样例

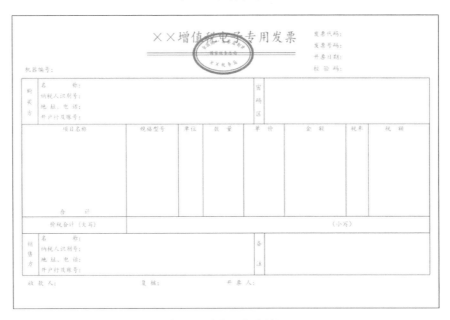

图 7-8　增值税发票样例

【流程痛点】

在企业的财务三单比对流程中，主要痛点如下。

（1）流程重复：三单比对因为涉及多方提供的凭证，且往往是纸质凭证，与费用审批流程类似，同样需要人工耗费大量时间做烦琐的信息核对工作。

（2）事后管控：企业采购是比较容易滋生犯罪的环节，三单比对是其中的一道管控手段，主要目的是避免采购过程中采购人与供应商串通，因此采购部门介入供应商筛选，并且由财务审核价格。

但是财务流程往往已经在流程末端，只能针对最终拿到的三单信息进行核查，无法采取更前置的审核动作。

【原流程说明】

一般的企业采购流程如图 7-9 所示，有的企业在采购时因为收货方与财务部不在一个地方，为了节省从收货方寄送发票给财务部门的时间，发票会由供应商直接寄送给财务。同样地，因为货物与发票有可能分开收到，所以采购方往往会在验收完成后再将收货单提交给财务，等三单都齐备后再发起一次付款申请。

具体到三单比对的操作，先在付款申请单中找到关联采购合同、采购单信息、收货单、发票，然后对其信息进行两两比对，主要包括：采购内容与收货内容一致，数量一致，货物价格与发票一致，最后再与拿到的纸质凭证进行比对，确保与系统中的数据一致。在没有引入 RPA、OCR 等技术之前，这主要还是依靠人工进行跨凭证的肉眼比对。

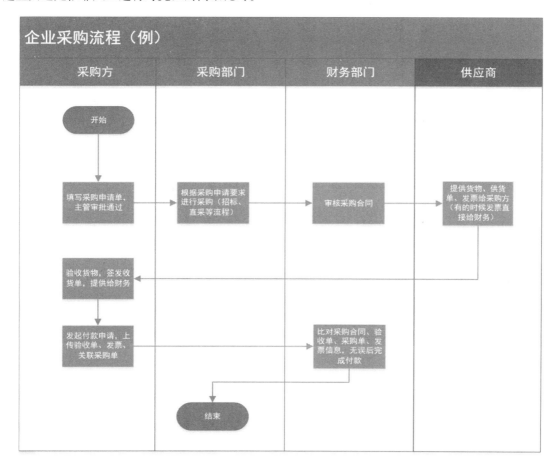

图 7-9　企业采购流程图

由图中可以看到，流程到了财务节点时，采购行为已经完成，财务部门的工作主要是对系统中的数据进行核对。一方面，可能会出现人为失误；另一方面，由于采购流程在企业中频繁发生，内部审计无法逐一检查所有采购流程的合规性，通常只能对部分流程进行抽查。而当发现单据信息有误时，财务部门往往要求供应商重新开具发票，这与合规性问题并无直接联系，而是为了确保付款和凭证的一致性。

三单比对流程在传统操作中，常常变为机械重复的任务，因为每次采购都需要财务部门手工比对大量数据与凭证。这种重复性操作耗费时间和精力，且缺乏对采购全流程的前置控制，难以充分发挥有效的管控作用。

【RPA改造后流程说明】

进行财务三单比对的机器人自动化流程如图7-10所示，其核心的内容如下。

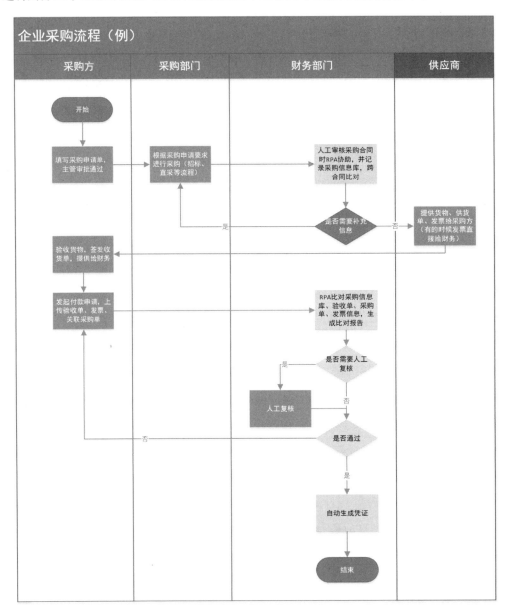

图7-10 改造后企业采购流程图

（1）通过RPA技术优化采购合同审核流程，并建立采购信息库。这一信息库包含所有采购合同的关键信息，能够在采购审批和后续付款阶段提供数据支持，提升审批效率，确保采购流程的透明和可追溯性。

（2）RPA自动比对采购订单、收货单和增值税发票三单。系统通过从采购信息库中提取数据，与实际单据进行自动化比对，并生成详细的比对报告，节省人工审核时间。当比对结果显示数据匹配无误时，系统可自动通过；若存在明显数据不符的情况，RPA会自动将流程退回以便进一步处理。对于某些需要特别复核的复杂情况，RPA会高亮显示相关信息，提醒财务人员进行重点复核。

【流程效果介绍】

通过流程改造，除了与费用审批流程一样的"流程反复""审核规则与票据多且杂，容易审错""时效性不高"问题得到优化，还前置了财务侧的采购管控，降低了采购流程的风险。

（1）前置了财务侧的采购管控：在采购事实未发生时已经开始记录相关信息，增加了事前的审批节点，降低了采购风险。

（2）建立了完整的采购信息库：把过去零散的采购记录汇集在一起，便于采购决策与数据分析，能够更好地控制采购成本。

【方案延伸】

对于相关的机器人应用，我们可以从两个角度进行延伸。

（1）三单匹配流程端到端：在招标节点增加机器人，在收到采购订单申请时，协助筛选供应商，自动准备招标材料等；在供应商侧也可以加入RPA对应的流程，快速提供发票与供货单信息，从而加速从采购到付款的整个流程。

（2）类似流程推广：对于一些具有可以明确细化的数据比对规则的流程，以及涉及多系统数据整合的流程，都可以考虑用RPA来实现自动化，例如网银流水对账生成余额调节表、电商平台库存比对等。

7.3 自动开票机器人

在传统的企业运营中，开具增值税发票是一项基本而关键的财务活动，这通常涉及手工操作的开票软件，如图7-11所示的百旺开票软件，以及与之相配合的发票打印机。操作者需要在软件中核对和输入信息，然后打印并手工处理发票，确保每一张发票的准确性。然而，这个过程不仅枯燥且容易出现错误，如发票信息填写错误。因此，这就需要进行红字冲销操作并重新开票，这不但浪费了宝贵的时间，也浪费了发票资源。

RPA财务机器人的运用为企业带来了革命性的改变。如图7-12所示，通过RPA技术，从核对信息到发票打印的整个过程都可以实现自动化。这意味着，在收到开票申请后，机器人可以自动从系统中抽取信息，填入开票软件，并指挥打印机进行发票打印。这种自动化流程显著减少了人工输入的错误，并显著提升了整体工作的效率。当错误发生时，RPA系统能够快速地进行红字冲销操作，并自动重新开票，从而节省了资源并减少了潜在的错误成本。

此外，自动化开票过程还有助于企业更好地遵守税务法规，通过实时更新和维护发票记录，确保所有操作符合当地税务机关的要求。这种技术革新不仅提升了内部运作效率，也提升了企业在客户和监管机构面前的专业形象。

图 7-11 百旺开票软件界面截图

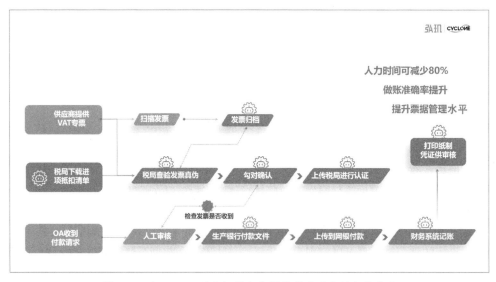

图 7-12 弘玑 RPA 财务机器人在增值税进项流程中的应用

【流程痛点】

传统的开票流程主要存在几个痛点。

（1）人工操作烦琐：传统的手工开票流程需要大量的人工操作，容易出现错误，而且效率低下。

（2）税务合规难度大：开票时需要严格遵守税务部门的规定，确保发票号码、金额、税率、销售方、购买方等信息准确无误，同时还需要在税务系统中进行报税，这些合规要求对企业而言具有较高的难度。

（3）特殊的开票要求：因为每张发票是有开票额限制的，申领发票也比较烦琐，所以会出现同一个销售单需要开多张发票、合并开票等多种特殊的开票要求。

【原流程说明】

在原有的开票流程中，企业需要通过人工操作的方式开票，具体流程如图 7-13 所示。这个流程一般是由销售方发起，并提供需要开票的相关信息，如与销售行为相关的订单信息、合同信息、采购方的开票信息等。财务人员需要针对这些信息进行核对，确保后续做账时数据的一致性满足审计要求。财务部门审核通过开票申请后，会计需要在开票系统里把信息手工复制过去，填写好发票明细信息，确认金额与税额精确到小数点后 2 位。有时候还会出现四舍五入后税额最后一位与合同约定不符的情况，这时就需要对尾差进行调整。如果是纸质发票，还需要确保纸质发票号与系统中一致，否则开出的票是无效的。确认了信息并开具发票后，财务人员需要给发票盖章，分联移交与归档。

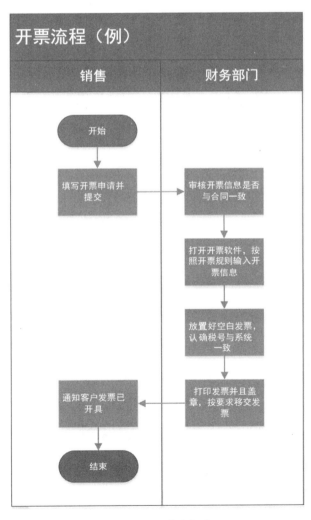

图 7-13　开票流程图

【RPA 改造后流程说明】

开票的机器人自动化流程如图 7-14 所示，其核心的自动化点如下。

（1）机器人自动审核开票信息：销售信息与开票信息需要准确，这是后续购方与销方做账流程顺利的前提，虽然开一张发票很快，但是开错了发票后续要做的事情很多，所以需要仔细确认。开票流程最耗时间的就是审核信息的部分，而机器人审核能极大地提升该流程的效率与准确性。

（2）自动输入开票信息：开票系统在我国主要是由百旺和航信两家公司提供的，开票操作一般是在他们的客户端上人工完成，而机器人的自动录入能够降低人工操作的出错率。

（3）开票完成后通知与电子归档：开票完成后，下一个环节是把发票的发票联与抵扣联（专票）交给客户，把记账联归档。自动化的流程可以发起通知让销售甚至客户知悉发票已开具，同时把电子开票记录归档到归档平台中。未来实现全电票后，更能自动发送电子发票给客户，并完成电子发票的自动归档。

在新的流程中，机器人自动化地完成了发票信息复核与填写、开票后的通知工作，减少了人工干预的步骤，避免了开错票带来的一系列麻烦。同时，随着全电票的推广，能够进一步实现流程自动化，提升业务流转效率。

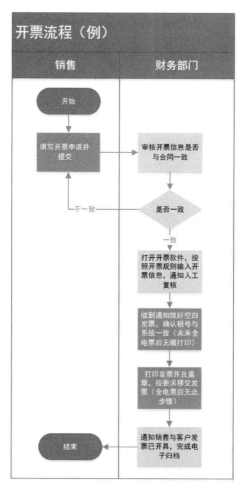

图 7-14　改造后开票流程图

【流程效果介绍】

自动化开票机器人的引入，为企业带来了诸多效益。

（1）明显提高了开票效率：机器人流程自动化减少了人工操作，缩短了开票时间，使得订单能够更快速地得到处理和发货，从而提高了开票效率并提高了客户满意度。

（2）降低了开票错误率：机器人流程自动化减少了人工操作的误输入，从而降低了开票错误率。

（3）减少了人工开票的工作量：有效减少了重复工作和误差带来的人力和时间成本，财务人员能够更多地从事其他工作。

（4）提高了数据精准度：减少了手动录入带来的数据错误率，从而提高了数据精准度。

【方案延伸】

随着自动开票流程机器人的成功应用，越来越多的企业开始重视流程自动化，同时也涌现出越来越多的机器人应用场景。在发票处理流程的基础上，企业可以探索更多与财务、采购、物流等相关的流程自动化。

（1）对于采购流程中的发票处理，企业可以通过机器人自动获取、审批和归档采购发票，提高采购发票处理的效率，减少手动录入错误和重复工作。对于财务流程中的结算流程，机器人可以自动化完成发票的匹配、核对和支付等工作，从而提高财务处理效率。

（2）在物流领域，机器人也可以应用于运输单据的自动识别和处理，提高物流管理的效率。例如，机器人可以自动扫描和处理货物清单和收据，进行运费结算和货物确认，减少人工操作和错误。

总之，机器人在企业流程自动化中的应用潜力巨大，未来将会涌现更多的机器人应用场景和解决方案。企业应密切关注相关技术的发展，并积极探索和应用机器人技术，以提高业务效率和降低成本。

7.4 自动报税机器人

企业纳税申报（通常称为报税）是每个公司每年都必须完成的任务之一。通常，财务部门的工作人员需要依据企业财务数据（一般是财务报表与一些台账），按照国家税务总局制定的标准规范准备一套税务申报表，其中包含了各种税的申报，如企业所得税汇算清缴（年度、季度、月度）、增值税及附加税费申报（月度）等，而且这套申报表包含了公司的收入、支出和其他财务信息。此外，企业还需要计算所欠税款并及时缴纳。这是一个复杂的过程，通常需要手动处理大量数据，并进行复杂的计算。为了确保准确性，通常需要多次检查和验证数据，这是一个烦琐和耗费时间的流程。

【报税流程中的痛点】

企业在纳税申报流程中，主要存在以下几个痛点。

（1）烦琐的申报流程：纳税申报过程中需要填写各种表格、提交各种证明文件等，这些步骤需要花费大量时间和人力成本。

（2）容易出错：由于纳税申报涉及各种税种、税率、抵扣项目等复杂信息，人工填写容易出错，而且一旦出错可能会面临罚款等风险。

（3）数据安全问题：企业纳税申报过程中涉及大量敏感信息，如企业名称、税号、营业收入、利润等，如何保证这些数据的安全性也是一个问题。

（4）人员素质问题：传统纳税申报过程中，需要人工填写各种表格、提交各种证明文件等，需要相关工作人员具备高水平的财务和税务知识，但这样的人才难以招聘和培养。

以上这些痛点都会给企业带来一定的负担和风险，因此企业需要通过科技手段来解决这些问题。

【原流程说明】

企业纳税的流程如图 7-15 所示。

（1）准备财务数据：主要是企业的会计账务数据，包括销售收入、采购成本、薪酬支出、固定资产等方面的数据。这些数据一般会在企业内部的会计软件中记录和处理，然后通过导出的方式保存到 Excel 里。许多企业还会有一些在系统中没有记录的明细台账，也会成为纳税申报的数据源。

（2）准备申报表格：企业税务人员需要根据税务局的要求，准备相应的纳税申报表格，并填写相关信息。表格中包含企业的基本信息、各项纳税信息、应税收入和可抵扣项目等内容。

（3）检查表格准确性：税务人员需要仔细检查所填写的申报表格是否准确无误，包括核对企业基本信息、纳税信息、应税收入和可抵扣项目等内容。如果发现错误或漏填信息，需要及时进行修改和补充。

（4）生成纳税申报文件：根据所填写的申报表格，对于一些税种，税务人员可以使用相应的软件生成纳税申报文件，有的就是使用 Excel 表格。生成的文件需要包含企业的基本信息、各项纳税信息、应税收入和可抵扣项目等内容。

（5）导入申报文件/手工录入申报表：税务人员需要将生成的纳税申报文件导入电子申报系统中。在导入过程中，需要仔细检查导入的文件是否准确无误，确保所导入的纳税申报信息与填写的申报表格一致。有的申报无法导入，需要人工一个格子一个格子地录入。

（6）审核申报信息：电子申报系统会对导入的申报文件进行自动审核，检查申报信息是否符合要求。如果发现问题，系统会提示错误信息，并要求税务人员进行修正。税务人员需要根据提示信息进行修改，直至审核通过。

（7）提报生成缴款通知书：审核通过后，电子申报系统会自动生成缴款通知书。税务人员需要核对缴款通知书中的信息是否准确无误，包括应缴纳的税款金额、缴款截止日期等信息。

（8）缴纳税款，确认申报完成：根据缴款通知书中的信息，税务人员需要及时缴纳企业的税款。缴款方式可以是线上或线下，具体操作可根据当地税务局的要求进行。缴款后，税务人员需要在电子申报系统中确认纳税申报完成。拿到回执并归档后，企业就完成了本期的纳税申报工作。

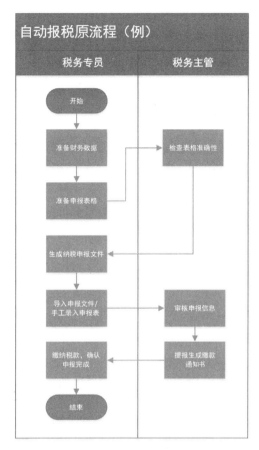

图 7-15　自动报税原流程

【RPA 改造后的报税流程】

在经过 RPA 改造后，纳税申报流程将得到大幅简化和加速。图 7-16 是 RPA 改造后的纳税申报流程。

（1）准备好税控盘：报税员准备好税控盘，连接好电脑，在需要报税的纳税主体多的时候，还会用上 USB HUB。

（2）申报数据采集自动化：RPA 机器人收集各种财务数据，如销售额、成本和折旧等。这些数据可以从多个系统中自动提取，减少了人工干预，提高了数据的准确性和可靠性。

（3）纳税申报表生成自动化：RPA 机器人可以根据事先设定好的规则和算法对采集的数据进行处理和转换。例如，对销售数据进行分类，将其分为不同的产品和服务类型。这使得企业能够更加高效地进行税务分析和报告。第（2）和第（3）步也可以由一些税务系统完成。

（4）报税自动化：RPA 机器人自动打开报税软件，自动完成数据填写，然后提交给税务人员确认，完成报税。

（5）税款缴纳自动化：报税成功后，让 RPA 机器人完成应缴税款的缴纳动作（可选）。

通过 RPA 自动化改造，企业能够更加高效地完成纳税申报过程。机器人可以自动处理和转换数据，填写税表和相关信息，并自动计算和缴纳税款。这使得企业能够更加专注于业务和战略发展，提高了企业的运营效率和竞争力。

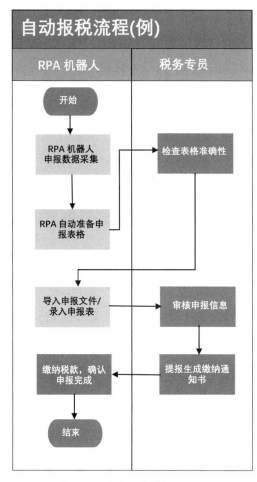

图 7-16 改造后自动报税流程

【流程效果介绍】

RPA 机器人的引入，使企业成功地优化了纳税申报流程，效果如下。

（1）自动化流程大大缩短了纳税申报的时间。以往需要数小时才能完成的纳税申报工作现在只需要几分钟，大大提高了工作效率。

（2）RPA 机器人能够消除大量的人为错误并自动完成烦琐的任务，不仅提高了数据的准确性和完整性，也减少了因税务问题而产生的罚款和损失。

（3）RPA 机器人的引入还能够提高员工的工作积极性和满意度。因为机器人代替他们完成了重复性、烦琐的工作，他们可以专注于其他更有价值的任务，从而获得更多的成就感。

【方案延伸】

（1）扩展自动报税机器人应用场景：自动报税机器人可以应用于多种报表和税务相关场景，不仅限于税务申报流程，还可以扩展到其他政府报表的自动生成和提交领域，如财务报表、销售报表、进出口报表等。这些扩展应用可以帮助企业简化繁琐的合规报表流程，提高工作效率并减少人为错误。

（2）数据分析与预测：RPA机器人可以整合多个数据源，如会计软件、财务软件、销售系统等，将企业数据汇集到一个集中的位置进行分析，从而识别数据趋势和预测未来可能的发展。这种数据分析和预测可以帮助企业做出更好的商业决策。

（3）进一步优化流程：自动化和机器学习算法可以不断优化流程，并提高工作效率和准确性。例如，可以将自动报税机器人与财务系统和会计软件集成，通过自动化流程和实时信息处理进一步减少错误和重复性工作，节约时间和人力成本。

（4）提供更多的功能：自动报税机器人还可以提供更多的功能，例如报表审计和生成报告，检查税务问题并进行必要的调整，执行其他的业务流程（如工资单处理、账单处理等）。

综上所述，企业纳税申报是一个非常适合RPA改造的场景，可以帮助企业提升报税效率，减少人工错误和工作量，避免因为申报出错造成的罚款风险。未来，随着技术的不断发展和成熟，这种自动化的流程将变得越来越普及，也会扩展到其他领域。

第 8 章
金融自动化的应用案例

在金融行业的竞争日益激烈和监管要求不断提高的背景下,RPA 技术的引入不仅是一种趋势,也是金融机构提升内部运作效率的必然选择。此技术对于重复性高、规模庞大的数据任务尤为有用,同时在风险管理和客户服务方面也发挥着重要作用。本章将具体探讨 RPA 在银行、证券和保险这三个金融子领域中的应用情况及其带来的变革。

8.1 银行业

银行业可以应用 RPA 技术来处理数据输入、账户开设、信贷审核等任务。通过 RPA 技术，还可以进行自动化反洗钱和欺诈检测等重要工作。

典型案例　某大型商业银行的信贷审批业务自动化

1. 业务背景

银行的信贷审批业务日处理量大，工作繁重，主要包括客户申请、初步审核、信息采集与录入、信贷审核、生成审批报告等步骤。对于这项任务，银行需要投入大量的人力，且由于信息量大，人工操作容易出现错误，影响了信贷审批的准确性和效率。同时，手动操作的信贷审批流程也降低了银行对于客户需求的响应速度，对客户服务水平造成了影响。

2. 流程痛点

（1）信息采集与录入过程中人工操作容易出错，影响业务处理的准确性。

（2）人力资源投入大，成本高且效率低。

（3）对于客户需求的响应速度慢，影响客户满意度。

3. RPA 解决方案

针对以上问题，该银行决定采用 RPA 技术，通过自动化流程优化信贷审批业务，主要改进如下。

（1）自动化客户信息的采集与录入：RPA 机器人能够识别与提取客户提交的证件和申请表格上的信息，包括姓名、地址、贷款金额等关键数据。通过与银行数据库的连接，RPA 机器人能够自动填充贷款申请表格，确保所有必要字段被准确无误地填写。在信息录入之后，RPA 机器人会执行一系列校验，对比客户历史数据和新提交数据的一致性，确保数据的正确性。

（2）自动化信贷资格的审核：根据银行设定的信贷政策和规则，RPA 机器人对客户提交的信息进行初步的信用评估。机器人会校验客户的信贷历史、偿债能力和其他相关的财务信息，自动计算信贷风险评分。如果客户满足信贷条件，RPA 机器人会将申请推进到下一步审批流程，否则会生成拒绝通知。

（3）自动化审批报告的生成：审批过程中，RPA 机器人会自动汇总客户的信贷信息和交易数据，生成详细的审批报告。报告将包含客户的全部贷款条件、信贷评分、推荐决策等，为信贷官提供完备的审查材料。在报告生成后，RPA 机器人会自动将报告分发给相关的决策人员，加快审批时间。

（4）自动化信贷状态的更新：在贷款审批的每个环节，RPA 机器人会更新客户在银行系统中的信贷状态，确保所有信息的实时性和准确性。在贷款批准后，RPA 机器人自动处理放款流程，将贷款金额转入客户账户，并更新系统中的账户余额和贷款余额。对于被拒绝的申请，机器人将自动触发通知流程，确保客户及时收到信贷决策的反馈。

4. 价值体现

（1）提高工作效率：RPA 自动化流程大幅度缩短了信贷审批的处理时间，提高了工作效率。

（2）提高准确性：RPA 机器人能够精确执行预设规则，消除了人为因素带来的错误，大幅提升了准确性。

（3）降低操作风险：RPA 自动化流程减少了人为失误，保证了业务操作符合监管要求，降低了操作风险。

（4）提升客户服务水平：RPA 技术提高了客户服务水平，能够快速响应客户需求，提高了客户满意度。

8.2 证券业

证券业可以应用 RPA 技术来处理客户开户、交易数据、风险管理等任务，还可以完成证券交易结算等重要工作。

典型案例　某大型证券公司的清算业务自动化

1. 业务背景

某大型证券公司的清算业务极其关键，但流程同样十分烦琐。交易日终，所有证券交易需进行配对，核实交易双方已履行其责任，即相关的证券与资金已从卖方转移至买方。大量数据需要处理并确保其准确性与及时性，但手动清算效率较低且容易出错。为此，公司必须投入大量人力，往往需要员工加班处理，导致员工满意度低。

2. 流程痛点

（1）数据处理量大，人工清算效率低且易出错，严重依赖员工加班。

（2）清算过程跨越多个系统和数据库，手动操作复杂且易产生风险。

（3）人工核对和清算交易容易造成误差，增加交易风险。

3. RPA 解决方案

该证券公司通过采用 RPA 技术，大幅提升了清算流程的效率和准确性，具体实施方案如下。

（1）自动化交易配对：利用 RPA 机器人自动匹配买卖双方的交易信息。通过开发和部署 RPA 机器人，配置其连接证券交易系统，通过 API 接口或直接访问数据库，实时获取和更新交易数据，自动匹配买卖双方信息，确保交易配对的准确性，减少人工干预，避免误差。

（2）自动化数据处理：利用 RPA 机器人从不同系统和数据库中自动获取和处理所需数据。设计 RPA 流程，使机器人定期或按需访问各系统和数据库，自动提取交易数据，执行数据清洗、转换和验证步骤，并将处理后的数据更新回清算系统，确保数据的完整性和一致性，提高处理效率和准确性。

（3）自动化生成清算报告：利用 RPA 机器人自动汇总清算信息并生成清算报告。设置 RPA 机器人在清算结束后自动执行数据汇总任务，整合来自不同系统的数据源，根据预设的报告模板自动生成清算报告，并将报告分发至相关部门和人员，减少人力操作，确保报告生成的及时性和准确性。机器人还可以自动归档历史报告，便于日后查询和审计。

4. 价值体现

（1）提高工作效率：RPA 机器人显著提升了清算工作的处理速度，提高了工作效率，避免了员工长时间加班。

（2）提高准确性：RPA 机器人严格遵循预设规则执行工作流程，消除了人为因素带来的误差，大幅提升了准确性。

（3）降低操作风险：自动化流程降低了人为错误，保证了业务操作符合监管要求，降低了交易风险。

（4）提升员工满意度：通过自动化清算流程，减轻了员工的工作压力，提高了员工满意度，有利于公司长期稳定发展。

8.3 保险业

保险业应用 RPA 技术，可以处理理赔申请、保单管理、风险评估等任务。RPA 技术还可以实现保险产品销售等重要工作。

典型案例　某大型保险公司的理赔业务自动化

1. 业务背景

某大型保险公司每天需要处理大量的理赔申请，包括验证申请信息的准确性，查询和更新相关数据，审查理赔文件，计算理赔金额等。由于这些工作都是重复性的，且需要在多个系统间进行操作，所以人工处理效率低、成本高，且容易出错，往往需要员工加班处理。

2. 流程痛点

（1）人工处理理赔申请效率低、成本高，容易出错。

（2）需要处理的数据量大，人力处理难以满足业务需求。

3. RPA 解决方案

该保险公司通过采用 RPA 技术，显著提升了理赔处理的效率和准确性，具体实施方案如下。

（1）自动化处理理赔申请：利用 RPA 机器人自动验证申请信息的准确性，查询和更新相关数据。开发 RPA 流程，配置机器人连接理赔管理系统和相关数据库，通过 API 接口或屏幕抓取技术获取客户提交的理赔申请信息，自动比对和验证数据的准确性，并更新到相关系统中，从而提高处理效率，减少人为错误。

（2）自动化审查理赔文件：RPA 机器人可以自动审查理赔文件，确保文件的准确性和完整性。设置 RPA 机器人自动提取电子理赔文件，通过 OCR 技术读取文件内容，依据预设规则检查文件的完整性和准确性，自动标记或拒绝不符合要求的文件，提高审查效率和准确性。

（3）自动化计算理赔金额：RPA 机器人可以自动计算理赔金额，提高计算效率，减少计算错误。设计 RPA 机器人基于理赔规则和费率表，自动从系统中提取所需数据，进行理赔金额的计算，生成计算结果并更新到理赔系统中，减少人工计算的误差，提高计算准确性和效率。

4. 价值体现

（1）提高工作效率：RPA 自动化流程大幅度提高了理赔处理的工作效率，从而减少了人力成本。

（2）提高准确性：RPA 技术消除了人为操作的误差，提高了理赔处理的准确性。

（3）降低操作风险：自动化流程使理赔处理更符合监管要求，降低了操作风险。

（4）提高客户满意度：通过提高理赔处理的效率和准确性，改善了公司的服务质量，增强了客户的信任感，提高了客户满意度。

第 9 章
智慧校园的应用案例

　　智能信息社会的飞速发展,对教育提出了培养适应未来发展的高素质、智慧型人才的需求,智慧教育因此逐渐成为教育改革创新的突破口。党的二十大将"推进教育数字化"写进党代会报告,标志着教育数字化正式成为国家教育改革发展的战略部署。推进教育数字化,构建数据驱动的教育治理新模式,不断推动教育变革和创新,是贯彻落实党的二十大精神的重点任务。本章将针对 RPA 助力智慧校园建设、促进校园数字化转型、提升校园基础设施的应用场景进行介绍。

9.1 智慧校园建设概述

随着移动互联网、云计算、大数据、人工智能等信息技术在高校建设中的深入应用,高校信息化已经逐步迈入"智慧校园"建设阶段。智慧校园建设作为高等教育内涵式发展的重要支撑和大学校园建设的重要内容,对于学校推进改革创新、提升办学实力、高质量发展具有重要意义。

近十年得益于人工智能、大数据、物联网等技术的迅速发展,智慧校园建设与研究已成为国内外的热点。当前国外发展较好的有新加坡、美国和韩国等。

在我国,随着社会对教育产业需求的不断提高,智慧校园建设也得到了越来越多的关注。截至目前,我国有超过100个城市启动了智慧校园建设,覆盖了千余所高校和中小学。智慧校园的应用场景主要覆盖智能图书馆、食堂、教室和平安校园等,旨在从生活、学习等方面提升办学质量、管理效率和学生服务水平。

基于服务对象的角度,如今被大多数学校广泛应用的服务有校园信息管理库、教务在线平台、校园一卡通、校园地理信息系统、统一身份认证平台、智能节电节水管理系统,但这些还远远不能满足大众的需求,未来的智慧校园将实现校园学习生活一体化。例如,利用图像识别考勤技术,将图像处理与人脸识别技术相结合,实现对学生进行考勤;根据大学生们偏爱的健身方式、健康状况、饮食习惯、生活起居制定一份人性化的报告,用户可以从系统中获取详细的身体状况表和营养食谱,根据报告进行合理的健身;为重要的文件和物品贴上嵌入 GPS 定位标签的二维码,能够随时对物品进行定位,明确其布置及所处环境,确保安全管理等。

智慧校园建设是社会数字化转型环境下的必然趋势,有利于实现校园管理的自动化和智能化,提高管理效率和准确性,降低管理成本;为师生提供更加便捷、高效的学习方式和教学工具,提高教学质量和师生满意度;为科学研究提供更加精确、高效的工具和平台,提高科研水平和成果转化能力;提升校园的核心竞争力和影响力,吸引更多优秀的师生加入;为学生提供更加开放、多元的学习和创新平台,鼓励学生参与各种形式的创新实践,培养创新人才。

总之,智慧校园建设是以学生成长和学科聚集为中心,建设一个开放、多元、人文、智慧、绿色、高效、安全、和谐的生态化校园环境,实现校园管理、教学、科研等各个方面的现代化和智能化。通过提高校园管理效率、教学质量和科研水平,增强校园吸引力,培养创新人才。

9.2 竞赛信息管理

RPA 应用在智慧校园建设中具有独特的优势。在优化校园管理流程上,RPA 能够自动化完成重复性、规范化的工作流程,如学生信息录入、考试成绩处理;在工作效率和响应速度上,RPA 可以 24 小时不间断地工作,降低了校园运营成本。RPA 可以自动化处理一些常见的学生问题,如选课、退课等,无须人工干预,使用户体验更加舒适和便捷。总之,因其弱耦合性、高效率、低门槛使用和投资回报率高等优势,RPA 正在成为数字化校园建设中的重要技术手段和工具。

随着国家教育体制的改革,全国各地举办的大学生竞赛活动数目逐年增加,报名参加各个竞赛的大学生数量逐年增多,涉及的获奖证书管理、奖金报销等相关事务也越来越多。为了提升校园竞赛信息管理的效率,加强校园信息化建设,利用 RPA 技术构建竞赛信息管理系统,将有效促进学科竞赛管理方式进一步提升。

在以往的竞赛信息管理工作中，竞赛获奖证书管理及对应的奖金报销处理操作都是人工完成的。工作人员需要先收集证书、登记获奖者信息、查询对应奖金标准文件、按照获奖名次确定奖金发放金额，然后根据获奖者提供的账号信息进行奖金发放。按照每条获奖信息需要处理 10 分钟来计算，处理 60 个获奖数据就要 10 个小时。若利用 RPA 技术，经重构业务流程（如图 9-1 所示），效率将大大提升，重构后的业务流程如下。

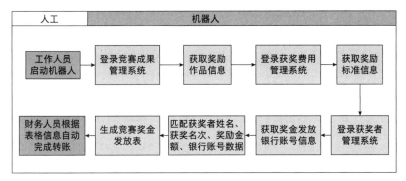

图 9-1　基于 RPA 的竞赛信息管理

（1）工作人员一键启动机器人，机器人自动登录竞赛成果管理系统，获取获奖作品的信息，包括获奖作者、名次等。

（2）机器人登录到获奖费用管理系统，获取到奖项名次所对应的奖励金额标准。

（3）机器人继续登录到获奖者管理系统中，根据获奖作者姓名查找到获奖者个人身份证、银行卡账号等信息。

（4）最后将以上三步提取到的获奖者姓名、获奖名次、奖金金额和发放奖金银行账号等信息进行匹配，生成竞赛奖金发放表发送给财务人员，完成款项转账发放。

使用 RPA 完成以上流程只需十几分钟。

其中，竞赛成果管理系统保存了参赛者的获奖证书，在证书收集过程中，可以借助 RPA 将证书上传到数据库进行存储和备份，并进行真实性验证。这可以大大降低人力资源的压力，并有效地避免证书丢失或损坏的风险，使证书管理变得既简单又可靠。

此外，在获奖者管理系统中，可以通过 RPA 生成的在线表单收集和填写获奖者的个人信息和银行账号信息，这样能自动校验学生的身份证号、银行卡号和获奖金额等信息。如有错误，RPA 会及时提醒管理员进行修正。这些环节的设计极大地简化了奖金报销流程，提高了工作效率，同时也确保了信息的准确性。

基于 RPA 的校园竞赛管理系统集成了获奖证书处理、奖金报销等环节，使得整个管理流程更加流畅和高效。这一系统的实现将极大地推进智慧校园竞赛的组织管理，有助于学校、学生和管理者更加专注于竞赛本身，而无须过多担忧管理的烦琐和事务。

9.3　排监考处理

排监考是学校教务管理工作中一项重要又烦琐的工作，包括安排考试的日程、安排考试的科目、安排考场、安排监考老师等；每学期的考试又包括期末、期中及各类等级考试，每场近千人次规模的考试涉及大量事务，需要耗费很大的精力。

每逢考试前，学校教务部门都要制作"监考安排表"与"考生考场编排"。监考员与考生会分别根据学校公布的"监考安排表"与"考生考场编排"按指定时间到指定场所进行监考与考试。

如何能快速、准确、高效地完成"监考安排表"与"考生考场编排"的制作，提高学校教务工作的效率，减轻广大教务工作者的工作量，是一项非常重要的工作。为了更好地利用现有技术工具，有针对性地解决教务工作存在的难点，我们对当前的排监考过程进行如下梳理。

根据各个学校的监考要求、分配师资、教室资源的不同，在排监考时存在一些差异，但总体来讲，现有监考安排工作流程如图9-2所示。通常考务管理人员从考试科目信息表中手动整理出考场数，从各个专业教师信息表中提取出可以参与监考的所有监考老师名单，按照每个考场分配2名监考老师，可以手动计算出各个考试时间段需要的监考老师人数。最后依照同一场监考的老师不能重复、遇到相同的考试时间一个老师只能监考一个考场原则，将监考老师分配到对应的考场。

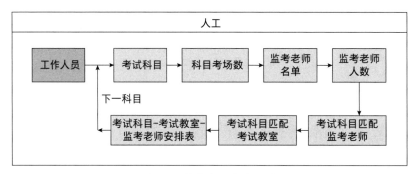

图 9-2　排监考业务流程图

在排列监考老师信息时需要人工判断，然后一个一个地复制粘贴，过程非常烦琐，需耗费大量时间和精力。

为了解决这一问题，我们将利用RPA设计解决方案，借助RPA机器人自动处理监考安排，如图9-3所示。新的机器人流程能帮助考试管理人员在短时间内完成监考计划的生成，使得监考工作流程更加顺畅、轻松，安排监考考试过程也更加精确、高效。

基于RPA重构的排监考工作流程如下。

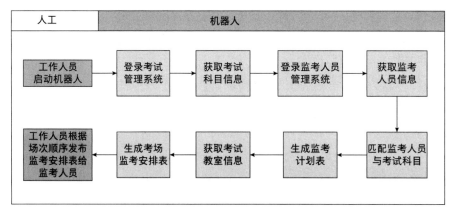

图 9-3　排监考机器人业务流程图

从上述内容可见，用户只需一键启动排监考机器人流程，机器人将自动完成后续过程：首先，机器人登录考试管理系统，获取到考试科目信息；其次，登录监考人员管理系统，自动获取监考人员信息；然后，按照匹配条件将监考人员与考试科目、考场进行匹配，并结合学校的实际情况和所提供的考试教室等监考信息，形成监考计划表；最后，机器人将表中的数据进行整合和排序，导出考场监考安排表给用户，自动完成监考安排过程。

与传统模式相比，RPA 机器人代替人工排监考的过程简化了考务管理人员的工作，RPA 方案可使监考安排工作时间缩短到几分钟，甚至只需几十秒，大大提高了工作效率，并且不会出错。人工排列每条信息需要打开多个 Excel 进行比对，排一场监考大约需要 5 分钟，排列 97 场监考需要 8 小时，而 RPA 方案排列 97 场考试的监考老师信息只需要几十秒。如果整个学校都使用 RPA 方案来分配监考工作，每学期可以为教务老师节约很多时间。

此外，RPA 排监考机器人也适用于各类等级考试、选拔考试，实际使用时可根据考试的具体要求更改匹配规则，实现一键排列监考老师，大大减少了考务管理人员的工作量。

RPA 排监考机器人结合先进的人工智能和数据分析技术，可实现个性化的监考安排和人员分配。系统可以根据考试安排的复杂程度、考试人数的多少等因素，生成最优的计划，使监考的精确度有了很大的提高。通过人工智能技术的应用，RPA 排监考机器人提高了考试监督管理的精确度和效率，大大减少了人为干预。虽然 RPA 排监考机器人需要处理的数据量较大，但管理员的投入却少得多，使得它具有巨大的发展潜力，未来将会成为更加普遍的考试管理工具。

9.4 论文标签化处理

高校每到毕业季总会面临学生论文的管理工作，这些论文涉及不同领域、不同研究方向和不同的类别，学校需要将这些论文进行收集，集中存储和分类管理。除了常规的多维度分类、查找定位以外，还有更复杂与更严谨的分类体系、存档与分享、智能搜索、知识挖掘等需求。另外，每年都有大量的毕业生，会不断产生大量论文文档，如何将这些文档纳入学校图书档案管理工作中，实现集成的分类管理，成为高校论文管理工作的特色需求。

9.4.1 背景介绍

随着智慧校园的建设，毕业生论文管理也逐渐向数字化、智能化方向发展。除了纸质论文，各类 Office 文档、电子图片、视频、纸质档案扫描件等电子文档也成为高校论文管理的重要资源。这些资源的管理一般通过建立分类管理体系，借助标签化技术，以多维度方式分类实施组织管理，从而方便论文检索和关联性查找。论文管理是一项非常严谨的工作，和一般的图书资源的标签技术应用不同，论文分类标注的标签不能采用开放式的社会标注系统，用户自发采用的标注关键词随意性大，且描述准确性和严谨度不高，容易衍生出标签集混乱等问题。因此，管理员标注方式是论文管理标签技术的首选。大量的论文都依靠管理员进行手动标注分类，这是一项耗时、耗费人力成本的大工程。如果能够利用智能标签技术实现论文自动分类标注，将大大降低管理员的工作量，提高论文分类管理效率。

9.4.2 现有业务流程及问题分析

毕业论文是整个教学过程中重要的实践性教学环节，它既是对学生学习、研究与实践成果的全面总结，也是对学校管理工作的检验。由于现实因素，部分学校在论文管理环节上还依赖人力处理。

1. 现有业务流程

传统的毕业论文管理主要依靠人工操作实现，通常包含收集提交、分类归档、查找提取等流程，各环节流程大致如下。

1）收集提交

按照学校规定，学生完成毕业论文定稿后通常需要提交纸质版和电子版论文，纸质版用于档案保存，电子版论文需要在学校指定的毕业论文管理系统网站中上传提交论文文档。论文管理系统通常按照毕业年份、专业大类、研究方向划分类别，学生选择对应的分类上传提交论文，完成论文入库工作。

2）分类归档

论文管理系统中的论文分类有两种：一种是由管理员利用管理权限建立毕业年份、专业大类、研究方向类别，论文提交时就按此类别归档，并在系统中保存，这种分类方式比较粗略，可实现初步的统计分析，但不利于精细化管理；另一种是按照学生论文标注的关键字进行分类归档，但由学生个人判断所标注的关键词会存在描述准确性和严谨度不高的问题。

3）查找提取

有两种查找提取方式：第一种是利用毕业年份、专业大类等信息进行筛选，可以查找到该时间段内所有的学生论文，所能做的处理局限于统计分析论文的数量；第二种根据论文关键词查找，可以从类别库中找到关联方向的论文，但由于关键字标注的不确定性，不能准确反映论文主题内容，并且可能会有遗漏，导致检索的论文准确率较低。

2. 问题痛点

传统的论文管理方式存在以下两个主要的痛点。

（1）论文数量庞大。论文分类是一项耗时、耗费人力成本的大工程，大量的论文无法依靠人力进行手动标注分类。而关键字标注错误会导致论文的类别和研究方向归类不准确，导致后期论文检索出错或遗漏。

（2）现有的论文分类方法粗略、归档单一、分类模糊，导致基于论文的统计分析和研究工作无法开展，不利用于教师开展论文教研工作。

3. 用户需求

针对当前毕业论文管理的痛点，总结出用户的主要需求如下。

1）标签管理，自动标注

毕业论文是学术论文的一种形式，大部分的毕业论文因研究领域、研究对象、采用方法、表现方式不同而各有差异，因此需要一套论文分类标准，在论文分类的过程中，可以参照分类标准，根据标签快速将论文标注为不同的研究方向，然后对其进行分类存放。

2)路径分类管理,智慧检索

所有论文分类存放后,可通过页面的标签搜索功能快速定位所需文档。系统支持模糊检索,并将匹配结果高亮显示,同时提供文档路径,方便用户快速找到对应论文。为便于浏览和提取学生论文,系统会自动生成包含论文路径的表格记录页面。此外,通过对论文数据的统计分析,可以帮助用户把握选题意向和趋势。通过分类与标签相结合的管理方式,大大提升了论文的检索效率与管理的便捷性。

3)降本增效,提高效率

可以自动进行各类论文的智能分类,在论文提交高峰期,能全天候不间断地、重复地执行分类标注工作,加快检测速度,提升峰值检测效率。

9.4.3 重构业务流程方案与推广

借助 RPA 结合 AI 开发一套简单且高效的自动化流程,在流程中加入标签化技术,利用计算机来实现分类整理工作,从而解决论文分类不准确的问题。

1. 项目建设思路

结合 AI 对论文进行标签化预处理时,先借助 AI 来识别论文关键词和指定句段,再从识别出的关键词和指定句段中提取出实词。根据自监督聚类算法来计算实词权重,权重最高的实词将作为这一论文的标签,将匹配的标签词嵌入论文类别信息中,并按标签有序地把论文进行归类,整理入库。利用标签匹配方法分类论文,并将分类结果以 HTML 页面展示,将论文类别信息、归档路径等信息记录在页面表单中,方便后期二次查找和提取工作。原本需要花几分钟时间才能处理完的事情,现在到不到 1 秒就能解决。这样既节约时间,又节省人力,还能避免因人工处理大量重复工作而出错。标签化预处理阶段的流程如图 9-4 所示。

图 9-4 标签化预处理阶段流程

2. 项目设计目标

利用 RPA 结合 AI 实现论文管理的目标如下。

(1)解决原有的论文管理模式存在的问题,设定一个论文管理工作标准,使得论文的分类和整理能够规范化、统一化。

(2)缩短论文分类和整理的时间,节约时间成本和人力资源;优化论文管理员的工作,使其把工作时间投放在更具有效益的工作内容中。既能降低人工工作的错误率,又能提升人工创造的效益。

(3)准确记录论文的分类路径,让分类后的论文有路径可查,把"人找论文"变成"论文在哪,一眼可见"。

(4)对于计算机也难以分类的个别论文做一个记录,显示清晰的分类过程和论文最终的去向,便于研究难分类的原因,以进一步改进算法。

RPA 结合 AI 重构的业务自动化流程如图 9-5 所示。

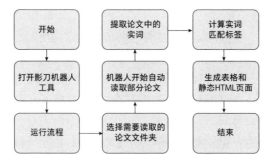

图 9-5　重构的业务流程

经过对论文管理业务流程进行重构，最新的业务流程步骤如表 9-1 所示。

表 9-1　最新的业务流程步骤

步骤	流程描述	机器人或人工
1	打开论文所在文件夹	机器人
2	读取部分论文	机器人
3	提取论文实词	机器人
4	计算实词权重	机器人
5	匹配论文标签	机器人
6	进行标签分类	机器人
7	生成 Excel 表格和静态 HTML 页面	机器人

3. 方案可推广性

RPA+AI 的标签化技术不仅可以运用在高校论文管理流程中，还可以运用在智慧图书馆建设、政务管理系统等场景中，方便批量的图书和文件的分类管理。

1）智慧图书馆建设应用

随着信息载体的数字化及信息传播的网络化发展趋势，图书馆由传统的以图书资料收藏为主逐步转向以信息资料媒体检索为主的多重功能的数字化图书馆。图书信息检索处理需要基于准确的图书分类信息。人工批量处理图书分类入库将耗费大量的时间和精力，若借助 RPA+AI 的标签化技术，将提高论文分类的精度，降低论文分类的错误率，有效提高图书管理效率。

2）学校文档知识管理

学校文档知识管理属于组织内的文档管理，如职能部门、学院的内部文档管理，或者全校层面的某类文档管理，如档案、教学课件等。学校文档知识管理是服务于学校层面、部门层面及全体师生的，和个人文档知识管理的需求相比，学校文档知识管理具有集中存储、文档量大、管理要求高等特点。除了常规的多维度分类、查找定位，还有文档知识库管理、更复杂和更严谨的标签分类体系、存档与分享、智能搜索、知识挖掘等需求。另外，高校存在大量信息化系统，例如 OA 系统、档案管理系统、图书资源系统、网络教学系统等，这些系统也会产生大量文档，如何将这些文档纳入学校文档知识管理工作中，实现集成的、统一的、标签化的管理，成为高校文档知识管理的特色需求。RPA+AI 的标签化技术本质上是一种分类方法，将标签技术应用到政务管理工作中，采用自动识别或语义分析等技术对文档进行标注，可以满足多维度的文档分类需求。将文档分类存放后，查询时只需要通过关键字检索，就会搜索到所需文档，大大提高了信息管理系统的检索效率。

后记

RPA 发展趋势

随着技术的不断更迭，RPA 技术从桌面按键精灵时代，逐渐发展为自动化能力强大的机器人运行管理技术工具。

1. RPA 应用现状与发展

RPA 工具诞生至今已有 20 多年，但在国内还处于发展初期，在全行业的整体渗透率不高，各个行业的 RPA 成熟度差异巨大。相对来说，金融行业的 RPA 渗透率最高。RPA 的价值主要表现在解放人力、获取实时数据、提升员工工作体验、提升运营灵活性、降低风险与成本、实现业务连续性等。

1）RPA 应用于金融领域

金融行业整体信息化水平高，业务流程中的重复操作多，人力成本消耗大。RPA 技术的应用可以降低业务执行过程中的重复操作，减少人工错误率及非法操作，有助于业务流程自动化水平和效率的提升。事实上，金融行业的数字化程度在国内各行业中都处于领先地位，加上近几年的非接触式服务浪潮，监管部门对于合规要求的强化，企业对数据挖掘、数字化营销的现实需求，以及金融客户本身对于 IT 投入的极高重视度，都与 RPA 的智能化、自动化特性非常匹配，通过部署 RPA 机器人也确实起到了立竿见影的作用。随着金融机构投入力度逐年增加，RPA 的价值在未来几年将逐渐显现。

以工商银行为例，目前工商银行已将 RPA 应用于每日业务处理效率统计、每日折算率下载、每日汇率下载、每日异常来报查询等 4 个场景，实现报表与数据的自动查询与定向推送，提升了精细化管理水平。截至 2021 年年底，相关场景平均人工时间节省率达 100%，全年节约 200 小时的工作时间。

2）RPA 转型

一直以来，中国 RPA 的发力点主要落在金融、财税等信息化程度高、流程标准化程度高、重复性工作多、耗费人力大的行业和场景中。但在泛金融行业之外，制造、电信、医疗、政务、能源等亟须转型的传统行业对 RPA 的需求也逐渐增加。

十几年前的 ERP 曾是各组织信息化发展的主要系统之一，然而现在 ERP 却成了各组织数字化转型面临的主要挑战之一。运行至今，ERP 存储了大量难以提取和迁移的关键业务数据，将数据手动输入 ERP 系统既费力又费时，且容易出错。在新的技术冲击之下，传统的集成自动化已经不合时宜，RPA 就成了解决 ERP 数据提取与迁移的最佳自动化工具。面对数字化转型的迫切需求，越来越多的企业急需部署 RPA，以优化流程、降本增效。

RPA 的主要优点是很容易与现有技术集成，且效果很好。例如财税领域的记账场景，使用 RPA 无须更改原有业务流程的任何步骤。如果想更改业务流程，RPA 也能够快速响应，实现快速执行任务。RPA 能够快速适应不断变化的业务流程并进行相应的学习，可以更好地增强流程而不是替代流程。毕竟出于投入产出比的考虑，不是每个企业都能将其构建多年的工作流程全部重新设计，而用 RPA 去补充自动化效率低的流程，就可以极大地提高工作效率。当 RPA 与其他自动化工具一起使用时，可以看到 RPA 工具更大的扩展性，它将会把普通劳动力转变为更强大的数字劳动力。

3）RPA 应用于公共部门

政务行业虽然存在标准化程度较高的场景，且人员短缺，但由于人效考核制度不完善，所以对 RPA 的投入动力不足。近两年随着智慧政务的推进，利用 AI 和其他自动化软件提升政府部门在办公、监管、服务、决策等方面的效率成为共识。

在我国，智慧政务正在轰轰烈烈地推进中，政务服务的"一网通办"，就是政务智能化服务的典型应用。目前，RPA+人工智能组件，已经成为一些政务部门优化业务流程的有效手段，通过优化申请和审批流程，缩短政府服务的办结时限，从而提高政府服务的办事效率和用户体验。

现在很多公共部门都有大量的业务流程优化需求，相对于传统自动化，部署简单、不破坏原有信息系统、扩展能力强、投资更少的 RPA 越来越受到公共部门的广泛关注。目前国内政务领域的 RPA 应用量也在快速增长，基于 RPA 与超自动化的数字政府、智慧政务等解决方案正在大量涌现，很多 RPA 厂商都推出了面向政务的成熟解决方案，比如弘玑 Cyclone 海关旅客通关管理系统，为了便于对海关进出境旅客呈交的单证和携运进出境的行李物品进行审核、查验、征税的全过程管理。

2. RPA 技术发展趋势

RPA 作为流程自动化软件，受标准化特定场景、部署流程较短、决策链单一的掣肘，在大范围企业业务中快速落地仍旧比较困难。

1）RPA+AI 技术

RPA+AI 技术是以 RPA 为基础，通过 NLP（自然语言处理）、OCR（光学字符识别）、ML（机器学习）等人工智能辅助技术，拓展机器人的工作范围，进一步提升自动化的潜力与价值。RPA 与 AI 能力的结合，可以提升感知非结构化数据的能力和与聊天机器人联动的能力，帮助 RPA 提升易用性，使业务端应用向前端迁移。使用 AI 增强 RPA 的企业扩展了业务流程自动化的可能性，可以涵盖几乎所有场景。

现如今很多业务流程中都存在大量非结构化数据，且这些数据越来越重要。而处理非结构化数据并在其中获取有价值的信息，已成为 RPA 产品的重要能力。为了处理邮件、图像等非结构化数据，RPA 厂商一般会通过部署 NLP 和 OCR 等技术来增强 RPA 产品的能力。

经过 AI 赋能的 RPA，在读取非结构化数据、做决策、保障执行任务的准确率、衔接人机交互任务等方面更具优势，可进一步拓展机器人的工作范围，释放自动化潜力与价值，从而在人工干预的情况下响应更为复杂的需求。

2）RPA 云端部署

RPA 机器人支持本地和云端的部署方式。相对来说，RPA 的本地部署比较好理解，即在企业内部的服务器和电脑上安装并运行 RPA 软件，基于特定模板（如规则、宏、脚本等）来推进业务流程的自动化，也就是 RPA 的执行机器人 Bot 和 RPA 的监控中心系统都部署在企业的内部网络中，运行在企业自己提供和负责维护的服务器或 PC 上。本地部署的优点是可通过自定义与企业内部的其他系统配合使用，还可根据企业安全策略进行构建；缺点是可能与企业自身业务流程不完全匹配，不支持企业灵活更改业务流程。

而通过云（云计算）部署的 RPA 被称为云型 RPA（SaaS 型）。它无须安装在电脑上，只要有互联网环境，就可以在申请后立即使用。云型 RPA 可登录网上的云服务平台，在云环境中部署软件机器人，并使 Web 浏览器任务自动化，提高流程效率。云型 RPA 部署成本较低，成果转化快，可从小规模业务开始摸索，逐渐拓宽业务自动化范围。

近些年 RPA 正在逐步向云计算迁移，同时，云计算、大数据等厂商所推出的云原生 RPA 本身就具备 SaaS 或者 PaaS 属性。在"一切皆服务"的趋势下，为了让广大中小企业更方便地应用 RPA，RPA 领域也产生了特有的 RPAaaS（机器人流程自动化即服务）模式。

3) RPA 移动端

伴随着 5G 技术的来临，企业在移动端的业务量激增，此前大量的 PC 端业务也开始向移动端转移，移动端的 RPA 需求随之增多。

目前，RPA 在移动端的应用大致可分为两类，一类是通过手机端实现对 PC 端 RPA 机器人的管理与监控。例如，来也科技的机器人手机助手（UiBot 助手）是一款基于微信小程序的 RPA 机器人监控工具，无须额外安装 APP，通过微信即可在手机上随时随地监控机器人的运行状态，还可查看运行日志和统计数据，实时接收通知。另一类是移动端 RPA 解决方案。借助全新的移动端应用（例如云手机），通过 RPA 对移动端 APP 进行自动操作（如点击、采集数据等），以满足基于手机本身的各种场景、任务的执行，从而助力企业和个人充分挖掘移动互联业务的潜力。

将来 RPA 的应用场景和主要平台将大范围覆盖移动端，这就需要 RPA 厂商构建移动端的能力和场景。当前一些 RPA 厂商正在逐步推出 RPA 移动版。

4) 低代码技术

低代码开发平台是无须编码或通过少量代码就可以快速生成应用程序的开发平台。它允许终端用户使用易于理解的可视化工具开发自己的应用程序，构建业务流程、逻辑和数据模型等所需的功能，完成业务逻辑、功能构建后，即可一键交付应用并进行更新。

低代码平台的核心是加快开发周期，减少开发困难，但不能解决重复劳动问题，因此 RPA 成为解决重复劳动问题的有力工具。RPA 将重复过程交给机器人，解放生产力，提高效率，减少错误，不需要更新现有系统。

RPA+ 低代码可以帮助没有编程经验的员工快速掌握 RPA 开发，快速构建自动化流程；改善员工体验，以避免重复和烦琐的工作，使员工专注于其他需要更多决策或创造性的任务。

低代码平台有助于快速设计工作流，不久的将来会有更多 RPA 产品推出低代码或无代码编辑器。

5) 语义自动化

现阶段的 RPA 开发者必须一步一步地告诉机器人该做什么、怎么做，即使在拖放式、低代码环境中，搭建自动化流程也可能非常复杂。而语义自动化可以让开发者摆脱这些规则束缚。

随着文档理解、计算机视觉、机器学习等 AI 技术的发展，语义软件机器人能够识别流程，了解需要哪些数据，知道从何处获取这些数据并将其移动到何处，而无须一步一步地设置指令。开发者只需要启动机器人执行任务或完成工作流即可。在语义自动化支持下的文档理解，无须为每个新文档类型定义模板或者基于机器学习的各种预训练模型，RPA 机器人可以理解并提取新文档字段中的数据，自动识别流程、理解流程、读取数据，还能够知道将提取后的数据放至何处，全程无须另写代码。开发人员只需要单击电脑屏幕上的"启动工作"，机器人就能独自操作全流程。

也就是说，在有了语义自动化之后，机器人将先行掌握规则、语境、模式和关系，建立语境理解，加速任务的理解与完成度。

3. RPA 行业发展对社会的影响

数字经济已成为全球经济增长的重要驱动力，企业数字化转型已经成为企业现阶段唯一的机遇与选择。尽管企业数字化转型是大势所趋，但由于资金、技术等因素，不少企业在推进数字化转型的过程中受冗杂流程及系统集成限制等影响，转型成果有限，企业积极性不高。

1）助力企业数字化转型

从近几年的企业数字化转型现状看，大多数企业正面临系统、数据和业务的多重挑战。作为自动化开发工具，RPA 承载着企业对产出、运营、管控等自动化效率提升的诸多愿景，自然也在企业数字化转型浪潮中被寄予厚望。RPA 作为低代码开发工具，无须对现有系统进行改造，通过非侵入式方法连接各个系统和平台，成为企业数字化转型的有力助手。

实践应用案例证明，RPA 并不只是自动化工具那么简单。它既可以作为业务流程管理的一部分支撑企业数字化转型，也可以成为自动化战略主导企业的数字化转型。

RPA 正在推动着数字化转型的浪潮，利用 RPA，企业可以做到更多。首先，可以提高供应链运营的敏捷性、多样性和弹性；其次，通过为后端办公系统和运营任务实现自动化，可以应对巨大的成本增长压力；最后，还可以支持远程办公。RPA 为企业业务带来了众多优势，比如保障企业业务连续性、提高员工参与度、改善客户体验、最大限度地降低风险，确保业务合规性、加速增长并提高运营效率等。

2）RPA 创造新的就业体系

从生产车间的硬件机器人到软件机器人 RPA，"自动化会不会夺走人类工作"是业内最具争议的话题。2017 年麦肯锡有一项数据显示，目前已经过论证的技术可以使人类职员工作的 45% 实现自动化，大约 60% 的职业可以通过今天的技术实现 30% 的自动化甚至更多。

在未来，RPA 可能会取代特定任务，但不是雇员的实际职位。RPA 会以某种方式影响工作，却无法完全取代企业对人类员工的需求，许多任务仍然需要人工来完成。

此外，RPA 推动业务流程自动化发展的同时，也会催生更多工作岗位的出现。随着 RPA 应用的增多，企业会需要更多能够增强聊天机器人用户界面的 RPA 专家，以及能够解决业务问题的流程专家和设计师等职位。

将来伴随着 RPA 在企业的普及，机器和人类之间将在许多领域进行合作，企业也将设置更多与 RPA 相关的工作岗位，将会有新的就业机会等着大家。因此，RPA 可能会改变原有招聘体系，进而创造一个新的就业市场。

3）RPA 培训兴起

随着 RPA 在企业的大量应用，我们能看到一个现象，就是这个行业的从业人员严重不足。现在很多 RPA 企业都在招聘 RPA 工程师、技术顾问、产品经理、实施开发工程师、售前工程师、产品培训师等职位。

RPA 行业的人才缺口，给培训机构提供了一个很好的机会。RPA 最早应用于国外，所以国外市场已经有很多培训机构，有的机构与 RPA 厂商进行深度合作，如开发教程、培训相关从业人员及推荐相关工作职位。同时，RPA 机构也会面向用户，自己或者联合第三方机构开发课程，并提供工程师等相关认证，一方面方便用户学习与应用 RPA，另一方面也方便从业者直接晋级成为公司职员。

目前，国内的 RPA 培训体系还没有国外那么完善，但雏形已现。将来国内 RPA 市场会有更高速的发展，对 RPA 的培训需求将会有一个大的提升，RPA 培训业务也即将兴起。